El vino

BIANCA BOSKER

El vino

UN VIAJE IRREVERENTE POR
LA SUBCULTURA DE SOMMELIERS,
ENÓLOGOS Y BEBEDORES

OCEANO

EL VINO
Un viaje irreverente por la subcultura de sommeliers, enólogos y bebedores

Título original: CORK DORK. A Wine-Fueled Adventure Among
the Obsessive Sommeliers, Big Bottle Hunters, and Rogue Scientists
Who Taught Me to Live for Taste

© 2017, Bianca Bosker

Traducción: Karina Simpson
Diseño de portada y fotografía: Nick Misani

D. R. © 2018, Editorial Océano de México, S.A. de C.V.
Homero 1500 - 402, Col. Polanco
Miguel Hidalgo, 11560, Ciudad de México
info@oceano.com.mx

Primera edición: 2018

ISBN: 978-607-527-572-7

Impreso en México / Printed in Mexico

Para Matt

Índice

Cata a ciegas

El perfume fue lo primero que desapareció, pero esperaba que eso suce-
diera. Después el detergente con aromatizante, luego las toallitas para la
secadora. No me lamentaba por renunciar a las cebollas crudas o a la salsa picante. Al principio fue difícil no añadir sal extra a la comida; por un
tiempo lo toleré, pero después me sentí miserable. Cuando salía a comer
todo sabía como si estuviera bañado en escabeche. Dejar de usar Listerine no fue tan grave, pero sí lo fue el hecho de reemplazarlo con un enjua-
gue de ácido cítrico y whiskey diluido. Pasé por una época oscura cuando
eliminé el café. Pero para entonces ya estaba acostumbrada a sentirme
un poco lenta en las mañanas. La sobriedad durante el día era historia
antigua, junto con todos los líquidos calientes, el esmalte de mis dientes
y mi suministro de Advil.

Todo esto fue parte de la rutina de privación que improvisé por consejo de más de dos docenas de sommeliers quienes, a lo largo de un año y
medio, se convirtieron en mis mentores, torturadores, sargentos instruc-
tores, jefes y amigos.

Quizá te estés preguntando por qué pasé dieciocho meses siendo entrenada por una bola de *dealers* de vino vestidos con camisas a rayas. Después de todo, ¿acaso los sommeliers no son solamente meseros glorificados con un nombre elegante que intimidan a los comensales para que despilfarren su dinero en vino?

Básicamente así era como yo los veía también, hasta que me entregué a un clan de élite de sommeliers para quienes servir vino no es tanto un trabajo sino una forma de existir, una que vive para el sabor por encima de todo lo demás. Entran en competencias de vino de alto riesgo (a veces con nueve meses de embarazo), manejan millones de dólares en oro líquido y hacen su misión el convencer al mundo de que la belleza en el sabor pertenece al mismo plano estético que la belleza en el arte o la música. Estudian los reportes del clima para saber si la lluvia volverá insensible su olfato y lamen rocas para mejorar sus papilas gustativas. La pasta de dientes es un lastre. Se quejan sobre cómo huele esa "nueva copa" y sacrifican matrimonios en nombre de la práctica del paladar. Un maestro sommelier, cuya esposa se divorció de él debido a su forma compulsiva de estudiar, me dijo: "Ciertamente, si tuviera que escoger entre pasar mi examen y esa relación, volvería a elegir pasar mi examen". Su trabajo depende de detectar, analizar, describir y reportar las variaciones del sabor en un líquido que, por todos sus compuestos, es la bebida más complicada del planeta. "Tiene cientos y cientos de elementos volátiles: polisacáridos, proteínas, aminoácidos, aminas biógenas, ácidos orgánicos, vitaminas, carotenoides", me explicó un profesor de enología. "Después de la sangre, el vino es la matriz más compleja que existe."

Junto con ese obsesivo enfoque en las diferencias mínimas del sabor, había... De hecho, no sabía con certeza qué había. Al menos no cuando comencé. Me acerqué a estos sommeliers deseando saber cómo era la vida para ellos, situada en los extremos del sabor, y cómo habían llegado hasta ahí. Se convirtió en la pregunta de si yo quería llegar ahí también —si es que era posible— y qué cambiaría si lo hacía.

Debo advertirte:

Para ti, quizás una copa de vino sea tu lugar feliz. Eso que buscas al final de un largo día, cuando apagas una parte de tu cerebro. Si quieres que así continúe, entonces mantente alejado, muy alejado de los individuos que aparecen en este libro.

Por otra parte, si alguna vez te has preguntado por qué hay tanto alboroto alrededor del vino, si es que en verdad hay una diferencia discernible entre una botella de 20 dólares y una de 200 o qué sucedería si llevaras tus sentidos al límite, entonces hay algunas personas que quiero que conozcas.

Si pasas el tiempo suficiente en el mundo del vino descubrirás que todos los conocedores tienen una historia acerca de *la* botella que detonó su obsesión con el vino. Por lo regular, su momento de san Pablo-camino-a-Damasco les llega, por decir, con un Giacomo Conterno Barolo 1961 que probaron en un pequeño restaurante en Piamonte, Italia, mirando las colinas de Langhe, mientras la haya se mece conforme una suave niebla se levanta desde el suelo del valle. Es una especie de fórmula: Europa + esplendor de la naturaleza + vino raro = momento de iluminación.

Mi epifanía del vino llegó de una forma un poco diferente: frente a la pantalla de una computadora. Y ni siquiera estaba bebiendo, sino que miraba a otros hacerlo.

En ese entonces era reportera de tecnología y cubría los Googles y Snapchats del mundo para un sitio de noticias en línea, y hacía la mayor parte de mi trabajo en la computadora. Había dedicado media década al tema tecnológico, escribiendo artículos virtuales sobre cosas virtuales en universos virtuales que no podían ser probadas, sentidas, tocadas u olidas. Para mí, "de inmersión" significaba sitios de internet con fotos digitales grandes, y las palabras "huele a" sólo podían referirse a un problema: olor corporal, almuerzo con un colaborador, leche echada a perder en el refrigerador de la oficina. Una vez obligué a alguien a escribir una historia titulada "Cómo tomar unas vacaciones en Google Street View", como si desplazarse a través de fotos borrosas de la aldea Waikoloa de Hawái pudiera ser un sustituto razonable para relajarse con un Mai Tai bajo el sol del atardecer.

Un domingo por la noche, mi entonces novio y ahora marido me llevó a rastras hasta un restaurante en la orilla de Central Park. Era el tipo de lugar que se jactaba de aplicar a la comida lo que J. P. Morgan supuestamente decía sobre los yates: si tienes que preguntar por el precio, entonces no puedes pagarlo. Normalmente me había mantenido alejada de ese lugar por temor a caer en bancarrota —financiera y posiblemente espiritual—, pero íbamos a encontrarnos con su cliente llamado Dave. Y a Dave le gustaba el vino.

A mí me gustaba el vino tanto como me gustan las marionetas tibetanas hechas a mano o la física teórica de partículas, lo que quiere decir que no tenía idea de qué sucedía, pero me limitaba a sonreír y asentir. Parecía ser una de esas cosas que toman mucho esfuerzo comprender y que no valía la pena hacerlo. Dave coleccionaba vinos viejos de Burdeos. Yo podía llegar a decir que generalmente prefería el vino de una botella, pero ciertamente no habría desdeñado algo empacado en una caja.

Apenas nos habíamos sentado cuando se acercó el sommelier. Naturalmente, era un viejo amigo de Dave. Después de ofrecernos unas cuantas palabras sobre un "buen año" y una "nariz elegante", desapareció para traernos una botella, y luego volvió para darle a probar a Dave. "Se está bebiendo muy bien ahora", murmuró el sommelier, empleando el tipo de frase sin sentido que sólo es creíble para las personas que usan "verano" como verbo. Hasta donde yo podía decir, el vino no estaba haciendo nada más que "estar" en la copa.

Conforme los dos hombres lanzaban exclamaciones de asombro acerca de los aromas exquisitos de polvo de grafito y almizcle que emanaban de la botella, comencé a perderles la atención. Pero entonces el sommelier mencionó que se estaba preparando para la Competencia del Mejor Sommelier del Mundo.

¿Disculpa?

Al principio, la idea me pareció ridícula. ¿Cómo era posible que servir vino fuera un deporte competitivo? Abrir, servir y listo. ¿No es así?

El sommelier rápidamente explicó las principales actividades del concurso. La parte más difícil y estresante de todas era la cata a ciegas, en la cual debía identificar el *pedigree* completo de media docena de vinos: el año en que había sido hecho, de qué especie de uva, en qué rincón del planeta había sido cultivado (en qué viñedo, no en qué país), y además cuál era su edad, con qué maridarlo y por qué.

A decir verdad, sonaba como lo menos divertido que alguien haya tenido que hacer con el alcohol alguna vez. Pero adoro las competencias, y entre menos atléticas y más golosas mejor, así que cuando volví a casa esa noche investigué un poco para ver de qué se trataba todo este enfrentamiento de sommeliers.

Me obsesioné. Perdí tardes enteras pegada a mi laptop mirando videos de competidores descorchando, decantando, oliendo y escupiendo en su búsqueda del título del Mejor Sommelier del Mundo. Era como la exposición de perros de Westminster, con alcohol: evento tras evento, especímenes muy bien arreglados, peinados y con las uñas pulidas se presentaban en una búsqueda donde el éxito dependía de un panel de jueces quisquillosos y de caras largas, y la gracia con la que los candidatos caminaban en círculo. (Los sommeliers daban vueltas conforme las manecillas del reloj, *solamente*, alrededor de una mesa.) Los esperanzados participantes elegían sus palabras vocalizando todas las sílabas y analizaban a sus invitados (no clientes, "invitados") para captar aquellos indicios preciados de sus estados de ánimo, presupuestos y gustos. Al ver un desesperado esfuerzo por tener el control en el débil estremecimiento de una mano sirviendo en un ángulo incómodo, percibí que su arte estaba gobernado por reglas estrictas que yo no podía siquiera adivinar, ya no digamos apreciar. Pero era claro que estas reglas no debían romperse: Véronique Rivest, la primera mujer que llegó a la ronda final de la competencia, dio un puñetazo en la mesa cuando olvidó ofrecer a sus invitados café o puros. *"Merde, merde, MERDE!"*, gimió. "¡Mierda, mierda, MIERDA!" No había ni un solo indicio de ironía. Fue fascinante.

Después supe que uno de los concursantes había tomado clases de baile para perfeccionar su elegante caminar. Otro contrató a un entrenador de pronunciación para ayudarlo a modular la voz como un barítono aterciopelado, además de contratar a un experto en mnemotecnia para fortalecer su memoria acerca de los nombres de los viñedos. Otros consultaban a psicólogos deportivos para aprender a mantenerse ecuánimes bajo presión.

Si el servicio es un arte, la cata a ciegas parecía totalmente mágica. En un video, Véronique se deslizaba en el escenario, con los flashazos de las cámaras en el fondo, y se acercaba a una mesa con cuatro copas en fila, cada una con unos cuantos mililitros de vino. Ella tomaba una de vino blanco y metía la nariz al fondo de la copa. Contuve el aliento y me incliné hacia la pantalla. Ella tenía tan sólo 180 segundos para concentrarse en los aromas y sabores precisos que definían el vino, y así deducir correctamente lo que estaba bebiendo. Hay más de 50 países que producen vino: alrededor de doscientos años de vinos que pueden tomarse; más de 340 denominaciones diferentes del vino tan sólo en Francia; y más de cinco mil tipos de uvas que pueden ser mezcladas en un número infinito de formas. Entonces, si haces las cuentas —multiplicar, sumar y todo lo demás— obtienes aproximadamente millones de combinaciones diferentes. Ella estaba impávida, y recitó de un tirón el perfil de un Chenin Blanc de Maharashtra, India, de 2011, con la facilidad con la que alguien da las instrucciones para llegar a su casa.

Me cautivaron estas personas que habían perfeccionado una agudeza sensorial que yo había asumido que pertenecía exclusivamente a los perros pastores alemanes que descubrían bombas. Sentí que estos sommeliers y yo existíamos en extremos opuestos: mientras que mi vida era una de privación sensorial, la de ellos era una vida de cultivo de los sentidos. Me hicieron preguntarme qué me estaba perdiendo. Sentada frente a la pantalla de mi computadora, mirando videos de gente oliendo vino una y otra vez, decidí descubrir en qué consistía.

Soy periodista por formación y neurótica tipo A por nacimiento, así que comencé mi investigación de la única forma que sabía: leer todo lo que llegara a mis manos, bombardear masivamente a sommeliers por correo electrónico, y presentarme en lugares sin ser invitada sólo para ver a quién conocía.

La primera noche que salí con un rebaño de sommeliers neoyorquinos no terminó bien. Comencé llegando a una competencia de cata a ciegas en las oficinas de un distribuidor, donde sorbí algunas copas junto con los jueces, probé una docena de vinos para celebrar al ganador, seguí a todo mundo hasta el bar de un hotel para tomar otra ronda, luego me salté la cena en favor de una botella de champaña que un sommelier sediento insistió en compartir conmigo. Luego, caminé a casa tambaleándome y de inmediato vomité.

A la mañana siguiente, mientras googleaba "cura para la resaca" con un ojo abierto, recibí un mensaje de texto del individuo que había ordenado la champaña la noche anterior. Era una foto de seis vinos en fila frente a él. Estaba catando. *Otra vez.*

Primera lección: esta gente es implacable.

Esta pasión a todas horas distaba mucho de lo que yo había descubierto cuando comencé a investigar indicios en libros y revistas sobre cómo seguir los pasos de alguien como Véronique. La bibliografía hace que la vida dedicada al vino parezca totalmente sibarita: muchos hombres elegantes (porque tradicionalmente han sido hombres) bebiendo botellas elegantes en lugares elegantes. Un día de trabajo difícil era atragantarse una botella de Burdeos de menos de diez años de edad. "Mirando en retrospectiva mi primer viaje al Loira, veo a un hombre más joven que soportaba incomodidades que hoy suenan tortuosas", escribe el importador de vinos Kermit Lynch en sus memorias *Adventures on the Wine Route* (Aventuras en la ruta del vino). ¿Cuáles eran esas incomodidades tortuosas que soportó? Él voló "desde San Francisco a Nueva York, cambió de planes, aterrizó en París, rentó un auto y manejó hasta el Loira." *Quelle horreur!*

Pero conforme pasaba más tiempo con sommeliers —bebiendo a altas horas de la noche en sus departamentos y siendo educada en el arte de escupir vino—, mi fascinación creció por esa subcultura que yo no veía reflejada en ninguna de las lecturas que había hecho sobre el vino. Para ser un ámbito que ostensiblemente se trata del placer, los miembros de la actual generación de sommeliers, o *somms*, se infligen a sí mismos una asombrosa cantidad de dolor. Trabajan por largas horas parados hasta muy noche, se levantan temprano para estudiar al lado de enciclopedias de vino, ensayan decantaciones por las tardes, consagran días enteros a las competencias y usan los pocos minutos que les sobran para dormir —o, más bien, para pensar en duermevela sobre una rara botella de Riesling. Es, en palabras de un sommelier, "como un deporte sanguinario con sacacorchos". Otro llamó "enfermedad" a lo que sienten por el vino. Eran los masoquistas más hedonistas que había conocido.

Nada de lo que hubiera visto o leído capturaba todas las idiosincrasias del gremio. Muchas décadas atrás, por lo regular los sommeliers eran chefs frustrados. Habían sido corridos de las cocinas y conscriptos a un trabajo que ejecutaban con todo el encanto de las bestias de carga por las cuales llevan su nombre. (La palabra *sommelier* viene de *sommier*, término del francés medio que significa caballo de carga.) Tenían la reputación de acechar en los estirados restaurantes franceses vestidos con trajes oscuros y con el ceño fruncido, como enterradores. Pero en la actualidad los somms emergentes han egresado de escuelas caras para perseguir con entusiasmo lo que ellos llaman una vocación. Como yo, están en sus veinte tardíos, no tienen hijos, se preocupan por pagar la renta y todavía intentan convencer a sus padres de que no han arruinado sus vidas por no haber estudiado la carrera de derecho. Armados con una maestría en filosofía o licenciatura en ingeniería por Stanford, estos autoproclamados "refugiados de cuello blanco" apoyan teorías idealistas sobre el servicio e ideas ambiciosas acerca del potencial del vino para conmover el alma. Y han traído juventud y cromosomas xx a una industria que por mucho tiempo había parecido una fraternidad de señores anticuados.

Al principio, mi interés era en esencia periodístico. Toda la vida me han obsesionado las obsesiones de otras personas. Nunca me he formado por horas para gritar enloquecida por un ídolo adolescente ni he decidido tener una "cita" con el personaje de un videojuego, pero he pasado años escribiendo acerca de —e intentando descifrar— el tipo de gente que sí lo hace. Así que de manera natural la pasión de los somms de inmediato me absorbió. Me obcequé con comprender qué los motivaba. ¿Por qué los sobrecogía tanto el vino? ¿Y cómo esta "enfermedad" había cambiado su vida drásticamente?

Pero mientras me adentraba más en su mundo, algo inesperado sucedió: comencé a sentirme incómoda. No con los sommeliers —quienes, además de una tendencia a observarme, eran perfectamente encantadores—, sino con mi propia actitud y suposiciones. La verdad es que la emoción más fuerte que había sentido por el vino era una especie de culpa llena de vergüenza. Más que cualquier otra cosa comestible en este planeta, el vino es celebrado como parte integral de una vida civilizada. Robert Louis Stevenson llamaba al vino "poesía embotellada", y Benjamin

Franklin lo declaró como "una constante prueba de que Dios nos ama": algo que nadie nunca ha dicho acerca de las chuletas de cordero o la lasaña, aunque sean deliciosas. Los somms hablaban de botellas que habían elevado su espíritu como una sinfonía de Rachmaninoff. "Provocan que te sientas pequeño", dijo uno de ellos con fervor. Yo no tenía idea de lo que hablaban, y francamente sonaba inverosímil. ¿Eran unos idiotas, o acaso yo tenía una deficiencia en mi habilidad para apreciar uno de los más grandes placeres de la vida? Quería saber qué querían decir estos enófilos, y por qué la gente racional dedicaba cantidades estratosféricas de tiempo y dinero para cazar unos efímeros segundos de sabor. Para decirlo de forma más directa, quería saber: ¿por qué el vino es la gran cosa?

Cuando yo bebía una copa de vino era como si mis papilas gustativas enviaran un mensaje escrito en código. Mi cerebro sólo podía descifrar unas cuantas palabras: "¡*Blablablablabla* vino! ¡Estás tomando vino!".

Pero para los conocedores, ese mensaje cifrado podía ser una historia sobre aquel iconoclasta en la Toscana que dijo "*Vaffanculo!*" frente a las reglas italianas del vino y plantó viñedos de Cabernet Sauvignon francés, o sobre el loco vinicultor que eludió los bombardeos y los tanques para lograr cosecha tras cosecha a lo largo de los quince años que duró la guerra civil del Líbano. El mismo sorbo puede contar la historia acerca de la evolución de la jurisprudencia de una nación, o del desidioso cuidador de la cava que hizo un pésimo trabajo al limpiar los barriles de la bodega. Estos significados dan acceso a un mundo más enriquecido, en el que las historias, las aspiraciones y los ecosistemas surgen de los sabores y los olores.

Mi desconocimiento de estos matices comenzó a volverme loca. Ahora, mientras escuchaba a mis amigos reemplazar el café de Starbucks por café preparado en frío de 4 dólares o desvariar acerca de las barras de chocolate de origen único, comencé a notar la paradoja en nuestra cultura de amor por la comida. Nos obsesionamos por encontrar o hacer comida y bebida que tenga un mejor sabor: planeamos itinerarios de viaje, derrochamos en menús de degustación, compramos ingredientes exóticos, codiciamos los productos más frescos. Pero no hacemos nada para enseñarnos a ser mejores degustadores. "Somos como una nación ciega al sabor", escribió M. F. K. Fisher, una crítica que, por todo lo que he observado, sigue siendo tan vigente como lo era en 1937.

Una preocupación más personal y profunda rápidamente opacó mi curiosidad periodística. A últimas fechas había tenido instantes de frustración por mi existencia centrada en lo tecnológico, en la cual las texturas de las historias y la vida eran planas gracias a la monotonía de las pantallas. Entre más aprendía, mi propia esquinita de experiencia parecía ser más confinada e incompleta. Escribir meramente sobre los sommeliers de pronto me resultó inadecuado. En cambio, lo que quería era ser como ellos.

Comencé a preguntarme: ¿qué necesitaría yo para descubrir las mismas cosas en el vino que ellos?, ¿estos profesionales llegaron hasta ahí sólo por medio de la práctica?, ¿o eran mutantes bendecidos genéticamente que nacieron con una sensibilidad innata al aroma?

Siempre había asumido que la gente con sentidos altamente sensibles nacía así y no era algo que pudiera desarrollarse, de la misma forma en que Novak Djokovic estaba dotado para aplastar a todos los que se le enfrentaran. Pero resulta que no es así. Conforme comencé a complementar mis maratones de YouTube con una dieta saludable de estudios científicos, descubrí que entrenar nuestra nariz y lengua depende primero y sobre todo de entrenar nuestro cerebro.

Sólo que la mayoría de nosotros no nos hemos molestado en hacerlo. Debido a que hemos sido prejuiciados por pensadores, que vienen desde Platón, quienes descartan el sabor y el olor por ser facultades "menores", la mayoría de nosotros no conoce las verdades básicas de estos dos sentidos (los cuales solemos confundir entre sí). Confundimos en qué parte registramos los diferentes sabores (una pista: no sólo en la boca). Ni siquiera estamos seguros de cuántos sabores existen (ciertamente más de los cinco de los que has escuchado). Y estamos convencidos de que los

seres humanos evolucionaron para ser los peores oledores del reino animal (aunque recientes investigaciones sugieren que eso es un mito). En
esencia, prácticamente ignoramos dos de los cinco sentidos que nos han
sido dados para internalizar e interpretar el mundo.

Estaba impaciente por hacer un cambio y descubrir lo que estaba des-
cuidando, tanto en el vino como en la vida. Los somms que conocí descri-
bieron cómo su entrenamiento les había ayudado a hacer todo: desde
encontrar placer fresco en sus rutinas cotidianas hasta mantenerse fieles
a la percepción sensorial, evitando la interferencia del ruido superfluo del
precio o la marca. Parecía que era posible para cualquiera de nosotros de-
leitarse con experiencias más enriquecidas al sintonizarnos con la información sensorial que pasamos por alto. Y yo estaba sedienta por intentarlo.

Este libro es un recuento del año que pasé entre fanáticos del sabor, científicos sensoriales, grandes cazadores de botellas, mentes maestras del
olor, hedonistas alegres, vinicultores que rompen las reglas y los sommeliers más ambiciosos del mundo. Ésta no es una guía para compradores
de vino, ni una celebración crédula de todas las tradiciones del consumo
de vino. De hecho, este libro explora las formas en que la industria es, en
palabras de un economista de vino de la Universidad de Princeton, "in-
trínsecamente propensa a las tonterías". Pero si dejamos de lado las tonterías, lo que queda es un conocimiento que tiene relevancia muy por
encima del ámbito de la comida y la bebida.

No es tanto el recorrido de la uva a la copa (aunque habrá vistazos
de cómo se hace el vino), sino más bien una aventura de la copa a la garganta: hacia el loco mundo de la obsesión y apreciación del vino en todas
sus formas y con todas sus imperfecciones. Es una investigación de cómo
nos vinculamos a un líquido con una historia de siete mil años que ha

encantado a los faraones de Egipto, granjeros desposeídos, zares rusos, magnates de Wall Street, padres de familias suburbanas y chicos universitarios chinos. Prepárense para ir tras bambalinas de los comedores de estrellas Michelin, en bacanales orgiásticas del uno por ciento de la población, a volver en el tiempo a los primeros restaurantes y a entrar en máquinas de resonancia magnética y laboratorios de investigación. A lo largo del camino, conocerán al demente que me inició, al *cork dork* (literalmente algo así como obsesivo del corcho en español) que me entrenó, al coleccionista de vino de Borgoña que intentó seducirme y al científico que me estudió.

La relación entre el sabor y la valoración de la vida fluye a través de nuestro lenguaje. Decimos que la variedad es el "sazón" de la vida. En español, el verbo *gustar* —agradar o complacer— proviene del latín *gustare*, que significa "saborear", la misma raíz de la palabra *gustatory* en inglés, que se refiere a saborear. Así que en español cuando dices que te gusta algo —la ropa, la democracia, una obra de arte, un abrelatas— estás, en un sentido antiguo, diciendo que te sabe bien. En inglés, cuando nos aplicamos a algo con pasión y entusiasmo, decimos que hemos hecho algo con *gusto*, que proviene de la misma raíz latina. Cuando a una persona le gustan las cosas correctas se dice que tiene "buen gusto", sin importar si esas cosas, como la música, no pueden ser saboreadas.

El gusto no es sólo nuestra metáfora estándar para saborear la vida. Está tan incrustado en la estructura de nuestro pensamiento que ha dejado de ser una metáfora. Para los sommeliers, los estudiosos de los sentidos, los enólogos, conocedores y coleccionistas que conocí, tener un mejor gusto es vivir mejor y conocernos más profundamente. Y yo me di cuenta de que tener mejor gusto debía comenzar con el comestible más complejo de todos: el vino.

CAPÍTULO UNO

La rata

Cuando les informas a tus amigos y parientes que has dejado tu trabajo estable como periodista para quedarte en casa y catar vinos, comienzas a recibir llamadas de preocupación. Puedes decir: voy a pulir mis sentidos para descubrir por qué el vino es la gran cosa. Y ellos escuchan: renuncié a mi trabajo para beber todo el día y aumentar mis posibilidades de terminar siendo indigente.

Les dije que no había nada de que preocuparse. Iba a conseguir trabajo en la industria del vino. Es una profesión de verdad. Podría pagar la renta con esos ingresos. El problema era que habían pasado casi dos meses y no había conseguido trabajo, y ni siquiera tenía el prospecto de alguno. Y en efecto *estaba* bebiendo más. Asistía a actividades relacionadas con vinos, me reunía con cualquiera que me hablara al respecto, descorchando dos o tres botellas de Pinot Noir a la vez. Las toallas de manos en mi baño estaban manchadas de púrpura por el vino tinto impregnado en mis labios. Cuando mi esposo salía sin mí, sus amigos le preguntaban: "¿Dónde está Bianca?", y entonces, en voz baja, añadían: "*¿Está bebiendo?*".

Me tranquilizó pensar que a la gente de vino le encanta hablar sobre vino. Preséntate, muestra interés y súbete al Grand Cru Express desde ahí. Cuando renuncié a mi trabajo no es que careciera de algún plan. Tenía una tentativa de programa de tres pasos bosquejada con la vergonzosa confianza de una reportera insistente. Primero, conseguiría un empleo. Pensé que la única forma de comprender la experiencia de un sommelier era unirme a su gremio. Modestamente, supuse que intentaría ser una asistente de sommelier en un restaurante con dos estrellas Michelin (trabajaría duro hasta llegar a uno de tres estrellas). Después, encontraría a un mentor, un sabio al estilo de Obi-Wan Kenobi que reconociera que la fuerza latía poderosamente en mi interior y me enseñara los secretos del paladar y el olfato. Y, por último, pasaría el examen de Sommelier Certificado de la Corte de Maestros Sommeliers, que consistía en un día entero de pruebas para profesionales del vino, y así ascendería a los escalafones más altos de la industria.

Eso fue antes de saber que los somms tenían un nombre para la gente como yo: era una "civil", una forastera, una clienta, una amateur que no sabía lo que era contar miles de botellas de vino la mayor parte del día en medio del frío de una cava, o apaciguar al amigo quisquilloso del dueño del restaurante que devuelve una botella de 2,100 dólares de Guigal "La Landonne" de 1988 por ser demasiado "suave" (que es como afirmar que un lanzamisiles "no es lo suficientemente explosivo"). Los civiles, incluso los conocedores coleccionistas de vinos, no saben realmente lo que significa vivir para —y transformar toda tu vida por— unas cuantas reacciones químicas efímeras en tu lengua y conductos nasales. Los civiles disfrutan el vino; los sommeliers se rinden ante él, cegados por una pasión inflamada que lleva a tomar decisiones de vida irracionales e incluso autodestructivas. Los civiles están de buen humor porque, técnicamente, los sommeliers existen para servirles y el sistema requiere que alguien pague la cuenta al final. Pero se mantienen a distancia y hay una línea infranqueable. Estos amateurs novatos, una clase a la cual indiscutiblemente pertenezco, no son merecedores de ser admitidos al *sancta sanctorum* de las cavas, los grupos de cata y los comedores de trabajo de los sommeliers.

En resumen, mi confianza inicial estaba completamente equivocada. Conforme hablaba con muchas personas del mundo del vino durante esos dos primeros meses, la única habilidad que verdaderamente dominé fue escoger qué vino marida mejor con una generosa porción de una sopa de humildad. (Respuesta: cualquier vino.)

Aproximadamente así estaba mi vida cuando conocí a Joe Campanale.

En un ambiente restaurantero notable por la avaricia con los elogios, todo mundo con quien hablaba consideraba a Joe como una superestrella. Con apenas treinta años, Joe ya había abierto cuatro restaurantes exitosos en el centro de Manhattan como socio y director de bebidas. Su trayectoria era aún más extraordinaria porque Nueva York es al fracaso de los restaurantes como Arabia Saudita a la producción de petróleo. Los restauranteros me decían el mismo chiste: ¿Cómo haces una pequeña fortuna en el negocio de los restaurantes? Comenzando con una gran fortuna.

En cada trabajo que intentaba conseguir me pedían la única cosa que no tenía: experiencia. Pero la única forma de obtener experiencia era por medio de un trabajo. Mi última estrategia para obtener una cita y plantear la idea de ser contratada había sido llegar hasta donde mi integridad periodística me lo permitiera y decir que me gustaría escribir una brillante reseña de todas las cosas fascinantes que sucedían en [insertar aquí el nombre del restaurante]. Luego casualmente soltaba mi interés en convertirme en sommelier. No había salido nada bien.

Me sentía como un desafortunado pescador que lanza cansado el sedal una vez más antes de volver a la orilla con las manos vacías, de nueva cuenta. Pero con Joe sucedió algo chistoso.

El pez picó.

"Nuestra ayudante de cava se lastimó y no podrá realizar sus tareas...", Joe miró mis bíceps. "Bueno, es un trabajo un poco físico", explicó. "¿Puedes levantar cajas?"

No, no realmente, pero claro que no se lo dije a Joe. Quería saber más sobre este asunto de ayudante de cava. Sonaba anacrónico, como limpiador de chimeneas o pregonero. Pronto comprendí que ayudante de cava era un título cortés para el puesto. Entre los trabajadores del restaurante le llamaban *rata* de cava. No sonaba tan bien como mi puesto anterior, Editor Ejecutivo de Tecnología. Pero no importaba. Estaba desesperada. Me urgía entrar en la industria, demostrar a todos mis seres queridos que no iba en camino a la rehabilitación y, ciertamente, lo bastante agobiada para ignorar todas las señales de alarma.

Acepté de inmediato. Trabajaría en L'Apicio, el restaurante más nuevo y más grande del imperio creciente de Joe. La entrevista había sido sospechosamente rápida, y yo sólo tenía una leve idea de lo que implicaba el trabajo. Me pagarían 10 dólares por hora, pero la verdadera recompensa era el acceso que tendría a la experiencia de Joe y sus vinos.

Durante los meses que pasé desempleada había estado recolectando consejos profesionales de sommeliers y veteranos de la industria del vino. El panorama que presentaban era el de un sistema tradicional de formación y patronazgo más similar al de la Florencia renacentista que al de la Nueva York del siglo XXI. Un sommelier no es como un abogado. No debe pasar por años de escolaridad formal y no existen permisos gubernamentales que deba conseguir para ejercer. En teoría, cualquiera puede entrar en un restaurante y decir que es sommelier. En la práctica, eso no me llevaría a nada. Sobre todo en una ciudad de alimentos de clase mundial como Nueva York, sería como si me pusiera unos pantalones holgados y una camiseta a rayas e intentara entrar en el entrenamiento de primavera de los Yankees. Si tu meta es convertirte en sommelier en uno de los mejores restaurantes, la dificultad del proceso para lograrlo hace que estudiar derecho parezca un corto paseo por el parque.

En el sistema de aprendizaje no oficial, un novato podría comenzar almacenando botellas como rata de cava, después graduarse como garrotero o dependiente de la vinatería, eventualmente avanzar a mesero de vino, luego sommelier y, tal vez un día, ser el jefe sommelier o director de bebidas, la persona que supervisa todos los líquidos: desde un café exprés hasta un Zinfandel. Eso podría derivar en un trabajo como gerente general o administrativo para fungir como director de vinos de un grupo restaurantero. Los sommeliers de una generación anterior forjaron su reputación de boca en boca, valiéndose del nombre de sus mentores para conseguir trabajos con facilidad. Pero la competencia se ha intensificado y ahora los profesionales del vino emergentes combinan el enfoque anticuado con los diplomas, prendedores y certificados de organizaciones de nombre prestigioso como el Fideicomiso para la Educación en Vino y Licor o la Corte de Maestros Sommeliers. Puede tomar años obtener un lugar en los mejores restaurantes, y aun así necesitas la combinación perfecta de habilidades, carisma y ese *je ne sais quoi* que nadie te puede enseñar.

Ese trabajo de rata de cava no era nada sexy, pero se amoldaba a la perfección a mi (revisado) plan. Joe prometió que, con el solo hecho de manejar sus botellas, me daría una excelente perspectiva del programa de vinos —qué vende, cuándo, a quién, cómo y por cuánto dinero— y que me familiarizaría con las regiones vinícolas. Además, el *quid pro quo* del gremio del vino aseguraba que a cambio de mi labor yo tendría una amplia oportunidad de degustar. Cada jueves tendría carta abierta para catar vinos con Joe, quien recibía a una serie de distribuidores ansiosos por que sus botellas quedaran en sus listas. Encima de *eso*, tendría pase libre para probar todo el vino que mi estómago aguantara en las catas que casi a diario ofrecían los distribuidores locales, bufets de vino de todo-lo-que-puedas-beber organizados para mostrar el nuevo inventario a los somms de la ciudad.

En un sentido, los empleos de iniciación en el mundo del vino no pagaban en efectivo sino en degustaciones. En especial para los sommeliers jóvenes, los puestos más codiciados presentaban la oportunidad de catar una amplia variedad de botellas. Conocí a un sommelier que había renunciado al puesto más alto como director de vinos en un restaurante de moda en el Valle de Napa —junto con una novia, una casa, un coche y un perro— por un trabajo mucho menos prestigioso en Nueva York, con el único objetivo de mejorar su paladar. "En una noche en Nueva York puedo degustar más vinos que en un año en California", me explicó.

Como rata de cava, iría de probar tres o cuatro vinos baratos a la semana por mi cuenta, a probar docenas, si no es que cientos, de vinos a la semana de todas las regiones imaginables y de todos los precios. Por eso es casi imposible convertirse en un degustador experto si no trabajas en el negocio del vino o si no eres muy muy rico. Habría semanas en las que degustaría vino con valor de miles de dólares sin pagar un solo centavo. Para una neófita que intentaba construir su biblioteca mental de sabores a partir de cero, era un sueño vuelto realidad.

Lo que Joe convenientemente evitó mencionar era que mi trabajo soñado tenía un historial de terminar en desastre.

A la una de la tarde de un miércoles me presenté con la asistente del director de bebidas de L'Apicio, Lara Lowenhar, una nativa de Long Island de unos treinta años con cejas delgadas, mejillas redondas y lápiz labial color marrón oscuro, del mismo tono que el barniz de sus perfectas uñas manicuradas. Me narró la escabrosa historia de las anteriores ratas de cava.

La primera en el puesto fue la más memorable debido a todos los resoplidos y jadeos que lanzaba mientras arrastraba cajas de vino al piso de arriba y por su rostro que se ponía "muy rojo". No duró mucho. Su sucesora pasaba mucho tiempo llorando en la cava. "Era demasiado para ella", dijo Lara con voz ronca, lo cual supuse que era legado de una década o más que había pasado gritando en comedores de restaurantes repletos. "Cuando me refiero a que se trata de un trabajo manual, no estoy bromeando. Fue *demasiado* para ella." Su reemplazo terminó vomitando en el trabajo —porque le bajó el azúcar o algo así— y el reemplazo del reemplazo, la que se había lastimado, había sido problemática desde el inicio. "Se me olvida su nombre, así de insignificante era", dijo Lara con un suspiro. "De hecho ella fue la que más puso a prueba mi paciencia porque yo no comprendía qué le pasaba. Me enseñó a no gritar... Era verdaderamente frustrante." Y ahora, Lara me tenía a mí.

"Soy muy paciente", me informó. Sonó más bien a una advertencia, una de esas aseveraciones huecas como cuando una etiqueta dice que el alimento fue "capturado sin riesgo para los delfines" y te hace dudar por el hecho de que tengan que decirlo.

Lara comenzó mi tour por L'Apicio por la entrada de servicio, la cual debería usar desde ahora. Albergado en el Lower East Side junto a un local de reparación de calentadores de agua y dos tiendas artesanales de jugos, L'Apicio contaba con puertas dobles intactas que se abrían desde East First Street directo al hervidero de la cocina. Era ruidosa y llena de actividad, y de inmediato ya estaba estorbándole a alguien. Hice un torpe movimiento para eludir dos sartenes de vegetales asados y salté sobre una charola con candelabros. Lara, conjeturando acertadamente que yo era un peligro para mí misma y los demás, comenzó una perorata acerca del protocolo de movilidad. "Cuando caminas en un restaurante y vas detrás de alguien, debes poner la mano detrás de su espalda mientras vas pasando o bien decir 'cuidado atrás' para que no se dé la vuelta", me instruyó con paciencia. Esquivamos a un hombre con zapatos Crocs arrojando cajas desarmadas en un basurero que ya estaba lleno, luego pasamos junto a alguien —¡¡¡CUIDADO ATRÁS!!!— cargando ollas de sopa hacia un lavabo. La gente estaba puliendo las copas, picando champiñones, midiendo parmesano rallado y tarareando a Shakira. Más adelante, en un conjunto de mesas de preparación, sucedía la verdadera acción. Un grupo de cuerpos desdibujados que movía ollas de cobre y cortaba manojos de verduras. Lara ni siquiera intentó llevarme hacia allá.

Yo no estaría involucrada en nada de eso. Estaba ahí para encerrarme sola en un clóset pequeño, oscuro y helado que Lara generosamente me presentó como la cava de vinos. Era tan angosto que no podíamos estar las dos paradas hombro con hombro; tan largo para que cupieran cuarenta botellas de vino apiladas una junto a otra, cuello con cuello; y tan alto que no podía ver los estantes superiores sin treparme en una escalera delgadísima de metal.

"Esto es la Biblia", dijo Lara, y lanzó a mis manos un portapapeles con hojas blancas arrugadas. "Esto es lo más importante en tu vida."

Lo más importante en mi vida parecía escrito en código. Miré perpleja una frase: "DETTORI MOSCADEDDU 2010 L12 DE".

"Éste es el mapa de nuestra cava. Está en orden alfabético por productor, con el nombre del productor, el nombre de fantasía, el año de cosecha y luego las ubicaciones", dijo Lara.

"L12 DE" se refería a las botellas que estaban en el estante izquierdo, en la fila 12, columnas D a la E. "Dettori" era el diminutivo de Tenute Dettori, el productor. "Moscadeddu" era el *nome di fantasia*, o nombre de fantasía, un apodo opcional que los vinicultores pueden darle a cierta línea de sus vinos para distinguirlos de los demás, o bien, me daba la impresión, para torturar a las ratas de cava como yo. Lara intentó ubicarme. Me explicó que, en términos generales, la etiqueta de una botella enlista alguna combinación con el nombre del productor, nombre de fantasía y añada (el año en que las uvas fueron cosechadas). También puede especificar la variedad de uva usada (Pinot Gris, Fiano, Aglianico) o la denominación de origen donde se crearon los vinos (Valle de Sonoma, Soave, Chianti). Pero a menudo no se enlistan las dos cosas. Sobre todo, los productores de vinos europeos supusieron que la denominación de origen era todo lo que un bebedor necesitaba para deducir qué tipo de uva había sido usada para ese vino. Sólo un tonto e ignorante no sabría que, por ley, el Chianti debe ser hecho con al menos setenta por ciento de uva Sangiovese para tener la garantía de calidad de una certificación

DOCG (Denominazione di Origine Controllata e Garantita, por sus siglas en italiano). Lo mismo que, por decir, un DOCG Barolo que debe ser cien por ciento de uva Nebbiolo.

Tomé una botella en L15J y examiné la etiqueta intentando descubrir el productor, sólo para saber si lograría hacerlo por mí misma. "Coenobium" estaba escrito en letras enormes en la parte superior. Ése debía ser el productor.

"¿Coenobium?", adiviné.

Ése era el nombre de fantasía, y se pronunciaba "*Sen*-no-bi-yum." Intenté otra vez. "¿Lazio?" Ése era el nombre de la región. Lara pasó el dedo por un largo párrafo en italiano debajo de la leyenda en letra chiquita sobre el nivel de alcohol, número de botella, contenido de sulfito y un código de identificación gubernamental. Detuvo el dedo junto a una frase microscópica al borde inferior de la etiqueta. "Monastero Suore Cistercensi", se leía. El productor. Por supuesto.

Yo estaba a cargo de embodegar todo el vino nuevo cuando llegara. Si no había espacio en la cava, yo debería hacer espacio. Debía desempacar las botellas, colocar cada una en un hueco y registrar su lugar en la Biblia.

"No me importa dónde esté todo", dijo Lara. Hizo una pausa y corrigió. "Pero, sí, definitivamente querrás que los que más usamos, como éste, estén aquí." Consideró su afirmación. "Y esto", señaló una botella de tinto que no se distinguía en nada de las demás, "no debería estar hasta abajo." A Lara definitivamente le importaba *cómo* colocara el vino en los estantes, ya que la cava era visible desde el comedor de L'Apicio. "Cuando sacas la botella de enfrente, jala la botella de atrás hacia el frente" —cabían dos botellas en cada hueco—, "porque así la cava se ve llena." Ah, y no te equivoques o alguien podría ordenar una botella y nadie la encontraría. "Y eso es pésimo para nuestra vida."

Intenté tomar notas mientras Lara continuaba hablando en lo que parecía otro idioma. "Si algo dice BTG, entonces es BTG, a menos que estemos a ochenta y seis." "Tu mezcla de P's ahora vive en el mapa de almacenaje." Esto era crucial porque religiosamente debía checar la mezcla de P's (espera, ¿qué?) en el mapa de almacenaje (¿dónde?) para hacer algo que no entendía. También necesitaría los PO's (¿me lo repites?) que Lara prometió enviarme antes de cada entrega. Los vinos blancos nuevos debían ser almacenados en los pequeños refrigeradores, donde Lara necesitaba... ¿dos de cada uno? ¿O tres? *Mierda*. Me condujo hacia fuera de la cava, la cual debía cuidar en una oscuridad vampiresca para evitar que las botellas durmientes se calentaran, y nos detuvimos frente a los pequeños refrigeradores a la altura de la cintura que estaban detrás del bar. Aproveché la pausa en el disparo de sus instrucciones para aclarar: BTG era un vino "servido por copa" ("by the glass"), *ochenta y seis* significaba "ya no hay", PO quería decir "orden de compra" ("purchase order"), mezcla de P's era el diminutivo de "mezcla de productos", y los grandes tazones de metal con pollo en salsa picante y arroz que había estado viendo en la esquina eran "comida familiar" para el personal.

"Nos llamamos entre nosotros familia", dijo Lara, "porque nos vemos más que a nuestras familias."

Durante la siguiente fase de nuestro tour, me llevó con rapidez al guardarropa, donde Lara estiró el brazo para jalar una escalera que se desdobló desde una trampilla en el techo. La escalera desvencijada parecía una de esas cosas altas que usan los pintores, sólo que más escarpada, suspendida en el aire y unos cuantos años más vieja. Conducía al ático: un espacio oscuro e inhóspito, repleto de cosas como cajas de cartón y pilas de ropa para lavar como uniformes, servilletas y manteles. Era la bodega de reserva. Por lo caro de las rentas en Nueva York, Lara debía arriesgarse a esas condiciones menos que ideales para almacenar las botellas sobrantes en el ático.

Lara me dio un empujoncito para subir a la "escalera terrible" —en sus palabras— hasta una especie de rellano que consistía en un marco de metro y medio alrededor de la trampilla. Supuestamente debía caber yo y una caja de vino. Se veía demasiado pequeño para cualquiera de las dos cosas. Se esperaba que yo llevara cajas de vino de doce botellas —de dieciocho kilos, o casi un tercio de mi peso corporal— hacia dentro y hacia fuera del ático sobre esa "escalera terrible".

"A mí me da miedo, y eso que llevo subiendo y bajando por ella desde hace dos años", dijo Lara. Subí tambaleando al espacio diminuto y luego Lara me mostró la manera menos riesgosa de bajar. Aparentemente, lo mejor era bajar sentada, contonearme con una caja de vino sobre cada escalón, uno a la vez, pararme sobre los peldaños superiores, y luego llevar las doce botellas a mi pecho, todo ello sin tropezarme y caer al piso de concreto. "He visto a un par que se han caído y no es nada divertido", dijo Lara.

No dedico gran parte de mi tiempo a visualizar mi propia muerte. Pero sabía lo suficiente como para entender que morir mientras llevaba botellas de Pinot Grigio a yuppies engreídos: *a)* no era la forma en que quería partir de este mundo, y *b)* ahora era una posibilidad.

No podía evitar envidiar a los chefs. Ellos trabajaban con comida: alimentos coloridos, obvios, familiares y reconocibles. Yo trabajaba con 1,800 botellas frías con nombres que no tenía idea de cómo pronunciar, hechas en lugares y con uvas de los que jamás había escuchado. Los chefs danzaban juntos por la cocina como un equipo. Yo estaba sola. Ellos sabían perfectamente lo que hacían. Yo, no.

En mi trabajo previo como reportera, había mantenido más o menos la misma rutina durante años: levantarme, tomar el metro hasta la Calle Octava y llegar a la oficina a las 9:30 a.m. a tiempo para la reunión del consejo editorial. Gracias a mi derecho como rata de cava otorgado por Joe, comencé a asistir a catas gratuitas servidas por distribuidores de vinos, intermediarios que venden a tiendas y restaurantes una selección de las botellas que importan por sí mismos o que compran de los importadores. Bajo mi nuevo régimen como miembro oficial de la armada vinícola de Nueva York, solía beber mi primera copa de vino a la hora en que usualmente estaría revisando los encabezados matutinos. Casi todos los días ya estaba borracha a mediodía, con resaca a las dos de la tarde y como a las cuatro me arrepentía profundamente por la hamburguesa que había devorado en el almuerzo.

Nueva York era una ciudad mucho más ebria de lo que yo había imaginado. A cualquier hora del día, cualquier día de la semana, podía reunirme con hombres trajeados tambaleantes, con los dientes manchados de vino y un poco bebidos, probando los vinos más novedosos de Nueva York. Tomé el consejo de un joven sommelier que también había tenido que aprender a degustar bajo un presupuesto específico, y usaba las catas para estudiar el perfil de sabor distintivo de cada variedad de "uvas nobles", llamadas así porque son algunas de las más sembradas. Durante una semana no bebía nada más que Sauvignon Blanc —de Sancerre en Francia, Marlborough en Nueva Zelanda, el Valle de Santa Ynez en Estados Unidos, y Margaret River en Australia—, hasta que mi nariz y boca controlaran todas sus transformaciones pastosas con sabor a limonada. La siguiente semana tomaba exclusivamente Gewürztraminer. Luego Tempranillo y así sucesivamente con las uvas más célebres. Al mantener consistencia en la variedad de las uvas, intentaba envolver con la lengua el carácter de cada una —el sabor a ciruela del Merlot, por ejemplo— y cómo la uva cambiaba conforme atravesaba climas y países.

Cada jueves llegaba corriendo a L'Apicio de las degustaciones con los distribuidores para tomar otra ronda con Joe. Durante tres horas como mínimo, representantes de ventas se acercaban con botellas. Y yo las probaba todas. Como sabían que a Joe le gustan los vinos con historia, los distribuidores desplegaban los excéntricos orígenes de la vinícola que hubieran añadido a su portafolios. "Fue fundada hace cinco generaciones y revivida por la tataranieta... Hay ruinas romanas a lo largo de estos viñedos y esta gran colina era la casa de campo de Julio César... La vinícola tiene un burro terapéutico... Hubo una película que se produjo para televisión acerca del tiempo que el vinicultor pasó en una prisión de trabajos forzados..."

Pero todavía no bebía lo suficiente. Los grupos de cata a ciegas, donde los somms ejercitan entre ellos sus habilidades para deducir los sabores, serían críticos para tener éxito en convertirme en mejor degustadora. Obtendría retroalimentación de mi técnica de degustación y aprendería las entretelas del "arte de catar a ciegas" de gente que lo conocía, compartiendo el costo de unas ocho a doce botellas de vino. Hasta entonces había logrado entrar en dos grupos. Los viernes me veía con otros principiantes. Los miércoles me reunía con sommeliers avanzados. Ellos preferían catar temprano ya que creían que sus sentidos estaban más alertas por las mañanas que después de un día lleno de estímulos, y además casi todos los miembros trabajaban por la noche. Así que a las diez de la mañana de cada miércoles nos presentábamos en el departamento de un somm en Queens cargando botellas, con las etiquetas ocultas con papel aluminio o calcetines. Nuestra anfitriona vivía en un departamento de una habitación que había decorado en un estilo que sólo podría describirse como Vinoso Chic. En una esquina había una enorme botella a la altura de la cintura llena de corchos, un refrigerador para vinos de piso a techo, enciclopedias de vino de lujo e ilustradas, y etiquetas de vino enmarcadas colgando de las paredes pintadas del profundo color de Syrah. Por lo regular nuestras sesiones comenzaban con alguien chismeando sobre el pobre desempeño del tipo que había decantado el vino de nuestra anfitriona la noche anterior. Al final, todos nosotros, muriéndonos de hambre por no haber desayunado, debatíamos qué vinos maridaban mejor con unos Doritos rancios.

Después de mi primera cata a ciegas con los profesionales me dejaron tarea. Yo me había presentado como alguien que quiere aprender a catar.

Aparentemente eso estaba más allá de mi nivel. "Primero, debes aprender a escupir", me informó una somm práctica llamada Meghan después
de ver cómo me esforzaba para beber una copa. Existe un arte para ex-
pectorar, y éste de ninguna forma se parecía a mi táctica de posicionar la
boca directo sobre el contenido espumoso de la escupidera y soltar el vino
con un "blah" al aflojar la quijada. Me enseñaron a "escupir con confianza" —frunciendo los labios para lanzar un chorro enérgico y estable— y la
escupida doble —escupir dos veces por sorbo, para estar muy segura de
que no tragué alcohol y absorbí sólo una mínima cantidad por la mem-
brana mucosa de mi boca. La primera vez que intenté su forma elegante
de escupir, salpicaron en mis mejillas y frente gotas del escupidero co-
munal. "Me costó trabajo escupir con confianza al principio", me aseguró
Meghan. "Sólo toma práctica."

Además de mi entrenamiento líquido, me la pasaba oliendo membrillos, comiendo diferentes variedades de manzanas y descubriendo por
cuánto tiempo podía olfatear hierbas en el supermercado antes de levantar las sospechas del guardia de seguridad. Intentaba seguir el consejo de
desarrollar la memoria de mis sentidos al recrear en mi mente la impron-
ta de animales, vegetales y minerales para ser capaz de reconocer sus
aromas en un vino. Durante años me había aferrado a la fantasía de que
la glotonería me convertiría en mejor persona, así que me entusiasmó escuchar que mi principal prioridad debía ser comer y beber copiosamente.
"Primero lo primero, programa tu cerebro con mucha información", me
aconsejó Ian Cauble, un Maestro Sommelier de California. "Come mucha
comida, prueba muchas frutas. Debes degustar los diferentes cítricos.
Debes probar la cáscara, la semilla, el jugo de naranjas maduras, verdes
y pasadas, también naranjas sin semilla, limones Meyer, limones no maduros, limas..." Así que no se trataba de ostiones o caviar. Pero si mas-
car la cáscara de una toronja me convertiría en mejor catadora, adelante.

Luego otro profesional me convenció de añadir un poco de tierra a mi
dieta.

"Cuando camines por la calle lame rocas", sugirió este sommelier que obviamente no vivía en Manhattan, donde este pasatiempo provocaría que te enfermaras o que te internaran en un psiquiátrico. "Yo lamo rocas todo el tiempo."

"¿Qué tipo de rocas?", pregunté, más por curiosidad amable que por un deseo de emularlo.

"Cualquier roca que no haya lamido antes", me dijo. "Es divertido probar la diferencia entre una pizarra roja y una azul. La pizarra roja contiene más hierro, sabe más a carne sanguinolenta. La pizarra azul tiene un sabor más mojado, como de piedra de río."

A lo largo de estas reuniones folclóricas, mis consejeros vinícolas no oficiales me hicieron ver que al menos un aspecto de mi plan original de tres partes era acertado: tomar el Examen de Sommelier Certificado de la Corte de Maestros Sommeliers.

Desde 1977, la "Corte" de nombre aristocrático está entregada a la solemne labor de asegurarse de que nadie tome el nombre de sommelier en vano. Como el organismo principal de examinación de los sommeliers profesionales, la Corte establece los estándares de todos los aspectos del comportamiento de los somms. (Por ejemplo, véanse sus normas para agradecer un cumplido a los clientes.) No es obligatorio tener una credencial de la Corte. Pero al igual que una maestría en Negocios y Administración, o una etiqueta Grand Cru para humanos, un diploma de la Corte sirve como un sello de aprobación que ayuda a que los sommeliers ganen más, avancen más rápido y ofrezcan pruebas tangibles de sus conocimientos. (Hay cuatro niveles de certificaciones que progresan desde Sommelier Principiante hasta Maestro.) Un número creciente de restaurantes requiere que sus somms tengan diplomas de la Corte, y miles esperan los exámenes cada año, a pesar de las listas de espera de doce meses para presentar algunos. Aquellos que aguantan hasta el final —y que cumplen con los requerimientos— son bienvenidos en una familia de poderosos profesionales del vino que se protegen entre ellos. Un aspirante a Maestro Sommelier comparó lo que era pasar la prueba con entrar a la mafia. Si ése fuera el caso, yo estaba lista para pincharme el dedo y decir mis votos. Desde que había decidido embarcarme en este viaje, había sospechado que no podría comprender por completo la existencia sensorial de los sommeliers y el fanatismo vinícola a menos que me lanzara a vivir sus rutinas y me convirtiera en una de ellas. Ya que podía dedicar años a escalar por los canales habituales, obtener la credencial de Sommelier Certificado de la Corte era la mejor oportunidad para ser ascendida de rata de cava a un puesto en el comedor.

Para demostrar que eran merecedores del título de Sommelier Certificado, los somms aspirantes debían demostrar su conocimiento en teoría del vino (¿cuál es la uva más cultivada en Madeira?), su talento para servir el vino (¿ha ejecutado los diecisiete pasos requeridos para servir una copa de tinto?), y sus destrezas para catar a ciegas (¿puede deducir elementos de un vino anónimo como aromas, sabores, acidez, intensidad de alcohol, niveles de taninos, dulzura, región de origen, variedad de uvas y año de cosecha?). Estas tres áreas reflejan las habilidades fundamentales para desempeñar las labores de un sommelier, pero tan sólo completar estas tareas no es suficiente.

Los candidatos deben demostrar que pueden mantener la elegancia y el aplomo, incluso ante comensales aterradores o desastres en el comedor. El examen es una prueba de fortaleza mental, confianza en uno mismo y gracia bajo presión. Y todos con quienes había hablado de ello contaban una historia de terror.

"Si muestras cualquier signo de debilidad lo expondrán de una forma brutal", me dijo el Maestro Sommelier Steven Poe cuando le pedí consejo. "Antes de hacer mi examen de servicio, me miré en el espejo retrovisor de mi coche y pensaba: '¡Esos malnacidos! ¡Intentarán joderte! ¡Pero no lo lograrán! ¡Vas a tener éxito! ¡Entra y cautívalos y gánatelos!'. Y me tomé un whiskey", elevó una copita invisible con dos dedos y la lanzó hacia su boca. "Y lo logré."

No existía ninguna clase que pudiera tomar para pasar el examen de certificación. Lo que la Corte ofrece es una lista de lectura de dos páginas que consiste en once libros y tres enciclopedias de vino. Tan sólo para poder aplicar el examen de certificación, antes debía pasar otro de eliminatoria, en el cual se leía la advertencia de que se "recomendaba ampliamente" un mínimo de tres años en la industria del vino y los alimentos. Yo me estaba dando un año para hacerlo todo.

Como podrás imaginar, la respuesta a mi idea de subir de rata de cava a Certificado y a somm en ese periodo era menos que alentadora.

"Ahora están rechazando a mucha gente. Y contigo serán especialmente duros porque eres periodista", me advirtió uno de los sommeliers con los que cataba todos los miércoles. El reciente documental *Somm* y la serie de televisión *Uncorked* había estimulado el interés de la gente en tomar los exámenes de la Corte, así que se rumoraba que el examen se había vuelto más difícil para deshacerse de los débiles. Especialmente de los civiles débiles.

Un Maestro Sommelier que había supervisado en persona muchos exámenes, intentó animarme, pero sólo logró hacerme sentir peor.

"Sólo quieren asegurarse de que seas capaz de servir y que no te pongas loca, comiences a llorar y salgas corriendo del comedor", me dijo.

Me preocupó escuchar que eso fuera una posibilidad.

"¿Eso sucede a menudo?", pregunté.

"*Toooodo* el tiempo." Y añadió que podría ponerse mucho, *mucho* peor. Varios examinados se habían prendido fuego a sí mismos al intentar decantar sobre una llama expuesta.

Cuando le conté todo esto a mi marido, Matt, me dio el pronóstico más realista y franco de todos.

"¿Has pensado en recuperar tu antiguo trabajo?"

Podía ver por qué era tan pesimista.

Mi desempeño como rata de cava tuvo un revés una tarde mientras preparaba una cena de cata de vinos que Joe ofrecería a un pequeño grupo de conocedores.

Estaba terminando mi turno cuando Joe me pidió que bajara las botellas "siete-cincuenta" que él y Lara habían apartado en una de las repisas superiores de la cava (una botella estándar de vino es de 750 mililitros). Lara me había asegurado que no tendría que tratar bien a las botellas de vino cuando las almacenara, así que para demostrarle a Joe que ya era una experta las traté con brusquedad. Bajé por la escalera con botellas saliendo por el recodo de mis brazos, volteadas hacia abajo y sobresaliendo por todos los ángulos de mi pecho.

Hasta que las coloqué sobre la mesa me di cuenta de la preciosa carga que llevaba. Eran gemas de productores italianos icónicos, incluyendo el Tignanello de Antinori, el primer vino del movimiento de vinos Super Toscanos, cuyo sabor se encendía al combinar uvas Sangiovese con variedades francesas. Quizá necesitaría el sueldo un mes como rata de cava para pagarme esa cena. Joe se acercó y miró el botín.

"Estas botellas han estado paradas en la cava desde ayer para que el sedimento se concentre en el fondo", dijo. "Es importante que no agitemos estos vinos."

No dije nada.

Joe tomó un sacacorchos de su bolsillo y comenzó a quitar la envoltura metálica que cubría el corcho. Colocó la hoja de acero de tres centímetros de largo sobre la botella, le dio vueltas alrededor del cuello y realizó dos cortes limpios —uno en el sentido de las manecillas del reloj, y otro en el sentido opuesto. Entonces, apoyó el pulgar en el borde de la boca de la botella y usó el cuchillo para remover la cápsula de metal. Lo hizo de forma tan natural que parecía como si el vino se quitara el sombrero. Joe giró dentro del corcho el espiral de metal del sacacorchos y con un movimiento de la mano lo extrajo, parecía como si el Tignanello hubiera entregado su corcho de forma voluntaria. La botella no se había movido ni un centímetro de donde estaba inicialmente.

Lo observé repetir la rutina y luego le pregunté si podía intentarlo. Comencé a cortar a la altura del cuello de la botella. Era claro que a Joe le dolía verlo.

"No debes mover tanto la botella", dijo.

Corté con más suavidad.

Joe tenía el rostro arrugado, como si hubiera probado un Chianti acorchado. "En serio, intenta mantener la botella quieta."

Dejé de cortar, coloqué la navaja bajo la boca de la botella, como él lo había hecho, la deslicé hacia arriba y me clavé el cuchillo en el pulgar. Empezó a salir sangre.

Joe estaba más preocupado por el vino que por mí. "No debes mover la botella", repitió, como si no lo hubiera escuchado las primeras veces y pensara que agitar el vino fuera la maniobra adecuada. Tomó el sacacorchos de mi mano lastimada. Yo ni siquiera quería intentar introducir el sacacorchos y él no me lo ofreció.

Ahora se suponía que debía decantar los vinos, algo que jamás había hecho en mi vida.

"¿Sabes cómo decantar un vino?", preguntó Joe.

"Sí, claro", mentí.

Alrededor de doce personas asistirían a la cena y sólo teníamos una botella de ciertos vinos para servir, apenas suficiente para servir 60 mililitros a cada invitado. Joe, para asegurarse de no desperdiciar ni una sola gota, y evidentemente menos confiado en mis habilidades, me dio un "repaso" sobre cómo decantar. Sostuvo el decantador de vidrio con la mano izquierda y lo inclinó un poco, y con la derecha inclinó la botella abierta hasta quedar paralela a la mesa, la suspendió sobre una vela prendida conforme el vino fluía hacia el decantador. Joe observaba la llama a través del hombro de la botella. Si la llama se oscurecía debido a unas pequeñas partículas negras, dejaría de verter el vino para evitar que el sedimento

—depósitos de taninos y cristales tártaros— pasara al decantador. Joe me explicó que el decantador sirve para eliminar el sedimento que se forma en una botella conforme envejece y también para orear el vino al exponerlo al oxígeno, lo cual ayuda a estimular su sabor. Después desapareció y me dejó para terminar de hacerlo con las botellas restantes.

Repetí los pasos: el decantador en la mano izquierda, la botella en la derecha, el vino en —maldición. El vino en la mesa. Derramándose por todas partes. Estabilicé la botella. Sin prisa, pero sin pausa. Si miraba el cuello de la botella para asegurarme que vertía el vino en el decantador, no podía ver los hombros de la botella para asegurarme de que no estuvieran pasando las manchas oscuras de sedimento. Pero si observaba los hombros de la botella, entonces no podría ver dónde estaba vertiendo el vino, y éste se escurría a los lados del cuello angosto del decantador. Y además quería echarle un vistazo a Joe, que estaba en la cocina, para asegurarme de que no viera lo que ocurría. Miraba de un lado a otro y me esforzaba por fijar el ritmo *glu-glu-glu* de la botella. Y entonces hubo una inundación.

El vino se derramó sobre la mesa, empapó mis manos y la vela parpadeante. Parecía que la cera blanca se convertía en sangre al derretirse. Ahora que lo pensaba —miré mi pulgar— podría ser sangre. Tomé un montón de servilletas de tela e intenté limpiar el derrame antes de que Joe se diera cuenta. Podía verlo en la cocina terminando una conversación. Ya no había vino sobre la mesa. Sólo un pequeño montón de servilletas blancas arrugadas, manchadas de vino tinto. Las guardé en mis bolsillos, tomé otra botella y comencé a verterla en el siguiente decantador. Otra inundación.

El vino se escurrió fuera del decantador y de nuevo empapó la vela. Joe venía caminando hacia mí y estaba a tan sólo unos metros. Toqué suavemente la vela con una servilleta y me quemé un poco. Joe ahora estaba junto a mí. Miró la vela que exudaba Sangiovese. Miró el montón de servilletas en mi bolsillo. No dijo nada. No tuvo que hacerlo.

"Necesito que me ayudes con algo", dijo. "¿Puedes ir a comprar unas etiquetas?"

Sin querer estaba siendo fiel al nombre de rata de cava. Como un roedor enorme que se infiltraba en un establecimiento respetado, continuamente sembraba el caos sobre el orden y la civilidad. Perdía botellas, se me caían botellas, escondía botellas y desaparecía cajas enteras de vino.

Pasé todo un mes intentando encontrar una botella de 192 dólares en las repisas más altas de la cava de L'Apicio, que había acomodado mal en algún lugar. Lara me hizo revisar tres veces todas las botellas de nuestros casi dos mil vinos, antes de admitir mi derrota. Después desapareció una botella de Ceritas. Esta productora orgánica de moda vendía muy selectamente a los restaurantes, y tener su nombre en la lista de vinos era un emblema de honor que Lara se había ganado: le otorgaban sólo unas cuantas botellas de vinos Ceritas cada año, así era como el distribuidor premiaba a Lara por ordenar muchas otras botellas de su portafolios de forma regular. Ella había pasado un año promoviendo el Lioco Chardonnay, un vino californiano bueno, pero menos impresionante, a cambio del privilegio de comprar unas tres botellas de Ceritas. Y yo acababa de desaparecer una de ellas.

Al principio Lara fue muy paciente e intentó ser civilizada con respecto a estos accidentes. Después de cuatro semanas de antigüedad como rata de cava, me mandó un amable recordatorio de que a la hora de resurtir debía tachar de la lista las locaciones de los vinos que se iban terminando. Después de eso me preguntó por qué nunca podía encontrar mi conteo de los vinos que se estaban terminando. Ah, sí. Eso. Lo había olvidado por completo. Sus notas eran cada vez más frecuentes y secas conforme avanzaban las semanas. ¿Dónde estaba el Graci "Arcuria"? Nos habían entregado cuatro cajas de La Ghiga Barbaresco, ¿por qué en el mapa de cava sólo teníamos registrada una?

A lo largo de un viernes recibí cinco correos electrónicos de Lara, cada uno con una lista detallada de quejas. Llegó un vino blanco y yo no lo había guardado en el refrigerador. Ella *todavía* encontraba botellas en las posiciones de enfrente que no concordaban con las que estaban detrás. *Otro* vino blanco no fue almacenado en el refrigerador. Insistía en que debía dejar de hacer anotaciones en los márgenes del mapa de almacenaje. ¿Acaso no podía diferenciar un vino tinto de uno blanco? Porque había puesto los blancos de Occhipinti junto a los tintos. El Gruet no era nuestro, y tampoco el Primaterra. Eran para nuestro restaurante asociado, ¿qué no había leído el mail de Lara?

La semana siguiente, durante el inventario, me di cuenta de los estragos emocionales que mi trabajo provocaba en Lara. Una vez al mes debíamos registrar, en décimos de botella, la cantidad de líquido que quedara en todo contenedor para que Lara pudiera contabilizar sus ganancias y costos. Estaba parada con su laptop mientras yo leía el nombre y la cantidad de vino en los refrigeradores. Yo apenas había recordado que debía revisarlos cada día para asegurarme que teníamos dos botellas —no más, no menos— de cada vino.

"¡Forlorn Hope Trousseau Gris, tres!", grité.

"Tres", confirmó ella.

"¡Graci 'Arcuria', tres!"

"¿Tres?", preguntó.

"¡Failla, tres!"

Hacía tres semanas yo le había dicho que se nos había terminado ese vino.

Lara guardó silencio y cerró los ojos. Se apretó como si tuviera dolor de cabeza y después habló. Extremadamente. Despacio.

"Tengo un sistema por una razón", dijo. "Tenemos un sistema que seguir. La gente no está siguiendo el sistema. No... están... siguiendo... el...

sistema", se tumbó en el piso junto a mí con la espalda recargada en el refrigerador. No me miró. Veía hacia el frente. "Por este tipo de cosas voy a terapia."

Gradualmente me integré al ritmo del restaurante y, con ello, a la cadencia de los hedonistas de la ciudad. Vendíamos los vinos más caros los martes, miércoles y jueves, las noches que los neoyorquinos nativos salían a jugar. Eran "verdaderos comensales de Manhattan", decía Lara con obvia admiración, sibaritas a quienes no les interesaba codearse con la chusma de los fines de semana. Los viernes y sábados no se vendía mucho vino, pero sí otras bebidas alcohólicas. "El puente y el túnel" eran la explicación: visitantes de Nueva Jersey y los demás barrios. Los que despilfarraban no estaban exentos del ridículo. Pregunté quién estaba pagando tanto por el caro Gaja que Lara me había pedido apartar un martes. "Ah, es para una fiesta de cumpleaños de un tipo rico", se burló uno de los chefs. Otra cena era para "alguien con demasiado dinero".

El lenguaje oculto de las listas de vino comenzaba a revelarse. Ahora comprendía que los restaurantes generalmente te cobran por una copa lo mismo que pagan por la botella completa, y si compras la botella te cobran cuatro veces esa cantidad. (Cuatro copas de vino por botella... haz las cuentas.) En L'Apicio, los vinos con precios en terminación impar se vendían mejor, y nada costaba menos de 10 dólares por copa. "Intentamos atraer a clientes finos", dijo Lara.

Los vinos por copa generaban mucho dinero para todos. Los vinicultores y distribuidores ansiaban tener un punto de venta para los BTG, ya que significaba ventas rápidas y pedidos constantes. En restaurantes más lujosos, los precios de los vinos por copa eran calculados con un motivo específico en mente: "Saqueo, pillaje", como lo dijo un somm. Los directores de bebidas perspicaces imponían "impuesto de dádiva" en copas de uvas de marca como Chardonnay y Malbec. Cobraban más porque la mayoría de los clientes ve una uva de nombre familiar y piensa en piloto automático: *Dámelo, no me importa lo que cueste.* Esos vinos eran símbolo de estatus y elecciones seguras. Cuando salía a comer, me mantenía alejada de los clásicos vinos que le gustaban a todo mundo. Los somms decían que el "Cabernet" era "dinero fácil", así que para tomar un muy buen vino a buen precio ordenaba lo que se viera extraño y algo intimidante —como un Mondeuse Noire de Saboya, en Francia. Gracias a la regla de oro de "no puedes obtener ganancias de cosas que la gente no conoce", algunos somms ofrecían sus extraños vinos favoritos a un precio mejor y recuperaban la diferencia con los clientes inexpertos. Estaba aprendiendo que el amor por los sabores finos podía superar el propósito de obtener ganancias.

Al mismo tiempo, comencé a sentir la jerarquía de los cuerpos vinícolas de la ciudad. La gente que bebía durante el día conmigo pertenecía a un sistema de tres niveles —formado por vinicultores, distribuidores y sommeliers (o minoristas)— que el vino, como toda bebida alcohólica, debe atravesar antes de llegar a nuestras mesas. El proceso es deliberadamente complicado. Después de la revocación de la Prohibición, los legisladores incluyeron a los intermediarios —distribuidores— esperando que éstos evitaran la formación de un gran grupo de presión de la industria del alcohol, para volver más caro y menos eficaz comprar alcohol, y así salvarnos de convertirnos en una nación de alcohólicos enfermos de cirrosis.

Obviamente, los vinicultores hacen el vino. A veces se les pide que se presenten durante la temporada de mayor venta (septiembre, mayo) para encantar a los comensales con su meloso acento francés.

Los distribuidores venden el vino. Lo mejor de lo mejor son celebridades de toda la industria, cuya reputación por encontrar gemas está tan probada que su aprobación es lo único que los somms necesitan para comprar una botella. Muchos de ellos son antiguos sommeliers que se hartaron de la monotonía del trabajo en el comedor, y casi todos saben que deben adular a sus excolegas. Tienen presupuesto para consentir a los sommeliers y a los directores de bebidas e invitarles comidas fastuosas, o llevarlos por todo el mundo para que conozcan los viñedos que manejan en sus portafolios. En las catas, los somms que me encontraba casi siempre estaban preparándose para viajar con un distribuidor a un viñedo o a una convención de ventas: Córcega, Australia, Chile. A nadie le parecía que hubiera un conflicto de intereses, excepto a mí. ¿Acaso los sommeliers vendían vinos por tener un viaje, y no porque las botellas fueran buenas? "Así son las cosas", me informó un distribuidor robusto y cincuentón. "Van al viaje, tienen una buena experiencia, lo agradecen incluyendo uno de los vinos en su lista." En L'Apicio, el negocio era personal, y Joe y Lara tenían favoritismo por sus amigos. "Por lo general habrá un Turley por copa en nuestra lista", me dijo Lara refiriéndose al vinicultor californiano Larry Turley. "Somos muy amigos de él y de su hija, y entonces les damos ese privilegio."

En el sentido más literal, los sommeliers son personas que compran vinos para un restaurante, luego los venden y se los sirven a los clientes. Eligen el tema de su lista, qué cantidades comprar, la forma de convencer a los clientes, cómo articularán la visión de un vinicultor y, por último, controlan la salud financiera del restaurante. En L'Apicio, el vino y las bebidas alcohólicas representaban alrededor de un tercio de todo lo que vendíamos en una noche. Debido a que las botellas tenían un margen de ganancia más alto que un filete, el vino mantenía la liquidez en L'Apicio. "Si no hago algo bien, el restaurante se ve afectado. *Muy* afectado", decía Lara. Los sommeliers podrían parecer como simples mensajeros en comparación con los chefs o los cantineros, que preparan las cosas que sirven. Pero los somms más talentosos también son creadores en toda la extensión de la palabra ya que usan el vino, el lenguaje, el escenario, la psicología y los sentidos para crear una experiencia singular —por medio de líquido en una copa— a la persona que lo prueba. "El vino", declaró el novelista decimonónico Alexandre Dumas, "es la parte intelectual de la comida."

Casi desde que los humanos hemos hecho vino —unos siete milenios— los bebedores han exigido que una persona se dedique a servirlo. Incluso conforme evolucionaron las responsabilidades, un aspecto del trabajo se ha mantenido igual y puede explicar la reputación de los somms de ser engreídos: el individuo afortunado con la misión de servir el vino siempre ha disfrutado de una posición privilegiada con respecto a otro tipo de personal y empleados. El vino es especial —los antiguos creían que tenía orígenes divinos—, y por extensión también lo es la gente que lo maneja.

Una de las referencias más antiguas a un "sommelier" (la palabra aún no había sido inventada) aparece en el Génesis. Los escanciadores, que vertían y servían el vino, eran los confidentes y consejeros de los reyes egipcios; y en la historia bíblica, un faraón llama al encargado del vino para que lo ayude a comprender un sueño. El escanciador tiene la brillante idea de recurrir a José para descifrarlo, y resulta ser el presagio de una sequía, y todo el pueblo se prepara almacenando grano. (Fue un inicio propicio: esencialmente es el primer sommelier de la historia que, indirectamente, ayuda a evitar el desastre de una hambruna de siete años.) El trabajo no siempre era tan deprimente. Ramsés el Grande, que expandió los viñedos egipcios durante el siglo XIII a. C., contaba con su propio equipo de "sommeliers" para mostrarle vinos que fueran *nfr* (buenos) o *nfr-nfr* (muy buenos).

Unos cuantos kilómetros al norte de Egipto, los antiguos romanos organizaban festines abundantes lubricados por sirvientes especiales encargados de escanciar vino. Estos ayudantes, a diferencia de los demás, se vestían regiamente con túnicas decoradas con bordados color púrpura y dorado. Los invitados romanos sabían cómo escudriñar a los hombres que servían su vino tan bien como al vino mismo, ya que los anfitriones emparejaban a los invitados más respetados con los escanciadores jóvenes más atractivos. Como narra Séneca, filósofo del siglo I, estos ayudantes debían satisfacer los apetitos carnales de los invitados más que su sed de vino: aunque el escanciador "ya ha adquirido la importancia de un soldado, debe estar sin barba y arrancarse el cabello de raíz, y mantenerse despierto a lo largo de la noche, dividiendo su tiempo entre la embriaguez y la lujuria de su amo".

La historia del sommelier moderno comenzó muchos milenios después. Al ser liberados de sus deberes eróticos, los escanciadores de la Edad Media continuaron funcionando como símbolos de estatus que los reyes y príncipes europeos presumían en las fiestas. Los jóvenes nobles rivalizaban por ser los mejores en ofrecer vinos a la realeza. Los aristócratas menores imitaron la moda y adornaban sus comedores con sus propios escanciadores. El trabajo de "sommelier" se volvió oficial en 1318 por un decreto del rey francés Felipe el Largo, aunque por unos cientos de años este puesto implicaba manejar las bestias de carga, *bêtes de somme*, que transportaban objetos entre las casas. Para el siglo XVII, los somms habían sido ascendidos: un *grand seigneur* tenía a un *bouteiller* para guardar y almacenar sus vinos, un sommelier para sacarlos y colocarlos en la mesa, y un *échanson* para servirlos.

Al trabajar en casas privadas, estos sommeliers antiguos, que surgieron antes que los restaurantes, tenían responsabilidades mucho mayores que cualquier cosa que cubriera el Examen de la Corte de Maestros Sommeliers. De acuerdo con un manual francés de servicio del siglo XVII, los sommeliers estaban a cargo de: cortar la fruta en formas extravagantes, lavar y planchar la mantelería, pulir la plata, poner la mesa, y a la hora de la comida ir por el vino, presentarlo y catarlo. Un "mayordomo de vino" de una familia adinerada era en parte sirviente, en parte vinicultor y en parte alquimista que creaba recetas elaboradas para rescatar botellas falsificadas, defectuosas, viscosas, avinagradas y adulteradas. Las ostras podían arreglar un vino ácido, y un manual de servidumbre de 1826 incluye instrucciones para falsificar vinos franceses clásicos. (Por ejemplo, cómo falsear un vino de Burdeos: llenar una botella con partes iguales de sidra de Devonshire y oporto, añejarla por un mes y después servir: "El mejor juez no podrá distinguirla de un buen Burdeos".) En la jerarquía de los sirvientes de una casa, estos residentes de cava eran considerados superiores al resto, y actuaban conforme a ello. "En Welbeck los sirvientes de rango más alto adoptaron una actitud arrogante hacia los sirvientes inferiores", afirma encolerizado el antiguo lacayo del duque de Portland en sus memorias sobre su trabajo en la Inglaterra eduardiana. "El señor Clancy, el mayordomo de vino, era el más altivo y pretencioso de todos."

En los años anteriores a la Revolución francesa, los primeros restaurantes soltaron a los sommeliers para trabajar directamente con el público. En un inicio aparecieron en sitios parisinos como La Maison Dorée, restaurante favorito de Dumas y Balzac, que se jactaba de tener una cava de dos pisos con unas ochenta mil botellas, alrededor de cincuenta veces las reservas de L'Apicio. Por fin, cualquier persona, sin importar la clase social, podría ser aconsejada y servida por sommeliers, quienes hacían uso de su experiencia para elevar la reputación del vino. Desde sus inicios, el vino había sido una humilde bebida para saciar la sed de la gente durante la jornada, todos los días, debido a que las opciones de bebidas no alcohólicas, como el agua llena de bacterias, podían matarlos. ("Cuando el agua de un lugar es mala, es más seguro no beber nada hasta que sea filtrada por la uva o un balde de malta", aconsejaba el escritor victoriano Samuel Butler.) Pero conforme los sommeliers se convirtieron en un elemento fijo en los comedores intercediendo en favor del vino, lo elevaron a una actividad cultural con aires de sofisticación. Luego siguieron los maridajes con alimentos. En el siglo XIX, el menú de bebidas no letales y sus variantes respectivas aumentaron (se tomaba café en cafeterías, whiskey en bares), y el vino forjó una conexión con la mesa para comer. Durante un tiempo, chefs como Charles Ranhofer de Delmonico's, en ese entonces la *crème de la crème* de los restaurantes de Manhattan, aconsejaba maridar los vinos con la personalidad: los sabores "están moldeados por el temperamento", escribe Ranhofer, así que aquellos con una "naturaleza biliosa" disfrutarán un "vino estimulante como un Burdeos, a los "caracteres melancólicos" les gustará un vino "afrodisiaco" como un Borgoña. Ésa era una forma de maridar comensales y botellas, pero ahora la mayoría de los sommeliers utilizan otro sistema: el sabor. Y lo que me interesaba era el proceso misterioso según el cual su enfoque en el sabor les ayudaba a elegir la mejor botella para un cliente que podría tener ideas distintas sobre lo que era un "buen vino".

Después de unos meses en L'Apicio, ya casi había dejado de acomodar mal las botellas. Había dominado cómo sacarlas, la organización de la cava, el inventario y los nombres de los productores de noventa y nueve por ciento de los vinos de la cava. Escribía las notas de cata de los vinos por copa para los meseros de L'Apicio y ya controlaba la "escalera terrible". Sentía que no sólo había comprendido el *qué*, sino también el *porqué* de lo que sucedía en el restaurante.

Pero quizá lo más importante que había aprendido era que en L'Apicio no podía llegar más lejos. Joe y Lara veían sus trabajos como, bueno, trabajos. Era una forma de ganarse la vida. No era la vida misma. Eran personas normales y equilibradas. No había renunciado a mi trabajo como reportera para estar cerca de gente normal y equilibrada más de lo necesario.

Cuando hacía mis rondas por la ciudad me seguía topando con una estirpe diferente de sommeliers para quienes el trabajo no es sólo eso, ni siquiera una forma de vida. Para ellos es una religión. Y no una religión de ir a misa los domingos. Estamos hablando de una con un fervor al estilo de Lutero. "Puedes llamarlo un culto si quieres", me dijo uno de ellos.

Su día de trabajo no comienza cuando entran al comedor del restaurante. Pasan las mañanas en grupos de cata refinando sus paladares, revisando fichas de vinos a lo largo de siete horas seguidas y oliendo pizarra por diversión. "Vacaciones" significa reunir inteligencia en viñedos de California o España. Acomodan sus vidas en torno al olfato y el gusto: tanto los propios como los ajenos. Y tienen un valor significativo. Una somm en un restaurante del centro de Nueva York me dijo que vendía 3 millones de dólares de vino al año. De hecho, entendí mal: después me aclaró que 3 millones era lo que *un comensal* había comprado a lo largo de un año. El apodo cariñoso entre los somms era: "cork dorks".

Éstas eran las personas que yo quería conocer, pero no trabajan en L'Apicio. Ocupan un estrato más intenso, aislado y elitista. Por lo regular laboran en los restaurantes que hacen que el crítico de *The New York Times* se sienta afortunado de tener ese trabajo —lugares entre cuya clientela se cuentan oligarcas y millonarios del mundo de la tecnología, donde hace mucho perdiste las esperanzas de obtener (o poder pagar) una reservación. Estos somms sirven vinos de 6,000 dólares con regularidad a gente tan obsesionada con el sabor como ellos. Están comprometidos a catar por amor al sabor. Y ellos, al igual que yo, se preparaban para un examen de la Corte: en su caso, el examen de Maestro Sommelier.

Había un aspirante a Maestro Sommelier en particular cuyo nombre salía una y otra vez en mis conversaciones con somms, distribuidores y coleccionistas de vinos. Algunos lo llamaban Rain Man, por la película del erudito autista interpretado por Dustin Hoffman. "A muchos de los demás somms los incomoda un poco", alguien me contó. "Pero él lo sabe todo."

Yo ya no era una civil, pero estaba lejos de ser una somm. Todavía estaba en busca de un mentor, mi propio Obi-Wan Kenobi, quien sería sabio, gentil, viejo y misterioso. Lo que encontré en Morgan Harris fue algo muy diferente.

CAPÍTULO DOS

La sociedad secreta

Debo admitir que mis interacciones iniciales con Morgan fueron extrañas.

Primero nos topamos en un festival vinícola, Guerra de Vinotecas, donde Morgan se saltó los cumplidos para recitar una oda a las virtudes de su refrigerador de vinos. Su estación era la única que servía tinto a la temperatura fría de una cava en medio de un almacén abrasador en Brooklyn, y le enorgullecía inmensamente haberlo planificado así. Yo admiraba ese nivel de hedonismo obsesivo-compulsivo, y además había escuchado algunas cosas intrigantes sobre Morgan, así que le mandé un correo para preguntarle si tendría tiempo de platicarme cómo y por qué se había convertido en sommelier.

"He pensado y escrito mucho al respecto para mí mismo, para descubrir por qué lo que hago tiene importancia social y cultural, en vez de ser un intermediario que trabaja con aparatos móviles por medio de un canal de distribución", respondió a manera de "sí". Sugirió tomar algo en Terroir, un acogedor bar de vinos en el East Village que toca música de Iggy Pop y The Who y tiene su lista de vinos en una carpeta con portada de grafiti. Llamaba a este lugar uno de sus '"hogares espirituales' en el mundo del vino".

Morgan llegó en su bicicleta vestido con un uniforme hípster que consistía en unos jeans, una camiseta de época, un gorro gris y zapatos deportivos Saucony maltratados, que había tomado del closet de su papá. Prefería gastar su dinero en bebidas y no en ropa, explicó mientras cruzaba sus largas piernas bajo la estrecha barra del bar. Se quitó el gorro y soltó un rizo suelto que colgaba en su frente y se mecía como un peludo signo de exclamación. Morgan parecía mensajero en bicicleta del cuello hacia abajo, y de la barbilla hacia arriba parecía Hugh Grant: guapo y pícaro, con ojos azules, una buena mandíbula y cabello espectacular con rizos esponjados.

Antes de poder decir lo que quería, él ordenó dos copas de jerez para los dos. "El jerez es una de las cosas más complicadas", comenzó. Se lanzó a darme una clase —hablando a la velocidad en que recitan los efectos secundarios de los medicamentos en los comerciales en televisión— acerca del proceso biológico y envejecimiento por oxidación del jerez amontillado; las tonalidades de los jereces fino, manzanilla, amontillado y oloroso; el brutal maridaje de un oloroso con aceitunas y un jamón curado de dieciocho meses; "los sabores estilo *umami* que surgen más con esa oxidación"; la confusión generalizada de la sequedad y los taninos; y las tendencias de vinos a principios del siglo XIX. Pronto ya tenía los pies recargados en las patas de mi banco y golpeaba la barra para enfatizar algo, mientras su rizo se balanceaba con entusiasmo. ¿Acaso yo sabía del amor de Thomas Jefferson por el Madeira? ¿Que no hubo Barolo seco sino hasta 1870? ¿De la monstruosa abundancia de las comidas del siglo XIX? "Leer los menús históricos de 1880 de, por ejemplo, Delmonico's, ¡es una maldita maravilla!" Echó la cabeza hacia atrás y sacudió las dos manos en el aire para enfatizar, o tal vez tan sólo no pudo contenerse. "¡Esta gente sólo intentaba no *morir*!" Quería que yo supiera que los vinos más caros en el *Titanic* eran Riesling alemanes. Declaró que las notas de cata eran "fundamentalmente malignas". Admitió haber codiciado una botella de champaña de

1,400 dólares —"¡una ganga!"— que sería una "experiencia religiosa al límite". Me recitó de un tirón las fortalezas y debilidades de su paladar con la facilidad de un basquetbolista estrella enlistando estadísticas para un cazatalentos: no percibe la rotundona, confunde el Nebbiolo y el Sangiovese, es un presunto supercatador. Estaba trabajando en su propia obra maestra sobre el vino —"Es más un manifiesto o un tratado religioso que un libro sobre vino"— cuyo propósito era "provocar un cambio radical en la metanarrativa norteamericana sobre cómo Estados Unidos se ve a sí mismo en relación con el vino".

"La mentira más grande que le han vendido al pueblo estadunidense es que no tienen control sobre sus propios gustos", me sermoneó con el rizo de la frente agitándose como si asintiera.

Ése era el típico Morgan: rayando en lo catedrático, un poco hiperbólico y extremadamente rollero. "Tiendo a confiar en mí mismo y mi comodidad con ciertas cosas evita que escuche a la gente", me dijo más tarde, después de que ya me había dado cuenta de eso.

Morgan ordenó dos copas más de vino, y se dispuso a contarme su historia personal. Tenía veintinueve años, había estudiado teatro en Emerson (una pequeña universidad de humanidades que comenzó como una "escuela de oratoria"), y abandonó la actuación para intentar ser sommelier. (Quizá recuerdes los nudillos de Morgan en la película *21* acerca de los jóvenes que contaban cartas en los casinos de Las Vegas. Morgan fue doble de manos.) En siete años había pasado de servir vino cualquiera en un lugarcito de comida italiana en Boston a ayudar a hombres poderosos con grandes presupuestos a elegir botellas en el Aureole, el restaurante del chef Charlie Palmer con estrellas Michelin, a un costado de Times Square. Morgan comenzó a trabajar ahí después de ser despedido del Jean-Georges, la joya de la corona del imperio internacional del chef Jean-Georges Vongerichten. Morgan, que nunca se negaba a sí mismo un placer líquido, se había preparado una margarita una noche mientras revisaba órdenes de compra en la oficina. Y ése fue el final de todo.

Ya iba por el segundo año que intentaba pasar el examen de Maestro Sommelier, el rango más alto que los profesionales del vino en restaurantes pueden alcanzar. En términos de dificultad y prestigio, en el mundo restaurantero el hecho de obtenerlo es el equivalente a convertirte en miembro de las Fuerzas de Operaciones Especiales de la Marina de Estados Unidos (SEAL, por sus siglas en inglés). Pero mientras que hay 2,450 SEAL activos, sólo doscientas treinta personas se han convertido en Maestros Sommeliers. Para ponerlo en perspectiva, doscientas personas esperan el examen cada año. Noventa y cinco por ciento reprueba. En promedio, en los años previos al examen, los candidatos catan más de veinte mil vinos, estudian durante diez mil horas, hacen más de cuatro mil fichas de estudio y cuelgan unos 25 mapas plastificados en las paredes de sus regaderas. La sección teórica del examen a menudo se usa para descartar a la gente. (Preguntan cosas como: ¿cuál es la altitud de la denominación de origen Fiano di Avellino? No creo que lo sepas.) Morgan había logrado pasar la parte teórica a la primera, y sólo le restaba pasar las partes de la cata y el servicio. Presentaría las dos secciones al final de la primavera, más o menos al mismo tiempo en que yo quería presentar mi propio examen de certificación. Sentí empatía por este chico que también estaba volteando su vida de cabeza para presentar un examen de la Corte, se prepararía al mismo tiempo que yo y tal vez —posiblemente, con suerte— me permitiría unirme a su régimen de estudio.

Además, me veía reflejada en él porque yo también soy una persona excepcionalmente *nerd*. Soy tan inútil para la actividad física y me siento tan bien bañada por el brillo de luz LED de la pantalla de la computadora, que mi esposo siempre me presenta con sus amigos como una chica de interiores. Digo, yo era la editora de *tecnología* de un sitio de internet. Mi trabajo era conversar con colegas *nerds*. Los conocí por docenas en todas las formas y tamaños: programadores, hackers, futuristas, expertos en robótica y muchos más. Pero incluso a mí, que seguro soy una de las principales conocedoras de la obsesión con la tecnología, me deslumbró

Morgan. Él había logrado una proeza notable: había llegado tan lejos en la dirección de volverse nerd, que se convirtió en un tipo interesante y genial, muy atractivo. El aire a su alrededor prácticamente vibraba con la intensidad de su pasión por el vino. Su entusiasmo era magnético.

La primera noche pasamos juntos casi tres horas. Como no podía interrumpirlo, tuve que esperar a que Morgan fuera al baño para pedir la cuenta. Ya iba media hora tarde a una cena con una amiga.

"Si quieres analizar cualquier cosa con respecto a la experiencia, avísame. Porque estoy aquí para ayudarte a procesarlo", me dijo Morgan cuando nos despedimos.

Yo sabía qué preguntarle, y Platón nunca lo hubiera aprobado.

Nuestra aversión colectiva por el sabor (y el olor) comenzó con Platón. Para este gran filósofo griego, éstos eran los sentidos degenerados y malos. Afirmaba que el oído y la vista producían placer estético, pero que las experiencias provenientes de la nariz y la boca eran estimulaciones fugaces e intelectualmente huecas. En el mejor de los casos, sólo deleitaban al cuerpo. En el peor, convertían a los hombres en salvajes. Platón creía que el aparato que abría nuestro apetito por el sabor —"la parte del alma que desea carne y bebida"— no era mejor que "un animal salvaje encadenado con el hombre". Si se le deja sola, esta bestia interna tiene frenesís de glotonería que pueden provocar que "la raza entera sea enemiga de la filosofía y la música". Viniendo de un filósofo, éste era un crimen especialmente grave.

Esta mentalidad fue perpetuada por generaciones de pensadores que también desdeñaron el olfato y el gusto. Eran los órganos sensoriales no confiables, las puertas de corrupción hacia la glotonería y el vicio, envueltos en las horribles necesidades de la carne. Tomás de Aquino escribió que "es claramente imposible que la felicidad humana consista en los placeres del cuerpo, siendo los principales los de la mesa y el sexo". René Descartes consideraba que la vista era "el más noble y completo de los sentidos". Immanuel Kant, que también afirmaba que la vista era el sentido más "noble", menospreciaba el gusto y el olfato como "nada más que sentidos de sensación orgánica". (Destacó al olfato como el sentido "más ingrato" y "menos necesario", que "no vale la pena cultivar".) Este esnobismo hacia los sentidos se filtró hacia campos del quehacer humano más allá de la filosofía. Incluso los científicos rechazaron investigar estas facultades primitivas y obsoletas. En un libro sobre aromas, Jacques Le Magnen, un investigador revolucionario del siglo XX especializado en el gusto y el olfato, sintió que era necesario justificar su interés en lo que él llama los "sentidos menores".

Yo había escuchado murmurar a alguien sobre un grupo de aspirantes a Maestro Sommelier que se rebelaban ante estos preceptos contra los sentidos en sus reuniones semanales en el restaurante Eleven Madison Park (mejor conocido como EMP).

Se rumoraba que su grupo era el Santo Grial de los grupos de cata de Nueva York, el de mayor nivel en la ciudad. Una sommelier me advirtió que había una lista de espera para unirse a él "porque son despiadados". (A ella no la dejaron entrar.) Había escuchado historias de gente a la que habían puesto en la lista negra por llevar el vino equivocado o por faltar una semana sin avisar. No había audiciones, solicitudes ni entrevistas para entrar. Como en los clubes de campo o las bandas de motociclistas, la mejor posibilidad de entrar era volverte amigo de las personas indicadas, trabajar en los lugares adecuados y buscar ocasiones, como las competencias, para demostrar que podías diferenciar un Meursault (un Chardonnay cosechado en el pueblo Meursault de Borgoña) de un Marsannay (un Chardonnay cosechado a treinta kilómetros de distancia en el pueblo Marsannay de Borgoña). Le pregunté a Victoria James, un prodigio en el mundo del vino que se había ganado un lugar en el grupo, si me dejarían entrar. "Es algo muy serio", dijo, y luego lo repitió dos veces.

"Es muy serio. Es que es *muy serio.*" Me contó que había pleitos por la tipicidad de las botellas de Chablis. "Por ejemplo: '¿Cómo pudiste traer este Chablis, si es bien sabido que 2013 fue un año cálido y obviamente no se muestra como debería?'".

Por lo regular, los grupos de cata a ciegas separan a la gente por nivel de experiencia, así que yo no cataba con candidatos a Maestro Sommelier. Pero eso era lo que intentaba hacer. Catar a ciegas con catadores expertos aumenta la calidad de retroalimentación que recibes, por ello los grupos son muy selectivos con los nuevos miembros. Conocí a una mujer que había tomado un segundo trabajo al que le tomaba dos horas llegar, para trabajar con un Maestro Sommelier: sólo para catar con regularidad en su presencia. Muchos otros viajan alrededor del país para hacer lo mismo. Un buen entrenador puede decirte si tus cálculos de acidez están equivocados, cómo distinguir un Sangiovese hecho en Montalcino de uno hecho en Chianti, y qué aromas florales le faltan a tu memoria sensorial.

Aunque me habían prometido presentarme a la persona que dirigía el grupo de EMP, ya habían transcurrido semanas. Y a pesar de mi insistencia no se había materializado nada. Morgan era miembro. Le mandé un mensaje casi inmediatamente después de salir del Terroir. Le pregunté si podía asistir.

Al principio fue evasivo. Yo presioné, insistí y rogué, hasta que finalmente accedió. En un día helado, en que casi todos los doce miembros del grupo estaban abrumados con emergencias laborales, Morgan cedió. Pero me dijo que debía comprometerme a algo: podía observar y catar los vinos. Pero dado mi nivel, no podía hablar.

Para los sommeliers del grupo de Morgan, llegar a las diez de la mañana cada martes para catar en el EMP era tan glamoroso como tener una cita con la escaladora del gimnasio. Llevaban haciendo eso cada semana durante años. Era como su ejercicio cardiovascular para el paladar.

Pero yo no estaba acostumbrada y no tenía experiencia, y no me salió bien. Abrí las grandes puertas metálicas del EMP muy deslumbrada, tanto con los somms con quienes iba a catar, como conmigo misma por haber sido iniciada en esta sociedad secreta del vino, escondida a plena vista en uno de los restaurantes más visibles de la ciudad. Mi entusiasmo desbordante sólo combinaba con la suntuosidad del comedor formal del EMP. Era como ser abrazada por una tía extremadamente rica. Separé unas cortinas pesadas de terciopelo y se reveló ante mí una habitación que era una obra maestra de *art déco*. Unas enormes ventanas enrejadas daban hacia un parque y los techos de doble altura tenían molduras de yeso con decoraciones color rosa. Morgan me hizo un gesto para que me acercara a una mesa con un mantel al fondo, y yo pasé junto a un florista que acomodaba arreglos de cornejos y amarilis que no cabrían en mi pequeño departamento. Mis botas hacían eco en el suelo, como pisadas en una iglesia vacía. Y en el mundo de la comida, el EMP es casi sagrado. El restaurante ha acumulado serios galardones, incluyendo el cuarto lugar en la lista de San Pellegrino de los mejores restaurantes del mundo. El EMP dedica diez meses a entrenar a su personal para servir agua y emplea a gente con el título de "tejedor de sueños", cuya labor es realzar la comida por medio de milagros en miniatura, como llevarle un trineo a un comensal que durante el postre mencionó que quería jugar en la nieve. El precio de la cena para una persona parte de 295 dólares, dura tres y media horas y, según dicen, deja una impresión de por vida. Lo cual es justamente el tiempo que necesitarás para pagar la tarjeta de crédito si pides una de las mejores botellas que ofrecen.

Habían llegado sólo cuatro miembros del grupo de doce. Llevaban catando juntos por casi cuatro años. Dana Gaiser era un sommelier que se volvió distribuidor, graduado de Stanford como ingeniero mecánico. Tenía unos treinta y cinco años, su cabello estaba revuelto como el de Edward

Scissorhands y exudaba el estilo de hombre de la revista *GQ* con un traje entallado y una camisa rosa. Jon Ross, que era unos años más joven, llevaba puesta una sudadera arrugada y se veía exhausto —no era de sorprender ya que trabajaba las setenta horas a la semana promedio para un sommelier en EMP. "Se vuelven tus dueños. Literalmente", me dijo Morgan. Yannick Benjamin era un sommelier en el University Club, una asociación cerrada cuyos miembros eran banqueros de la ciudad, abogados, médicos y dueños de fondos de inversión. Un accidente automovilístico en 2013 dejó a Yannick en silla de ruedas, pero eso no le impidió seguir la tradición de los hombres de la familia en el negocio restaurantero. Morgan era Morgan. Los cuatro catadores se preparaban para el examen de Maestro Sommelier. Para Yannick era la novena vez que lo intentaba.

Dana, Jon y Janeck estaban taciturnos y adormilados. Morgan platicaba tanto como si se hubiera metido unas líneas de coca en la cocina. "¿Te han dicho cuál es la trampa mnemotécnica de los sommeliers para recordar las medidas de las botellas?", preguntó, mientras servía vinos en los decantadores para ocultar todos los detalles de la botella, incluyendo su forma. "Michael Jackson Realmente Motiva a los Simples Bebés a estar Nerviosos. Entonces Michael es Mágnum; Jackson es Jeroboam; realmente, Rehoboam; motiva, Matusalem; simples, Salamanazar; bebés, Baltasar; y nerviosos, Nabucodonosor." (Con ligeras variaciones dependiendo de la región, una mágnum contiene el equivalente a dos botellas estándar; una Jeroboam contiene cuatro; una Rehoboam, seis; una Matusalem, ocho; y de ahí el volumen aumenta por cuatro botellas por cada tamaño hasta llegar al Nabucodonosor, que contiene veinte botellas estándar y garantiza pasar un buen rato.)

Me disculpé por no haber llevado vino y me ofrecí a hacerlo la próxima vez.

"No, está bien. Si lo hubieras traído, lo más probable es que nos hubiéramos quejado y te hubiéramos regañado sobre el vino como unas perras", dijo Jon.

No era una amenaza hueca. La práctica de cata a ciegas funciona mejor cuando los sommeliers entrenan con ejemplos clásicos de vinos. Las botellas deben ejemplificar el estilo típico de un Malbec de Mendoza, Argentina, o una mezcla de Garnacha de Châteauneuf-du-Pape en Francia, por ejemplo. "Si trajeras un Cabernet chileno y una botella de 16 dólares de un Chardonnay Mâcon joven, me harías perder el tiempo", espetó Morgan. Otro error era llevar con varietales de uvas de nicho que no estuvieran entre las cincuenta que creían que preguntarían en el examen. (Aunque la Corte no revela qué vinos se elegirán para el examen, los candidatos pasan años intentando descifrar lo que los jueces les presentarían, así que tenían una idea bastante cercana.)

"Todo me sabe a pasta de dientes todavía", se quejó Jon mientras nos sentábamos alrededor de una mesa en el comedor de empleados. "Casi nunca me afecta lavarme los dientes, pero hoy usé una pasta de dientes diferente. Así que no volveré a usarla."

Esperaba que nadie se acercara lo suficiente a mí para percibir mi aliento fresco olor a menta del Listerine con el que había hecho gárgaras antes de salir de casa. También comenzaba a pensar que lavarme los dientes era mala idea.

Teníamos ocho vinos para catar. Jon había sacado escupideras de plástico y, como el servicio nunca para, también ofreció agua mineral y simple. Ese día beberíamos al estilo mesa redonda: cada persona degustaría un vino a la vez y, por el formato del examen de Maestro Sommelier, recitaría su análisis en voz alta. Los otros escucharían y criticarían.

"Muy bien, ¡yo contaré los 'ums'!", anunció Morgan. Por su formación teatral, valoraba la necesidad de una forma de expresión pulida. Además, la prueba de cata a ciegas de Maestro Sommelier dura veinticinco minutos para degustar seis vinos —tres blancos y tres tintos—, así que con sólo cuatro minutos por copa cualquier *uhh* y *mmm* hacía perder tiempo valioso.

Primero pasaron los blancos, y Dana quiso comenzar.

"Él puede hacer una cata con sólo la nariz", presumió Morgan. Dana no lo contradijo.

Tomé mi copa e introduje la nariz en ella. Dana todavía inspeccionaba el color, así que saqué la nariz y examiné el líquido. En el espectro del tinto o el blanco, éste era un vino blanco. Pensé que hasta ahí iba bien. Estaba equivocada.

"Dorado pálido con algunas variaciones en el ribete sobre el menisco, con reflejos de dorados y verdes. Mucho brillo, sin rastros de gas ni sedimento, y su viscosidad es de moderada a alta", dijo Dana en voz baja y de forma monótona, lo más rápido que pudo.

Olfateé. Odio decir que olía a vino. *Eres escritora, puedes decir algo mejor que eso*, me reprendí a mí misma. Olfateé con mayor intensidad y acerqué más la copa a mi rostro. El vino se me escurrió dentro de las fosas nasales, por la barbilla y cayó en mi regazo. Me limpié la cara con una hoja de mi cuaderno. Olfateé otra vez, tal vez notaría un aroma a manzana. ¿Algo dulce? Sí. A manzana y a algo dulce, decidí. Me entró una duda: ¿la dulzura podía olerse?

Dana ya estaba encarrilado. "Duraznos maduros y dulce de durazno. Chabacano. Limón Meyer. Toronja confitada. Algunas frutas sabor a licor, ligeramente confitadas. Tangerina. Tangerina confitada y cáscara de naranja confitada. Hay un dejo de Grand Marnier. Madreselva. *Umm*", Morgan escribió una palomita. "Azucenas. Nata. Yogur. Mantequilla. Caramelo de mantequilla. Un suave toque de estragón y albahaca. Hay *uhh*", otra palomita, "vainilla y especias que indican una barrica de roble joven."

Y ni siquiera lo había probado.

Yo alternaba entre escepticismo y asombro. ¿Tangerina confitada? ¿Grand Marnier? ¿En serio? Me apresuré a tomar un sorbo. Me gustaba el vino, eso lo sabía. Otra vez percibí el sabor a manzana, ¿o no? Básicamente me sabía a Listerine.

Dana tomó un sorbo e hizo gárgaras. Detectó en el paladar un huerto y un ramo primaveral de flores. Albahaca dulce, lilas secas, madreselva.

"Hay azucenas, azucenas blancas, todo tipo de azucenas." Dijo que era seco, con acidez de moderada a alta, y contenido de alcohol de moderado a alto.

Dana hizo una pausa e inhaló profundo, llegando al clímax de su conclusión: "Diré que este vino es un Viognier, francés, de 2010... no, de 2011. Valle del Ródano, Ródano norte, Condrieu".

Morgan sacó la botella y leyó la etiqueta. En efecto era Viognier, una uva floral y muy perfumada. Era de Francia, del Ródano norte, era de Condrieu, una denominación de origen de doscientas hectáreas, lo cual es la mitad de tamaño que Central Park. Y era de 2012.

Me quedé con la boca abierta. Quería aplaudir. En vez de ello, adopté la pose insensible de los demás, que al parecer no estaban impresionados. Morgan señaló que Dana se había pasado diez segundos del tiempo permitido. Jon objetó el cálculo de acidez de Dana.

"Creo que este vino tiene cierta salinidad que hace que pienses que la acidez es mayor", dijo Jon.

Morgan olfateó el vino. "Huele a hot dog."

"A pastillas Tic Tac de naranja", corrigió Jon. "O a pollo de hule."

Dana negó con la cabeza. "El pollo de hule es más como... Clare Valley. Riesling australiano."

Morgan, Jon y Yannick tomaron un turno para degustar un vino blanco. Y después de criticar sus deducciones, comenzaron con los tintos. Relegada al silencio, yo escuchaba sus análisis e intentaba entender qué vino sería y además me esforzaba desesperadamente en detectar olorcillos de las cosas improbables que afirmaban oler. Pasó más de una hora de una niebla de adjetivos dichos ante la cavidad de una copa de vino. "Asfalto mojado", "guante quirúrgico", "granada seca", "espárrago", "pirazina", "terpeno", "el olor de Dana". Algunos de estos aromas me resultaban familiares, otros no los había olido jamás, y unos se referían a químicos en el vino que escuchaba por primera vez. Los tipos pasaron un rato discutiendo cómo describir mejor el aroma de un Chenin Blanc oxidado.

Dana sugirió cartón seco, Jon contraargumentó que era a caja de cereal o de la marca Apple Jacks. Morgan votó por Cheerios.

Después fui con Morgan a tomar el almuerzo en un restaurante grasiento a la vuelta de la esquina. Nos atascamos de comida, nuestro estómago estaba frenético después de estimularse con todo el olfateo y la degustación sin tragar nada. La parte de cata a ciegas del cerebro de Morgan seguía a toda marcha. Estaba empezando a sospechar que nunca se apagaba. Me describió una degustación comparativa de tocino que había organizado con sus compañeros de departamento el fin de semana anterior. Diseccionó cómo podía detectar el Chablis por sus notas a concha de ostión y yogur de algas. Deconstruyó los elementos que hacían que mi hamburguesa fuera deliciosa. "La razón por la que este platillo es excelente es el contraste entre lo agridulce y lo salado y grasoso", explicó en medio de bocados de su sándwich de ensalada de huevo. "No puedes negar que hay un dejo de umami. ¿Por qué le ponen una rebanada de tomate y una hoja de lechuga? Los tomates tienen mucho ácido. Por eso la experiencia es disfrutable. Porque existe el contraste de sabores. La dulzura de la cátsup con la sal y la grasa. Y, claro, hay *mucho* vinagre en la cátsup."

Ésa no era una forma romántica de pensar en un platillo. Pero agradecí la deconstrucción de Morgan. Me brindó una nueva forma de regodearme en el placer de cada bocado. Morgan me platicaba con qué maridaría el *foie gras*. Yo me concentré en el azúcar y el ácido de la cátsup, y cómo combinaba con la grasa de las papas fritas.

Me permitieron degustar con el grupo del EMP el martes siguiente, y todos los martes después de eso. Mis almuerzos con Morgan se convirtieron en una rutina cotidiana y yo conocía más sobre la historia de su vida entre platos con sándwiches de queso y pastrami. Él había crecido en Seattle, en la "sólida clase media", hijo de dos médicos internistas generales y el mayor de tres hermanos. Sus padres bebían vino de vez en cuando, por lo regular media botella de Chardonnay Kendal-Jackson, como la comedia romántica para las masas, pero en el mundo del vino.

Morgan siempre ha vivido sus pasiones como un incendio forestal, consumiendo todo a su camino. "Mi cerebro tiende a querer organizar pequeñas unidades diferenciadas en sistemas", me dijo. "Parte de ello es mi deseo por completar. Conocer una cosa en plenitud, o lo más cerca que pueda." Cuando era un niño, su obsesión eran los LEGO. Su mamá le compraba las colecciones más elaboradas que pudiera encontrar y él las armaba en una tarde y luego no las volvía a tocar. Pasó a intercambiar tarjetas. En la primaria, Morgan memorizaba cada carta de Magic: The Gathering (el costo de maná, el símbolo de expansión, el supertipo, el número) de una colección tan grande que ni siquiera podía cargarla. Luego vinieron los videojuegos. Cargaba uno nuevo y pensaba: "Quiero hacer todos los niveles, quiero luchar con todos los monstruos, quiero resolver todos los acertijos, porque entonces ya lo has visto todo. Puedes entonces ponerlo en una caja, cerrarla y decir: 'Muy bien, eso fue ese mundo'". Obviamente, cuando Morgan descubrió el rock, fue incapaz de solamente disfrutar la música. "En cuanto comencé a aprender sobre rock clásico, pensé: 'Muy bien, aquí está Led Zeppelin, entonces voy a comprar todos los álbumes, voy a escuchar todas las canciones y descubrir cómo es que todos ellos encajan. Voy a aprender todo acerca de estas bandas. Voy a aprender esta maldita música. Voy a aprender todo acerca de sus extraños lados B. Voy a saber a qué novias se cogieron'." Y ahora, el vino. Por fin, Morgan había encontrado un tema con un número infinito de cajas en expansión.

Durante sus primeros tres años en Nueva York, Morgan equilibró sus aspiraciones como actor con trabajos en bares en la ciudad, pero pronto sintió una atracción más fuerte hacia el vino. Le encantaba hablar con la gente. Incluso le gustaba estar parado, un aspecto físico del trabajo que a otros les parece agotador. "Preferiría empalarme a mí mismo que tener un empleo temporal", me dijo. Abandonó las audiciones después de un otoño que pasó trabajando en la cosecha en un viñedo en el estado de Washington, donde dormía junto con un payaso de rodeo que usaba un soplete para hacer esculturas con herraduras en su tiempo libre. Cuando Morgan volvió a la ciudad ese invierno, en 2011, estaba enfocado en el vino y en perfeccionar su oficio. Obtuvo un empleo como gerente de Corkbuzz, un bar de vinos del centro de la ciudad para los mejores enólogos y propiedad de un Maestro Sommelier. Luego trabajó en el Jean-Georges y después en el Aureole. Siendo Morgan, no podía estar en el mundo del vino sin llevarlo al extremo más ilógico. Durante todo ese tiempo se entregó de lleno a los libros, las competencias, las clases y las catas. No se trataba sólo de vender buenas botellas. Él creía que el vino podía remodelar la vida de la gente. Por eso prefería comprar botellas en vez de derrochar en suéteres. Los suéteres son cosas. Las botellas de vino, decía Morgan, "son formas en que mi humanidad será transformada".

A pesar de sus declaraciones idealistas, Morgan, así como muchos otros somms que conocería, no estaba exento de un sentido de la ironía. Sabía que su trabajo se vería muy ridículo ante un observador casual: parecería un mesero glorificado y sobrevaluado con un problema con la bebida. O, con menos benevolencia, un adulador que vive a costas de los ricos y poderosos, cazando vinos por su precio y por su calidad. Morgan estaba consciente de que lo que hacía no era salvar el planeta o rescatar huérfanos. Pero había pasado al otro lado tras su examen de conciencia. Para él era *sólo* vino, al igual que Picasso es *sólo* pintura sobre lienzo y Mozart es *sólo* vibraciones al aire.

Nuestra rutina semanal evolucionó en una rutina de casi toda la semana. Morgan me consiguió un lugar en su otro grupo de cata a ciegas. Éste se reunía los sábados por la mañana en la sede del grupo hospitalario Danny Meyer's Union Square, la fuerza detrás de más de una docena de restaurantes neoyorquinos que son puntos de referencia por sí mismos. Eventualmente me permitieron hablar. Yo estaba catando a ciegas, en voz alta para que todos pudieran juzgar.

Los martes nos juntábamos en parejas y nos turnábamos para probar dos diferentes catas de seis vinos. Los sábados nos sentábamos al estilo mesa redonda. Quien fuera el capitán, esa semana elegía un área problemática para entrenar, luego compraba vinos específicos sobre ese tema (digamos, tintos con taninos o blancos de barrica de climas cálidos). Las botellas que degustábamos costaban unos 25 dólares cada una: lo bastante caras para asegurar que serían expresiones clásicas del estilo que representaran, y lo suficientemente baratas para evitar que cayéramos en bancarrota. De todas formas, los costos se acumulaban. Durante los periodos más intensos de estudio, previos a los exámenes, Morgan gastaba 250 dólares por semana para la práctica con vinos. A eso había que añadir el costo del vuelo para ser entrenado por Maestros Sommeliers o de viajar para presentar el examen, y cada año gastaba alrededor de 15,000 dólares en la preparación para el examen de Maestro Sommelier, una buena porción de los 72,000 que ganaba anualmente en el Aureole. Morgan se encogió de hombros cuando le pregunté por los gastos. "Es mucho más barato que ir a la universidad o hacer un posgrado", dijo. Además, sobraba bastante para despilfarrar en vino para divertirse. Poco después de conocernos, Morgan se compró tres cajas de vino con valor de 1,200 dólares, casi lo doble del costo de su renta mensual.

Identificar correctamente un vino en una cata a ciegas es tan imposiblemente difícil que la primera vez que lo logré, sólo un pensamiento me vino a la cabeza: "Soy un genio". En ese momento me di cuenta de que debía ser un prodigio sensorial. Mis papilas gustativas —quizá sin precedente en la historia— estaban destinadas a ser desatadas en el mundo. Los vinicultores famosos me rogarían que degustara sus mejores botellas. Me llegarían ofertas millonarias de revistas de vinos desesperadas por convertirme en su crítica estrella. Quizá serían ofertas multimillonarias.

Esta fantasía duró treinta y siete segundos, que es exactamente el tiempo que me tomó pasar al siguiente vino. Desde el primer sorbo supe que estaba perdida. Pasaron dos semanas antes de que pudiera identificar correctamente otro vino.

Enfrentar una cata de seis vinos era como estar atrapada en una caminadora programada en modo Usain Bolt. Los taninos se apilaban en mi boca. Levantaba y dejaba copas, intentando sacudir la nariz para oler algo. *¿Roble? ¿Pimienta? ¿Algo de pimienta en alguna parte, por favor?* Cometía el peor pecado en la cata de vinos e intentaba hacer trampa captando alguna lógica externa, más allá de la copa, que me diera pistas. *Si la copa uno era Garnacha, ¿Daniel nos traería una segunda Garnacha?* (Respuesta: No lo era, ¿y por qué no?) Me entraba la paranoia. *¿Todos los vinos tintos eran lo mismo? ¿Había perdido mi sentido del olfato?* Cuando el cronómetro sonaba yo no me detenía: me caía.

Aun así, pensaba que mis habilidades de degustación mejoraban. Eso fue hasta que recibí un correo de uno de los sommeliers con quien había sido pareja un martes reciente. Esa semana nos habíamos reunido en Del Frisco, un restaurante de carnes en el centro de la ciudad que tenía pinturas de mujeres desnudas colgadas sobre casilleros de puros clausurados. Mientras mi compañero cataba los vinos, yo hice lo que vi que hacían todos a mi alrededor: tomaba notas de lo que decía, y luego se las leí, señalando los atributos que él había obviado. Enorme error. Claro, había progresado. Pero me faltaba mucho para ser respetable. Éste era su mundo, y yo debía demostrar que tenía lo necesario para vivir en él.

Cuando mi compañero me escribió unos días más tarde me lo dejó claro de forma explícita. "Quería disculparme por haber actuado tan mal contigo cuando catamos juntos en Del Frisco", comenzó diciendo. "La cata es algo sagrado para nosotros. Es como las alas para los paracaidistas. Si no las tienes no eres parte de la tropa y nunca comprenderás por qué. Cuando comenzaste a darme retroalimentación, pensé: '¿Y esta chica quién demonios se cree que es?'"

Morgan, a quien al parecer le gustaba tenerme como audiencia cautiva, se ofreció a enseñarme los fundamentos de la degustación y me sugirió que lo acompañara a un evento de un distribuidor. Además de entrenarme, practicaría con variedades de uvas que no había alcanzado a probar en catas a ciegas y buscaría ideas de recomendaciones de los vinicultores para dárselas a los comensales (o jueces, durante los exámenes y las competencias).

Cuando llegué lo encontré revisando las prioridades en el catálogo de vinos que ofrecían. Había unos noventa y cinco productores diferentes, y cada uno servía de nueve a diez botellas. El día sería bastante largo. Morgan me advirtió que debíamos concentrarnos y ser sistemáticos.

"En primer lugar, éste es un evento social y hay que tratarlo como tal. La gente viene aquí a relacionarse y a beber", dijo, zigzagueando y abriéndonos paso entre un grupo de mesas abarrotadas. "En segundo lugar, no tragues nada o te mueres."

Se detuvo frente a una hilera de champañas y ofreció nuestras copas para que las llenaran. Después después de dar el primer sorbo abrió los ojos asombrado.

"¡Este vino es fascinante!", gritó Morgan. Decía esto a menudo, y yo comenzaba a repensar el significado de la palabra "fascinante". Para Morgan, fascinante podía aplicarse a: la reforma agraria *Flurbereinigung* alemana que se llevó a cabo en los setenta debido a los inconvenientes de los viejos mapas catastrales; el matiz entre las palabras *cru* y *crû* que quizá provocó confusión sobre el verdadero significado de Grand Cru; el *eau de vie* boliviano; y la champaña que estábamos tomando hecha sin *dosificación*, una mezcla de azúcar y vino que a menudo se añade a las botellas de vino espumoso, a veces llamada *liqueur d'expédition*. (Una advertencia rápida: los enólogos usan una cantidad innecesaria de palabras francesas en la vida cotidiana. Toalla se dice *serviette*, burbujas se dice *pétillance*, y poner la mesa se dice *mise-en-place*. ¿Pretencioso? *Oui.*)

Nos detuvimos con cada productor que Morgan había seleccionado con anterioridad. Por la forma en que hablaba de los vinos, de inmediato me dio curiosidad oler lo que había probado. "Pedos de salami", había proclamado. Probamos un vino Borgoña que dijo que era la "Sophia Loren del vino", un Chablis que definió como "la cocaína *crack* del Chardonnay", y un Riesling que bautizó como "la faz que zarpó con mil barcos". Un Pinot Noir excelente era un maldito-vino-de segunda, un gran Cabernet de California era un vino-de-mierda, alias una "bazuca morada", alias "jugo sólido", alias "jugo morado de roble". Estimó que un Sauvignon Blanc era "agua de pedo de espárrago con toronja extra".

Morgan se dispuso a hablar sobre los cinco atributos clave que conforman la "estructura" del vino: azúcar, acidez, alcohol, taninos y textura, también llamada "cuerpo". Éstos contribuyen a nuestra impresión general de un vino, y en cierta forma son el esperanto de la jerga del vino. Morgan y Jon podían pasar todo el día —y quizá lo habían hecho— debatiendo si el Viognier huele más a hot dog o a pollo de hule. Pero las cualidades como la acidez o el nivel de alcohol en un vino son medibles, objetivas y se comprenden de inmediato.

¿Entonces cómo distinguir estos atributos?

Imagina que tienes una copa frente a ti. Paso uno: obsérvala. Incluso antes de involucrar a tu nariz o lengua, puedes obtener pistas de su estructura y sabor. Toma el tallo de la copa con tus dedos, luego rota tu muñeca en unos cuantos círculos veloces agitando el vino para que moje los lados del cáliz. Observa la velocidad y el ancho de las gotas, o "lágrimas", que escurren después de que hayas detenido el movimiento. Las lágrimas espesas y que escurren lento con definición clara sugieren que el vino tiene niveles de alcohol más altos; mientras que las lágrimas finas y rápidas, o el vino que cae a manera de cortina, indican un nivel de alcohol más bajo.

Siguiente: huele. Siempre. Y no sólo en un punto. Sostén la copa de manera que esté casi paralela al piso —de esa forma habrá más área de la superficie del vino expuesta al aire— y huele moviendo la nariz en forma de cruz (como persignando) sobre el líquido, para asegurarte de que percibes los aromas de cada ángulo. Algunas personas dejan siempre la boca abierta mientras olfatean, para jadear como un perro. Y yo que pensaba que el vino era "civilizado".

Ahora puedes probar. Menea el vino alrededor de tu boca, luego frunce los labios como si fueras a decir "oh, no" y —*oh no* está bien— succiona aire sobre el vino en tu boca de manera que sientas que está burbujeando en tu lengua. "Orear" el vino, el término oficial que los esnobs usan para "sorber", ayuda a liberar las moléculas del aroma, que se combinan con el gusto para formar el sabor. Si lo haces te verás ridículo y quizá pierdas amigos, pero vas a obtener más de tu vino.

Después, escupe o traga. Coloca la punta de la lengua contra el paladar y observa qué tanto salivas. ¿Mucho o poco? ¿Como alberca o como rociador? Si no estás seguro, inclina la cabeza hacia delante hasta que tus ojos miren al piso. Si abrieras la boca en este instante, ¿babearías? Si es así, estás degustando un vino de acidez alta. Si no, lo más probable es que sea un vino con acidez baja. (Por lo regular el vino de acidez alta proviene de regiones de cosecha más frías, y el de acidez baja de regiones más cálidas.) Para asegurarte de saber lo que estás buscando, piensa en un limón. Un limón agrio que cortas a la mitad. Un gajo de limón amarillo agrio que exprimes en una copa vacía. Ahora, toma el jugo de ese limón y llévalo a tus labios para beberlo. No quiero meterme demasiado en tu vida, pero ¿cuánta saliva tienes en la boca en ese momento? Deberías sentir que la baba se encharca en tu lengua. Así es como nuestras bocas reaccionan a los sabores agrios (o incluso al pensamiento de sabores agrios): producimos saliva que actúa como defensa para neutralizar la hostilidad del ácido.

Prepárate para otro sorbo cuando estés listo para evaluar el nivel de alcohol. Los vinos de mesa por lo regular van de nueve a dieciséis por ciento de alcohol (en comparación, el tequila tiene alrededor de cuarenta por ciento). Es clave tener un juicio preciso del alcohol: una variación del uno por ciento podría hacer la diferencia para que un catador a ciegas distinga si un Riesling es de Francia o de Australia. El alcohol puede decirte dónde se cultivaron las uvas de esa botella (y mucho más, como la temperatura durante una estación de cultivo). Si te preguntas por qué, ten en mente que cada vino comienza su vida como una dulce fermentación de jugo de uva, llamada mosto, que se machaca con cáscara, semillas, tallos y pulpa de uva. (Contra lo que sugerirían las notas de cata, no se le añade nada como madreselva, durazno, o Tic Tacs sabor naranja al vino para darle sabor, aunque sí pueden colarse accidentalmente del viñedo algunas arañas, ratas, ratones y víboras.) La fermentación del mosto es detonada por la levadura —ya sea que surja de forma natural o que se le añada para producir el efecto deseado—, y entonces eso convierte toda o parte del azúcar de las uvas en alcohol. Los climas más cálidos generan uvas más maduras con una concentración de azúcar más alta, lo cual, por las leyes de la fermentación, produce vinos con niveles de alcohol más altos. Las uvas de climas menos cálidos generalmente tienen menor concentración de azúcar, y por lo tanto sus vinos tienen un nivel de alcohol menor. Entonces, ¿cuál es: alto o bajo nivel de alcohol? Traga un buen sorbo de vino y exhala, como si intentaras checar si tienes mal aliento. (Escupir disminuirá el efecto completo.) Toma nota de qué tan adentro de tu boca y garganta puedes sentir el calor del alcohol. ¿La parte trasera de la lengua? Probablemente tiene un nivel de alcohol bajo, alrededor de doce por ciento en los tintos. ¿Al fondo de tu garganta, cerca de la mandíbula? Nivel mediano, cercano a trece, o rayando en catorce por ciento. ¿Sientes el calor hasta el esternón? Podría ser nivel catorce, alto. El alcohol es una sensación más que una degustación. Intenta recordar tu último trago de tequila, que incendió tu lengua, garganta, esófago y estómago. Entre más queme una bebida, más alcohol contiene.

Toma otro sorbo. ¿Todavía te sientes bien? Ahora van los taninos. Éstos son compuestos naturales —polifenoles, si quieres el término técnico— que pueden provenir de la cáscara, los tallos o las semillas de las uvas, así como de las barricas de madera en que pudo haber sido envejecido el vino. (A menudo, este proceso es el responsable de los taninos en los vinos blancos, que pasan menos tiempo que los rojos fermentándose con la cáscara y las semillas.) Los taninos son más una textura que un sabor, y por lo tanto son diferentes a la cuestión de si el vino es "seco", lo cual se refiere a la ausencia de dulzura. Y aun así, los taninos dejan tu boca sintiéndose seca y apretada —más como una lija para los vinos tánicos (como un Nebbiolo joven), o como seda para los vinos menos tánicos (como un Pinot Noir). Algunos catadores juran que pueden diferenciar entre los taninos que provienen de las uvas, que hacen que la lengua y el paladar se sientan ásperos, de los taninos de los barriles de roble, que secan el espacio entre los labios y las encías.

El llamado cuerpo del vino, que se percibe más por la sensación que por el gusto, deriva de su contenido de alcohol y azúcar. Piensa en la diferencia de viscosidad entre la leche descremada, la leche entera y la nata. Mejor aún, prueba cada una. Es parecido a lo que hace que un vino tenga cuerpo ligero, medio o completo.

Toma otro trago. Finalmente, llegamos a la dulzura. Al igual que los demás atributos que conforman la estructura, la dulzura existe en un espectro. Pero en vez de "alta" en un extremo y "muy baja o nula" en el otro, lo cual sería muy razonable, un antiguo sádico amante del vino decidió etiquetar la escala de "dulce" a "seco" y en medio términos como "semidulce" y "ligeramente dulce". Así es, el conocedor erudito del vino debe describir un líquido como "seco". Ahora volvamos a ese fango de uvas, el mosto: en un vino "seco", toda el azúcar se fermenta en alcohol. Pero los vinicultores a veces deciden detener la fermentación para que haya dulzura, o "azúcar residual", en el producto final.

La dulzura debería ser reconocible fácilmente, ya que todos hemos probado el azúcar. Aquí es donde las cosas se ponen interesantes: si la acidez de un vino es lo suficientemente alta, podemos engañarnos al percibir mucho menos azúcar de la que contiene en realidad, o incluso creer que no tiene nada. Volvamos al limón imaginario que exprimiste en una copa. Ahora simula que tienes una segunda copa con agua azucarada. Prueba el agua azucarada sola. *Aggg*, dulce. Prueba el jugo de limón solo. *Auch*, demasiado agrio. Combina partes iguales del jugo de limón y el agua azucarada. Es delicioso. Un toque de ácido puede transformar un bocado empalagoso en una bebida exquisita, y viceversa. Éste es el secreto de Coca-Cola. Los diez terrones de azúcar contenidos en una lata de una coca podrían saber asqueroso si los tomaras con agua simple. Pero se vuelven deliciosos con el agua carbonatada, que combina el azúcar con el ácido fosfórico en niveles que le dan a la coca un pH a la par de la acidez estomacal de ciertos animales. Debido a una lógica parecida, el sabor de los vinos blancos altos en ácido *y* azúcar, como ciertos Riesling, presentan una tensión estimulante y por eso son tan placenteros.

Una "energía revitalizante", declaró Morgan cuando probó un vino de ese tipo, como "balancear pesas de quinientos kilos en una cuerda floja". ¿Entonces cómo puedes separar estos dos sabores? La prueba de la baba puede alertarte de altos niveles de acidez, así podrás saber que quizás estás subestimando la dulzura. Y ya que el azúcar residual puede dar más viscosidad a los vinos, también puedes percibir la dulzura al sentir la espesura o la suavidad mullida de un vino.

Por cada cuatro tragos que yo tomaba, Morgan daba dos sorbos de los vinos que probábamos, y más tarde me di cuenta de que los catadores profesionales saben cómo economizar sus sorbos y olfateos. "Degustar las mismas muestras muchas veces de forma sucesiva no sirve de nada, estos intentos repetidos tan sólo generan una pérdida total de la sensibilidad", afirma el famoso enólogo Émile Peynaud en su manual *The Taste of Wine* (La degustación del vino). La exposición prolongada a un aroma "ciega" temporalmente nuestra nariz a ese olor, y este proceso es conocido como fatiga olfativa. Para el tercer o cuarto vaho de un vino, tu nariz puede estar saturada con su perfume, así que ya no estás sensible a su olor. Esto es muy molesto cuando debes adivinar a contrarreloj el Vino

Blanco Número 3. Es una bendición cuando te asignan el asiento de en medio junto a un tipo que no ha descubierto que existe el desodorante. "Las primeras impresiones son las mejores porque se registran meticulosamente", insiste Peynaud. (También desaprueba beber agua durante una cata —porque confunde al paladar— y decidí reservar la hidratación para antes o después de la degustación.)

Morgan y yo ni siquiera habíamos llegado a medio camino en el salón de la cata del distribuidor, pero yo ya había repetido mi análisis de la estructura —oler, menear, babear, exhalar, escupir— tantas veces y con tantos vinos, que ya había perdido la cuenta. Escupía, escupía doble. Y aun así el alcohol se colaba por la superficie de mi boca. Comencé a sentirme mal y débil.

Nos topamos con la amiga de Morgan, Jerusha, una mujer joven de nuestra edad que trabajaba en el comedor de un restaurante en Soho. Le pregunté si me podía dar consejos para recuperarme de estas degustaciones maratónicas, y me sugirió un té desintoxicante de alcohol.

Morgan se burló de nosotras. Él todavía se sentía perfecto. "Mi defensa es ser implacable", dijo.

Los mejores catadores entrenan su lengua y nariz mucho antes de enfrentar una cata de vinos. La manera en que había tratado mi cuerpo en los días, horas y minutos anteriores a sentarme frente a una copa determinaba mi éxito en degustar y olfatear. Para decirlo de forma simple: mi vida necesitaba cambiar drásticamente.

Cada sommelier tiene su propia rutina designada para mantener su paladar alerta y listo para el vino. Michael dejó el café. Kristie diluía el suyo con leche, Yannick tomaba su café frío. Otro Michael creía que el agua con hielo era todo lo que necesitaba para estimular sus papilas gustativas.

Paolo Basso, un campeón por única ocasión y tres veces subcampeón en la Competencia Mundial de Mejor Sommelier, apostaba por mantenerse un poco hambriento. Al igual que a los cazadores más poderosos del reino animal, él decía que el hambre lo hacía sentir como "una bestia hambrienta que huele a su víctima".

Entrevisté a sommeliers sobre sus técnicas para realzar su paladar. Decían que el primer paso era el conocimiento de sí mismo. Debía monitorear el tiempo de recuperación de mi lengua, es decir, cuánto tarda en eliminar el regusto de lo que ingiera. Por medio de ensayo y error, determiné que mi lengua necesitaba alrededor de dos horas para estar completamente neutralizada, lo cual se volvió mi tiempo límite para comer, beber o lavarme los dientes antes de degustar. Esto conllevaba el beneficio de asegurarme de que siempre llegaría con hambre, preparada para rastrear los sabores. Al igual que Morgan, los otros profesionales del vino con quienes hablé habían amasado un perfil detallado del temperamento de su nariz y lengua. "Percibo que cuando vivo cerca del agua, mi paladar es mejor", dijo Craig Sinbdelar, un sommelier que vivía en Chicago. Conrad Reddick, antiguo colega de Craig en el restaurante modernista Alinea, me sugirió registrar el desempeño de mi paladar con respecto al calendario biodinámico, una gráfica usada a menudo por los granjeros que mezclan los valores de cuidado por la naturaleza —propio del movimiento orgánico— con el misticismo de buenas vibras de los sanadores con cristales. (Por ejemplo, los vinicultores biodinámicos que buscan "ayudar al espíritu a penetrar en la materia", deben enterrar en sus campos la vejiga de un venado rellena con hierba seca.) Conrad había descubierto que el sabor de las botellas cambiaba si el calendario biodinámico lo nombraba como "día frutal" (mejor) o "día de raíz" (peor). De acuerdo con algunos enólogos, la presión barométrica también podía aplanar o enmudecer un vino. Comencé a llevar un registro de cómo los factores externos, como el aire seco del calentador de mi departamento o las mañanas lluviosas, afectaban mis sentidos.

Después vino la autoprivación. No podía existir ni un ruido olfativo o gustativo que interfiriera con la señal. Morgan no se lavaba los dientes antes de las catas, porque creía que la menta contaminaba sus papilas gustativas por la mañana. Por temor a quemarse la lengua, los somms Devon Broglie y Craig Collins sólo bebían líquidos fríos y tibios durante todo el año y medio antes de su examen de Maestro Sommelier. Café, sopa, té: todo lo tomaban frío. Yannick tomaba café con hielos por el mismo motivo. Solamente alimentos fríos: ya está. Otros confeccionaban sus dietas para evitar alimentos pesados el día anterior a una cata. Yo dejé la cebolla, el ajo y los cocteles con alcohol, los cuales tendían a aferrarse a mi lengua como invitados que no se van de la fiesta. El cigarro era un problema obvio, pero yo no fumo. Andrew Bell, presidente de la Asociación Americana de Sommeliers, les recomendaba a los estudiantes que tomaban su curso de cata a ciegas, en el cual me inscribí, evitar los sabores extremos y así sensibilizar su lengua a dosis más bajas de estímulos gustativos. ¿Se te dificulta calibrar el nivel de alcohol en los vinos? "Deja los destilados por un mes", le dijo a un compañero. Los cocteles cargados hacen que el vino, por su nivel de alcohol más bajo, se sienta como agua. Andrew incluso había dejado de añadir sal extra a su comida —solamente con la que se hubiera cocinado— y, en cierto punto, había descartado el café, llamándolo "asesino de paladares". Lo último me pareció difícil de creer, ya que muchos sommeliers disfrutaban de una dieta abundante en café exprés. "Todo cambia", insistió Andrew. "Oscurece tu paladar." Como yo intentaba recuperar el tiempo perdido, estaba dispuesta a probar cualquier cosa que acelerara volverme cada vez mejor. Al demonio: incluiría el café en mi lista de alimentos prohibidos antes de las catas y pensé que también dejaría el salero. Un día me enteré de que el papá de un amigo, un reconocido chef francés, le prohibió al personal de su cocina tocar cualquier cosa súper picante que desafilaba la lengua y podía resultar en platillos demasiado sazonados. Entonces, como precaución adicional, abandoné la comida muy picante. En efecto: la exposición cotidiana a alimentos muy picantes puede desensibilizar las terminaciones nerviosas de la lengua ante el calor, así que usar unas gotas de Sriracha puede escalar y llevarte a ahogar todo en salsa picante. Al parecer también nos adaptamos a la salinidad de nuestra saliva, la cual puede ser afectada por la cantidad de sal que consumimos. (Vale la pena notar que lo picante es una sensación de temperatura que activa los receptores del dolor, y no un sabor que actúa sobre las papilas gustativas.)

Y luego estaba la consistencia. Era esencial apegarse a una rutina, antes y durante las catas. Ello aseguraba limitar todas las variables que pudieran confundirte, y ayudarte a concentrarte en lo que estaba en el vino. Antes de las catas, Craig Sindelar se limpiaba las fosas nasales con un rinocornio para eliminar los restos. Uno de los tipos en mi grupo de cata viajaba con su propia granola, para que cuando catara durante el viaje, su estándar gustativo no cambiara. Un amigo suyo, un sommelier de California, sabía que se desempeñaba mejor cuando degustaba a las diez de la mañana, así que cuando supo que debía tomar su Examen de Sommelier Avanzado a las ocho de la mañana, hora de Texas (seis de la mañana en tiempo del Pacífico), reinició su reloj interno para asegurarse de que el día del examen, a las ocho de la mañana, en Texas se sintiera como si fueran las diez de la mañana en el horario de California, su hora dorada. Todos los días, durante tres semanas antes del examen, su esposa lo levantaba a las cuatro de la mañana para servirle varios vinos. Yo estaba con Morgan en nuestro grupo sabatino de cata a ciegas cuando escuché su historia. Mi reacción fue: "Es una locura". Todos los demás decían cosas como: "¿Con cuánto tiempo de anticipación conoces tu hora de catar?". Por recomendación de ciertos sommeliers, me abastecí de pasta de dientes marca Crest, que era la que usaba, para asegurarme de que nunca tendría que cambiarla. Y ya que ser consistente significa controlar cómo huele todo a tu alrededor, también me abastecí de mis marcas preferidas de desodorante, champú, acondicionador y jabón para cuerpo, y cambié mi detergente de ropa por uno sin aroma. Hacía mucho ya que había dejado de usar perfume, porque sólo un inculto se ponía perfume para ir a una cata de vinos.

Comencé a preocuparme por aspectos técnicos. Había seguido las instrucciones de sommeliers sobre construir recuerdos sensoriales oliendo plantas y alimentos en cada oportunidad. Pero conforme lo hacía, me empecé a preocupar por no oler de la forma adecuada. ¿Debía olfatear con inhalaciones rápidas y cortas, o largas y profundas? ¿Qué debería pensar para que las impresiones se quedaran en mi mente? Agitar cosas frente a mi nariz no era suficiente.

Fui a ver a Jean Claude Delville, un perfumista francés que había creado la fragancia que yo había dejado de usar, junto con numerosos clásicos como el Happy de Clinique. Él había memorizado más de quince mil aromas en su búsqueda por convertirse en una "nariz" —jerga de la industria para referirse a un perfumista— y se ofreció a ayudarme a planear mi entrenamiento olfativo de forma más sistemática. Fui a entrevistarlo a su oficina, un departamento divino en Tribeca con techos altos y columnas blancas, y rápidamente me llevó a su laboratorio, tapizado con frascos de vidrio ambarino. Introdujo dos piezas delgadas de papel blanco en un frasco marcado con la palabra "*pamplewood*", y me dio a oler uno. Al parecer, haberme enseñado a escupir había sido prematuro. "Lo importante es aprender a respirar", dijo Jean Claude, y me indicó que lo imitara. Acercó la esencia a su nariz e inhaló largamente una sola vez, tan profundo que vi que su pecho se hinchaba. Lo sostuvo —un segundo— y luego exhaló. "Debes exhalar por la nariz porque si no la molécula se queda atorada", me dijo. En sus días de estudiante tomó muestras de los aromas que quería dominar y se encerró en un cuarto oscuro, luego olfateó uno a la vez mientras intentaba asociar el aroma con lugares, personas, momentos o formas. "Para mí, el pachuli es café, rojo, terroso y místico. Y la forma es rara. Un triángulo, porque es un poco agresivo", dijo. "Debes creer en algo para recordarlo, ya sea bueno o malo." Otro perfumista, también francés, me aseguró que no llegaría a ningún lado a menos de que comenzara a asignar palabras a los olores. "Es mejor si lo haces en voz alta", dijo. "Hazlo en la regadera. Durante el desayuno, el almuerzo. Hierbas, especias, carne, todo. Incluso en la calle. El auto, la gasolina, el aire. Cuando tengas tiempo, sólo unos segundos, les pones palabras. Poco a poco te vas a volver mejor." Esa noche me paré frente al lavabo de la cocina abriendo frascos de especias e inhalando sus fragancias una por una. Subirme al metro se convirtió en un ejercicio de clasificar las funciones corporales humanas: sudor, orina, un débil dejo de olor a vómito. Intenté sentir el mismo entusiasmo que Jean Claude por estos olores, a quien le maravillaban los retratos olfativos del transporte público. Lo convirtió en un deleite de todas las mañanas. "Inhalo y retengo el aliento. Y exhalo. ¡Wow! Es enriquecedor, es tan simple."

Los rituales a los que se adherían los sommeliers y los sacrificios que hacían a menudo parecían más supersticiosos que científicos. Pero funcionaban a quienes los seguían. Más aún, las ventajas eran tan grandes que estaban dispuestos a intentarlo.

Me sorprendió enterarme de que Morgan no se negaba muchas cosas. Su enfoque a la degustación era firmemente psicológico. Comenzaba con una mentalidad en vez de un régimen alimenticio. Una de sus guías favoritas al respecto era *Zen in the Art of Archery* (El zen en el arte de tiro con arco), el recuento de un filósofo alemán de los seis años que pasó estudiando tiro con arco con un maestro zen en Japón. Morgan me mandó por correo una frase del libro, con el asunto "Esto me conmueve". Decía así:

El tiro correcto en el momento adecuado no sucede porque no te sueltas a ti mismo. Tú... te preparas para el fracaso. Siempre y cuando así sea, no tienes otra opción más que convocar algo que debe suceder independientemente de ti, y siempre y cuando lo convoques tu mano no se abrirá de la forma correcta, como la mano de un niño.

Morgan escribió un comentario para vincular el pasaje con la cata a ciegas. "Si te conviertes en la acción y ejecutas el proceso a la perfección, te convertirás en el resultado", escribió. "El temor y la preocupación son el meollo del fracaso." De acuerdo con Morgan, la cata a ciegas depende primordialmente de afilar tu enfoque y control mental. Debes tener la mente abierta al mensaje del vino al mismo tiempo que acallas las dudas que de forma inevitable se cuelan en los bordes de tu mente para murmurar: *Siempre fallas con el Moscato.* "Requiere conciencia. Requiere atención. Requiere decir: 'Voy a estar en sintonía con mis sentidos, y voy a escuchar esta copa de vino'", dijo Morgan.

Me recetó un régimen de yoga, que según él le ayudaba a apagar partes de su cerebro y mantenerse presente en la acción: era perfecto para la cata a ciegas.

"Cuando termino esos veinticinco minutos, no siento que haya pasado el tiempo", dijo sobre la degustación. "Es la ausencia de la mente consciente y parlanchina, ¿no?... Es disolverse en la acción. Es dejar de ser uno mismo y convertirse en el aparato que hace esto. Debes entregarte al vino para comprenderlo. Por más que lo intente, no puedo hacer que este vino sea un Chardonnay californiano. Es enseñarte a escuchar."

Morgan dijo que estar atento al sabor —aprender a escuchar— comienza por estar abierto a todo a tu alrededor. Me sugirió que practicara recibir nuevas experiencias en todas partes. Podía comenzar con algo tan simple como no usar audífonos en el metro. "Extrae tu propia narrativa de los oídos", me dijo Morgan. "No entras a un vagón diciendo: '¿Qué pasará hoy? ¿Qué pasa allá afuera en el mundo?'. Se trata de ir hacia dentro, ser autorreferencial."

Ya fuera en la posición de perro mirando hacia abajo o en la cata de un distribuidor, parecía que en la vida de Morgan —o en la vida de sus colegas somms— había pocos momentos en los que no se entregara a vender, degustar, reseñar, disfrutar o contemplar el vino. "Es uno de esos campos en que si no estás estudiando te sientes muy culpable y te detestas", dijo un sommelier con el que me tomé un café. Mia, una chica somm que había asistido a Emerson con Morgan, dijo en una de nuestras catas matutinas que revisaba sus fichas camino al trabajo. Una actividad rutinaria bastante provechosa, con la excepción de que Mia se trasladaba en bicicleta.

En la jerarquía de los restaurantes, los sommeliers eran los gentiles *nerds* que llevaban las fichas informativas de los vinos, y los chefs eran los chicos malos y sexys con cuchillos que se ligaban a las chicas. ¿Y a quién le importa? De todas formas, los somms no tenían tiempo para eso. Los turnos de doce a catorce horas eran de rutina, al igual que las semanas de seis días de trabajo. "Una semana de cinco días es un lujo", dijo Victoria, burlona.

En las noches libres, que por lo regular eran lunes y martes, salían juntos a fiestas que en esencia eran pretextos para degustar vinos especiales. Alguien llevaba una Matusalén de un Cabernet de California de veinte años, o una botella de vino de marihuana producida echando cogollos de esta planta al mosto. Un amigo de Morgan organizó una fiesta temática sobre el vino , en la que todos debían llevar vinos raros para degustar. Paseaban por la ciudad en manadas, y llegaban a los bares cuando los civiles ya se habían ido. La palabra *equilibrio* aparecía en su vocabulario solamente para referirse al sabor de un vino.

La red extendida de la Corte era su familia *de facto*. "No les interesa comenzar una familia de inmediato, porque esto es muy satisfactorio", me dijo la Maestra Sommelier Laura Williamson. Una cantidad desproporcionada de los sommeliers que conocí salían unos con otros o, como mucho, con alguien del mundo del vino. Tener novia no era parte de la ecuación para Morgan. Una noche me explicó que parte del problema era que no podía gastar en menús de degustación para él y su media naranja. Y no dejaría los menús de degustación por eso.

CAPÍTULO TRES

La final

A pesar de que conseguí más de un punto de apoyo en el mundo del vino, seguía fascinada con la idea de las competencias de sommeliers y estaba ansiosa por presenciar una. Ellos encarnaban algo que me parecía infinitamente intrigante: unían los extremos de personalidad —estudiosos devotos y sibaritas implacables— que yo rara vez había visto combinados. Debido a las enormes cantidades de alcohol que beben y a que trabajan hasta tarde, esperaba que fueran fiesteros extravagantes. Pero eran meticulosos, incluso eruditos, con respecto a sus experiencias hedonistas y las de sus clientes; era como si Daniel Webster y Keith Richards hubieran engendrado una nueva raza (que, como ellos, también era en gran parte blanca y masculina). Los somms hacían hincapié en el placer que se debía obtener del vino y analizaban cada aspecto de la experiencia, desde la temperatura de una botella hasta la forma de colocar una copa. Le pregunté a Morgan si prefería gastar 300 dólares en una botella de un vino magnífico o comprar tres botellas distintas de 100 cada una. Se puso muy serio y estuvo callado por unos momentos antes de responder. "Para mí, ése es un cálculo hedonista del más alto nivel", dijo al fin.

Por suerte para mí, los enfrentamientos entre sommeliers son una actividad mucho más común de lo que hubiera imaginado. Existen eventos como TexSom, TopSomm, Somm Slam, Somms Under Fire, Best Young Sommelier, Best Sommelier in America, Best Sommelier of the Americas y Mejor Sommelier del Mundo, sin mencionar la larga lista de desafíos de catas a ciegas en regiones vinícolas específicas. Las competencias han llegado a una frecuencia casi mensual y consumen los días de descanso de los sommeliers. Lo que está en juego no es sólo su derecho a vanagloriarse: son ensayos cargados de adrenalina para los exámenes de la Corte de Maestros Sommeliers, con la ventaja adicional de relacionarse con personas influyentes. Los ganadores también reciben premios en efectivo o un viaje todo pagado a la región que patrocine el evento.

Los sommeliers que yo conocía consideraban que TopSomm era la competencia más grande, relevante y prestigiosa. Es una especie de Super Bowl de los sommeliers que somete a los concursantes a múltiples rondas de eliminación para coronar al mejor del país. En lo que respecta a las competencias en Estados Unidos, ésta es la Gran Liga de la cata —y del servicio.

Casi todas las semanas, al terminar la sesión de cata a ciegas, mis amigos y yo nos quedábamos platicando, intercambiando recomendaciones de restaurantes o reseñas del más reciente libro sobre el Barbaresco. Pero esa mañana en particular todos nos apresuramos a catar los vinos. Yo ya iba en la sexta copa y no estaba en condiciones de colorear un libro siquiera, y mucho menos de someterme a un examen cronometrado. Pero mis compañeros de cata salieron corriendo a sus casas para presentar la prueba de eliminatoria de TopSomm. Es un examen en línea de veinte minutos que consiste en ochenta preguntas y que determina quién pasa a la primera ronda de la competencia.

Como yo quería ver en primera fila cualquier cosa que Morgan hiciera, le pregunté si podía acompañarlo mientras presentaba la prueba. El alcohol nunca parecía entorpecer las facultades de Morgan como lo hacía con las mías, o quizás a estas alturas él ya era inmune. En el tren L hacia Brooklyn habló largo y tendido sobre la mentalidad problemática —y predominante— de los comensales estadunidenses que esperan que los restaurantes les cumplan sus caprichos en lugar de abrirse a lo nuevo y desconocido.

"Ustedes no van a ver *Anna Karenina* y esperan que no muera al final, malditos imbéciles. No, no puedo quitar los hongos de ese platillo. No podemos hacerlo sin gluten. Porque la pasta no puede ser libre de gluten, tarado", despotricó. "¿Acaso todo debería ser exactamente como quieres que sea, o mejor deberías enfrentarte a cosas que son difíciles y desafiantes, y que no cumplen con tus expectativas? Para mí, ir a un restaurante es como asistir a un espectáculo. No necesariamente espero que me guste. Quiero conocer la opinión del chef y del director de vinos y del personal de servicio."

Su monólogo continuó en ese tono mientras pasábamos por una gasolinera y dimos vuelta en su calle. Los edificios alternaban entre unos de departamentos brillantes y nuevos, y otros muy deteriorados con escaleras de ladrillos y cercados por vallas de alambre. Morgan vivía en uno de los edificios de antes de la guerra —más deteriorado—, con dos compañeros. Ninguno de ellos trabajaba en el mundo del vino, pero era evidente que le habían dado rienda suelta a Morgan para decorar.

En cuanto entré me tropecé con dos refrigeradores llenos de vino. Colgados sobre los muros de la sala había cinco mapas grandes de las regiones de cultivo de uva en Francia, cada uno de un metro y veinte de ancho. Conté cinco botellas de vino vacías sobre la mesa de la cocina, una botella vacía de licor en un librero y, sobre el escritorio de Morgan, "champaña de vinicultor", una variación artesanal de moda del tradicional vino espumoso francés que últimamente había sido presentada en las cuentas de Instagram de sommeliers. "Mi aperitivo de anoche", explicó Morgan y señaló la champaña con un gesto de cabeza. Las superficies que no estaban cubiertas con botellas de alcohol, tenían pilas de libros sobre alcohol. *1001 Whiskies, Jura Wine, North American Pinot Noir* (Pinot Noir de Norteamérica), *The Wines of Burgundy* (Los vinos de la Borgoña), *Wine Atlas of Germany* (Atlas de vinos de Alemania), *To Burgundy and Back Again* (De ida y vuelta a la Borgoña), *A Short History of Wine* (Breve historia del vino), *Cellarmasters in the Kitchen* (Maestros de la cava en la cocina), *Reading Between the Vines* (Leyendo entre las viñas), y la única excepción: *Crimen y castigo*. Había una caja de madera bajo una ventana atestada con docenas de cuadernos del tamaño de la palma de la mano en los que Morgan había garabateado registros diarios de vinos y comidas. Abrió uno al azar y leyó sus impresiones sobre un menú de degustación que había probado solo en Hearth, el restaurante hermano de Terroir. "Nota de hospitalidad", decía, "siempre debería haber alguien en la puerta para recibir a la gente."

Morgan estaba en la cocina: hacía café y se recargaba de energía con un bagel. Después nos sentamos frente a su computadora. Había una nota de post-it pegada en la pantalla:

Morgan del pasado: usa este tiempo para ser productivo.

—Morgan del futuro

El examen era a libro abierto, pero si dedicabas preciados segundos a buscar las respuestas no obtendrías un buen puntaje. Por si acaso, Morgan hojeó su acordeón (de 116 páginas) y sus fichas (2,200) para asegurarse de que sabría dónde encontrar información como el peso mínimo de los vinos de la Sélection des Grains Nobles.

Quienes obtuvieran los puntajes más altos de la prueba de TopSomm serían invitados a las semifinales regionales, que tendrían lugar en diferentes ciudades a lo largo del país. Desde ahí, los mejores seis sommeliers de cada categoría —TopSomm y TopNewSomm, para concursantes menores de 30— viajarían a California para las finales. Morgan había llegado a las finales los dos años anteriores, pero nunca había ganado el primer lugar. (Los ganadores de ediciones pasadas no podían competir.)

"Aquí va", dijo Morgan. Se inclinó tanto hacia delante que su rostro quedó a unos cuantos centímetros de la pantalla.

Sólo capté algunos fragmentos de las preguntas del examen. Él las contestaba tan rápido que yo no podía anotarlas. "Ordene los siguientes Amari desde el más seco (arriba) hasta el más dulce (abajo)." "Relacione el río con la denominación de origen." "Relacione el país con su superficie aproximada de tierra cultivada de viñedos."

"Ésa es una pregunta *terrible*", murmuró Morgan en voz baja mientras tecleaba y daba clic. "Diablos, está bien, veamos... De norte a sur, carajo... Ésta es una pregunta realmente difícil porque, por ejemplo, el Genshu es sake sin diluir... Qué *perra* pregunta... Qué maldita pregunta..."

Se quejaba, pero debo ser honesta: se veía emocionado.

Morgan calificó para las regionales, donde echó a perder la sección de servicio cuando tiró una bandeja de plata que, para horror de los jueces, retumbó directamente sobre el suelo de madera. A pesar de ello llegó a las finales. Viajaría a California para la gran final, que él consideraba esencial, tanto para entrenar como para relacionarse. "Simplemente *necesitas* ingresar en ese calendario social", enfatizó.

Tampoco podía perdérmelo. La competencia reflejaría las situaciones de la vida cotidiana que los sommeliers enfrentan en su trabajo y prometía darme una amplia perspectiva de sus deberes oficiales. Aún más, mientras los restaurantes algunas veces toman atajos para ahorrar tiempo y espacio, TopSomm mantiene a sus competidores con los más altos estándares de servicio. La competencia, que dura todo un día, sería mi oportunidad de presenciar el ideal platónico del artista sommelier en

acción. También me familiarizaría con los estándares a los que me some-
terían cuando llegara el momento de mi propio examen de la Corte. Para
como estaban las cosas, apenas había descubierto que el procedimiento
adecuado para abrir una botella de vino espumoso no es meter los pulgares debajo del corcho y apuntar hacia algo que no se rompa. El corcho se
debe girar y soltar en una servilleta con un sonido de *pfft* no más fuerte
que —y éstos son los términos técnicos que me dieron— un "pedo de mon-
ja" o "la reina Isabel echando gas".

Aunque los jueces de TopSomm suelen ser maestros sommeliers, logré convencer a los organizadores de la competencia de que me incluye-
ran como juez invitado. Les aseguré que, en el papel de invitado ingenuo,
aportaría una perspectiva única. Podría juzgar mejor el servicio de cada
competidor por su... sensación general. Para mi sorpresa, funcionó.

La competencia incluiría tres eventos diferentes que reflejarían el
formato de los exámenes de la Corte. En la sección teórica, interrogarían
intensamente a Morgan y los otros acerca de todo, desde las leyes de envejecimiento hasta los tipos de suelo. Obviamente presentarían una cata
a ciegas. Y para la sección del servicio, atenderían a los invitados (inter-
pretados por mí y los demás jueces) que serían avaros, platicadores, curiosos, o las tres cosas, pero definitivamente molestos.

Mientras que los exámenes de la Corte debían apegarse a alguna definición nominal de *justo*, parecía que TopSomm sólo deseaba ser igual de
catastrófico para todos.

"Sientes lástima por todos", me advirtió un juez de una edición anterior. Pero mis instrucciones fueron claras: No tengas piedad.

Como intento no pasar vergüenza en público a menudo, creí prudente estudiar un poco antes de la competencia. Habían pasado sólo unos cuantos

meses desde que había entrado a una vinatería para pedir una botella clásica de vino blanco hecho con Chablis, que es como pedirle a un agente de viajes que reserve un boleto de ida hasta lasaña. "Chablis", dijo el empleado con una sonrisa engreída, "es una región de Francia, no una uva". (Más específicamente, es un lugar en la Borgoña que produce vino con uvas Chardonnay.)

Esa tontería de amateur había quedado atrás. Yo sería una juez. Le debía a los competidores saber de lo que hablaba. Para empezar, necesitaba dominar qué uvas se cultivaban en qué lugar y de qué manera, junto con el porqué, bajo qué efecto y la forma en que se convertían en vino —en todas las regiones vitivinícolas del mundo. Eso no sólo me ayudaría a hacer lo mío en TopSomm, sino que para ser una excelente degustadora a ciegas se requiere una comprensión de los hechos y las fuerzas que dan forma al contenido de una copa. Tenía una posibilidad mucho mejor de identificar correctamente un Riesling del río Mosela si sabía dónde se encontraba (Alemania), su clima (frío, continental), su suelo (pizarra devónica azul y roja), lo que crece allí (principalmente Riesling, seguida por Müller-Thurgau), y cómo se elaboran los vinos (fermentados en tanques de acero inoxidable, rara vez tocados por las barricas de roble). Además, no tenía ninguna oportunidad de aprobar siquiera el primer nivel de los exámenes de la Corte sin que esa información —y mucha más— estuviera alojada en mi memoria. Abrí una cuenta con el Gremio de Sommeliers, la organización para la educación vinícola que tiene un sitio web donde ofrece guías de estudio y redes de contactos para profesionales de servicios que quieren discutir sobre los diferentes tipos de levadura. (El Gremio no tiene relación formal con la Corte, a pesar de que los dos grupos comparten la debilidad por la jerga del antiguo régimen.) Con la ayuda de las guías del Gremio y una pila de enciclopedias de vino, comencé a elaborar fichas en Cram, la app para estudiar a la que Morgan se refirió como su "buena amiga".

Las varietales tradicionales del Priorato, la composición del suelo de las denominaciones de origen en Australia Occidental, las cordilleras en el Valle de Napa... los detalles no terminaban. Comencé a rondar por las calles de Manhattan, con los ojos vidriosos, susurrando: "Rioja sigue el camino del río Ebro a través de tres subzonas climáticamente distintas...".

Todavía revisaba las fichas de estudio durante el vuelo a San Francisco, donde llegué el día previo a que comenzara TopSomm. Siempre pensé que la multitud, las bodegas neoclásicas esmeriladas como pasteles de cumpleaños y los detalles preciosistas ("Zinfandel Lane") le daban a la región vinícola de California una atmósfera de parque temático. Pero todavía no era temporada de las flotas de limusinas transportando chicas solteras de una cata a otra, y durante la tarde que manejé hasta mi hotel en Santa Rosa la tranquilidad se había instalado en los viñedos. El paisaje daba una sensación bucólica, un recordatorio de que al final del día, a pesar de las pretensiones que a menudo se sirven con cada botella, todo en este negocio depende de las uvas que deben cultivarse, cosecharse y machacarse. Los automóviles comparten el camino con tractores, y pasan junto a hombres vestidos de mezclilla que esperan en las intersecciones a ser llamados para un día de trabajo.

Esa noche, el código de vestimenta para la cena de bienvenida era "casual de California", pero de todas formas me puse tacones y falda. Desde que dejé el mundo de la tecnología, donde cualquier atuendo que necesitas llevar a la tintorería es demasiado formal, tuve que llevar mi clóset a otro nivel. Al parecer los sommeliers se sentían más cómodos con sacos a la medida y pantalones negros holgados. Después de algunos percances con respecto a mi vestimenta, hurgué en el clóset en busca de faldas a la rodilla y los sacos que usé por última vez cuando tenía entrevistas para trabajos en el último año de universidad. Después supe que Morgan empacó ocho pañuelos de bolsillo.

Hay algo extrañamente conservador y anticuado acerca de los sommeliers que hace que parezcan —incluso las mujeres— pequeños ancianos atrapados en los cuerpos de veinteañeros. Además de vestirse como si hubieran saqueado el armario de Jay Gatsby, pasan la mayor parte de su tiempo pensando en el pasado, reflexionando sobre las tradiciones de un *château* de quinientos años de antigüedad o soñando con una primavera particularmente cálida de hace treinta años.

La elegancia con la que sirven infunde su actitud de formalidad, incluso fuera del comedor. Son el sueño de todo padre: postura perfecta, buen contacto visual, enunciación precisa de oraciones completas. Morgan era incapaz de mandarme mensajes de texto sobre el "Bandol Rosé" o "La Chaîne" sin tomarse el tiempo para insertar los acentos franceses.

Me uní a los competidores y otros jueces en un autobús turístico de lujo contratado para transportarnos a una cena que ofrecía Rodney Strong, una bodega de vinos que, si los sommeliers fueran honestos, quizá no recomendarían, ni siquiera por haber financiado la celebración de la noche. Una mujer de la bodega repartía Sauvignon Blanc Rodney Strong en vasos de plástico. Para los concursantes de TopSomm era por lo menos la segunda ronda de aperitivos. En el trayecto desde el aeropuerto, le pidieron al conductor que parara en una tienda para comprar paquetes de doce cervezas Pabst Blue Ribbon y Modelo. A veces, incluso los profesionales quieren beber sin pensar.

El autobús nos dejó en una terraza al aire libre que parecía como un tablero de Pinterest que cobraba vida. El trabajo de somms tenía algunas ventajas evidentes. Los músicos contratados para la noche tocaron sus guitarras sobre una ladera cubierta de césped. Había un patio que daba a una fogata y, más allá, los viñedos se desvanecían en el horizonte. Había guías de luces que cruzaban por encima de mesas de picnic cubiertas con velas y manteles florales y, advertí con cautela, no menos de siete copas de vino por asiento.

Durante la cena, la conversación alternaba entre los vinos que la gente había bebido en el pasado, los que habían bebido recientemente y los que esperaban beber en el futuro. Geoff, uno de los Maestros Sommeliers, encuestó a todos sobre la comida con la que podría maridar su botella de viejo Meursault. Todos los somms estuvieron de acuerdo: con ostras.

Dana, que también había calificado para la final, recordó el Raveneau Montée de Tonnere del 96 que sirvió en su fiesta de cumpleaños hacía unos años. Él y Morgan recordaron con horror al Ruché, un vino tinto de Piamonte, en Italia, que tuvieron que catar a ciegas el año anterior en TopSomm. Eso le recordó a Morgan el vino blanco que había catado a ciegas durante su examen de certificación hacía unos años. Todavía le escandalizaba que sus compañeros de examen hubieran sido tan tontos como para llamarlo Viognier.

"Y dije: '¿Cuándo habías probado un Viognier de alta acidez con azúcar residual?'. Sólo llámalo por su nombre y ya."

"¡Costa Central Acidificada!", interrumpió Dana, haciendo reír a la mesa con lo que evidentemente era un chiste brillante. "Como quien dice: '¡Acabamos de arrojar por error un contenedor de ácido cítrico en nuestro Viognier!'".

"¡Ja! ¡Costa Central Acidificada!", se carcajeaba Jackson, un finalista que había venido desde Seattle. "¿Acaso el ácido cítrico viene en bolsa?"

"Sí, sí, así viene", dijo Dana.

"Por supuesto", dijo Morgan.

"Tengo bolsas de ácido cítrico en casa para hacer agua tónica", dijo Dana.

"¿Haces tu propia agua tónica?", preguntó Jackson. "¡Yo hago mi propia solución de quinina!"

Dana no parecía impresionado. "Yo utilizo corteza de cinchona en lugar de quinina", dijo con orgullo evidente.

"Sí, sí, yo también uso la corteza", aclaró Jackson con rapidez. "Al principio sólo pude encontrar el polvo. Pero luego hallé una tienda que vendía la corteza." Trató de compensar su metida de pata. "Quiero intentar hacer mi propio vermut."

Me distrajo un hombre de saco azul marino con botones dorados que desfilaba entre las mesas, daba palmadas en la espalda a la gente y estrechaba sus manos. Era Fred Dame, un distribuidor de vinos y Maestro

Sommelier de unos sesenta años, que funge como la mascota no oficial de la Corte de Maestros Sommeliers y del Gremio de Sommeliers. Fred es un visionario que trajo la Corte del Reino Unido a Estados Unidos, un conocedor de las sociedades exclusivas para hombres con dinero, tiempo y poder. "Mi esposa dijo: '¡No más clubes!'", clamó, mientras describía su membresía al Bohemian Club (en esencia, un campamento de verano para hombres influyentes) y los Rancheros Visitadores (básicamente un campamento de vaqueros para hombres influyentes). Se burlaba de los competidores que estaban nerviosos pero intentaban no demostrarlo.

"¿Qué tanto saben sobre vino ruso?", le preguntó a un grupo de sommeliers en una mesa. Silencio. Los miró de reojo. "Todos ustedes están perdidos."

Se detuvo donde estaban sentados Morgan, Dana y Jackson y se acercó a ellos con aire de complicidad. "Es una competencia, no un examen, por lo que deben usar su astucia", les recordó. "Mientras más borracho pongas a tu oponente, peor le irá."

Al parecer tomaron en serio este consejo. Después de las cervezas, el vino en el autobús, el coctel y las siete copas de vino durante la cena, la gente todavía tenía sed. Nos detuvimos un momento en el hotel para reagruparnos. Alguien encontró una copa de martini vacía en una mesa de café en el vestíbulo. Varios somms se acercaron para olerla.

"Creo que es un Grasshopper", dijo uno.

Morgan lo olfateó y estuvo de acuerdo. "Huele a *crème de menthe* y a Galliano."

Morgan encabezó la marcha hacia el Russian River, una cervecería artesanal situada en la misma calle de nuestro hotel. En una pizarra del ancho de la barra se enlistaban alrededor de mil cervezas con nombres incomprensibles como "Defenestración" y "Condena". Cometí el error de preguntar si alguien me recomendaba alguna, que fue básicamente ofrecerme como carnada en un estanque de pirañas muertas de hambre. Estalló el caos.

No sé qué cerveza conseguí al final. No era importante, ya que uno de los sommeliers se llevó rápidamente la copa de mis manos porque quería probarla. Todo el mundo intercambiaba sorbos de todo, un dato más para su biblioteca en expansión de recuerdos sensoriales.

Nunca me terminé la cerveza. Era casi medianoche y para entonces yo era la única mujer que quedaba, además de una chica que había venido con su novio. Era predecible lo que sucedería con la combinación de la hora tardía, el alcohol y la desproporción de género. Aprendía que, aunque el trabajo tiene sus ventajas, para las mujeres, que aún somos minoría, puede haber efectos secundarios menos agradables. Uno de los jueces ya se había ofrecido a dejarme pasar la noche en su "gran" habitación. (Yo no le había preguntado.) Y también era cada vez más difícil ignorar a uno de los sommeliers quien, lejos de estar sobrio, pasó de torpes intentos de coqueteo a toquetearme abiertamente. Así que me fui a casa. A mi habitación de hotel de tamaño regular.

Llegué al desayuno a la mañana siguiente, justo a tiempo para escuchar a dos jueces intercambiar sus notas de cata sobre el agua del grifo.

"Oh, buena idea la del agua", dijo Jason, un Maestro Sommelier, y señaló con un gesto una botella de Aquafina que su compañera Maestra, Jessica, había traído. "Sólo tuve que abrir la llave para darme cuenta de que los 4 dólares valieron la pena. Pensé: 'Esta agua está *acorchada*'".

El único competidor que había logrado bajar a desayunar era un sommelier de unos cuarenta años llamado John. Estaba inquieto por saber dónde encontrar una copa de Pinot Grigio tibio a esta hora. Era parte de su ritual previo a la degustación. Como un violinista afinando su instrumento, necesitaba un sorbo de vino para aclimatar su lengua a la acidez y el alcohol. No había forma de que entrara a su cata a ciegas sin él. "No sé cómo voy a conseguir mi Pinot Grigio esta mañana con las leyes dominicales que prohíben el alcohol", se preocupó. "Apuesto a que no hay un bar abierto en el hotel."

Jason y Jessica lo ignoraron. Estaban debatiendo sobre el efecto de la presión barométrica, la altitud y la humedad en la agudeza de las personas para la cata. Una tormenta, por ejemplo, podría silenciar los aromas de un vino.

"Cuando me fui de Hawái, todo fue mucho más intenso", dijo Jason.

Jessica asintió. "Todos deberían catar en Arizona."

"¿Crees que tengan Pinot Grigio italiano?", preguntó John.

Mientras él iba a preguntar a la recepción, yo me fui para ayudar a los otros jueces a preparar la primera ronda de catas a ciegas. TopSomm había reservado algunas salas de conferencias en el Hyatt de Santa Rosa, y verificamos que cada una tuviera una mesa con seis copas y algunas sillas. Los competidores tomarían turnos para catar mientras nosotros permanecíamos sentados y los calificábamos. Tomé asiento frente a la hilera de vinos, y mi compañero juez y yo dimos la bienvenida al primer concursante.

En la superficie, parecía que todos los sommeliers tenían sus propias técnicas para descifrar los vinos. Había los que olfateaban y los que inhalaban, los que se acababan el vino de un trago y los que bebían a sorbos, los que escupían y los que tragaban, los que permanecían de pie y los que se sentaban. Algunos sommeliers hablaban dentro del vaso, y olían continuamente. Otros sólo necesitaban una o dos buenas olfateadas para evaluar los aromas. Algunos comenzaron con los vinos tintos, otros prefirieron catar primero los blancos.

A pesar de esas evidentes diferencias y de que no se trataba de un evento oficial de la Corte, sus análisis se basaron, sin excepción, en el llamado método deductivo de degustación creado por la Corte. La "cuadrícula" de la Corte, una hoja de trabajo de una sola página, especifica qué se debe examinar durante las cuatro fases de la cata a ciegas —"vista", "nariz", "paladar" y "conclusión"—, en qué orden y con qué palabras. El sistema está planeado para que los somms "caten con sentido, prestando atención a lo que se degusta", y ha configurado la forma en que miles de sommeliers escudriñan sus vinos. Otras instituciones de bebidas de altura, como el Wine & Spirit Education Trust, tienen sus propias versiones de cuadrícula. Pero, a grandes rasgos, todas son iguales.

La cata a ciegas no es sólo un truco para entretener en las fiestas, aunque he visto que en las buenas fiestas lo hacen. Su objetivo es enseñar a los sommeliers a identificar los vinos de calidad, para que compren botellas con sabiduría y luego las vendan. Cuando no tienes la etiqueta a la mano, estás obligado a centrarte por completo en lo que percibes de un vino en lugar de limitarte a lo que te han dicho al respecto. Después comienzas a asimilar el sabor distintivo de las uvas, las regiones, las cosechas y las designaciones de calidad. Uno puede saber qué vinos son atípicos, en buen y mal sentido, para compensar como corresponde. El Sauvignon Blanc de Nueva Zelanda que te ofrece un distribuidor puede ser delicioso. Pero si catas a ciegas docenas de esos vinos, sabrías que este vino sabe más como un Grüner Veltliner de Austria que a la alegre limonada de pimiento que la mayoría de la gente espera de algo que en la etiqueta diga "Nueva Zelanda" y "Sauvignon Blanc". ¿Lo compras sabiendo que deberás enfrentarte a las expectativas de los comensales y explicarles un poco? ¿O te defiendes con algo más típico?

La cata a ciegas también entrena a los sommeliers a conseguir vinos de buena calidad que saben más caros de lo que realmente son. Por ejemplo, los vinos de Saint-Émilion, una denominación de origen en la ribera derecha de Burdeos, se clasifican en tres categorías: Premier Grand Cru Classé A, Premier Grand Cru Classé B y Grand Cru Classé, en orden descendente. Si derrocha de vez en cuando, Morgan habrá degustado idealmente los costosos Premier Grand Cru Classé A y B para saber qué los hace especiales. Así que cuando pruebe un Grand Cru Classé más barato cuyo sabor se acerque a los vinos caros pensará: "¡Esto es una ganga!". Y lo comprará. "Compra barato, vende caro" aplica a los restaurantes, tanto como a cualquier otra cosa. Ésta es también la forma en que la que Morgan puede costear su estilo de vida empapado de vino: compra montones de vino —muchos de ellos excelentes— porque tiene una nariz experta.

Morgan, que se autodenomina como "experto en arbitraje", me contó una situación a la que se enfrentó cuando manejaba la lista de Corkbuzz. Digamos que quería un Cabernet Sauvignon que podría vender a 23 dólares por copa. Llamó a todos sus distribuidores y les pidió que le trajeran cada Cabernet que costara entre 12 y 15 dólares por botella, al por mayor. Luego probaba cada uno hasta que encontraba uno que sabía como si costara esos 23 por copa. "Si ninguno de esos vinos funciona y sólo hay uno que sabe a un vino de 20, lo cobraré a 20", explicó.

Una vez que una botella llega a la lista del restaurante, el trabajo del sommelier es venderlo. La cata a ciegas también es útil aquí, porque ayuda a que los somms fluyan en el vocabulario especializado de los descriptores —"Grand Marnier", "tangerina confitada"—, que es una presentación de los sabores para los comensales. Claro, puede sonar falso si te dicen que un vino tiene "notas de Earl Grey mezcladas con cassis" (también conocido como grosella negra). Pero es más informativo y, posiblemente, más útil que decir "sabe a vino".

También es fundamental que los somms aprendan qué vinos tienen perfiles de sabor similares, a pesar de haber sido cultivados en diferentes continentes o hechos con distintas uvas. La cata a ciegas perfecciona esta habilidad para que desempeñen la complicada labor de maridaje en el comedor. ¿Y si el caballero de la mesa 23 quiere un Tempranillo de Rioja, pero no hay en la lista? El somm puede sugerir un Sangiovese de Italia que lo sustituirá muy bien. Ofrecer vinos laterales —que son parecidos en estilo pero no en la elaboración— mantiene a los comensales contentos. Y conocer vinos que son similares en estilo pero no en precio mantiene felices a los restauranteros.

"Un ejemplo", dijo Morgan una tarde después de una cata. "Tengo una mesa para cuatro ocupada por la mamá, el papá y los niños. El papá lleva puesto un reloj Patek Philippe de 50,000 dólares. La mamá lleva joyas que valen unos 75,000 dólares. Obviamente tienen dinero. Y están sentados en esta mesa y la mujer dice: 'Me gusta el Pinot Grigio'. Y sabes que no tienes ningún Pinot Grigio en tu lista por más de 80 dólares por botella y dices: 'Mierda, *no*. NO LO TIENES PERMITIDO. NIÉGATE'. Entonces tienes que ir con el papá y decirle: '¿Sabe?, sólo tenemos una botella de Pinot Grigio en la lista'. Así que terminas vendiéndoles una botella de 270 dólares de Grand Cru Chablis porque lo tienes que hacer. Porque no hay un Pinot Grigio que puedas venderles que los haga felices o que quieras venderles. Porque habrás bloqueado 220 dólares en ingresos para tu restaurante, para tu comedor."

"¡No han revisado su estado de cuenta en diez años!", interrumpió otro sommelier.

"Es descifrar cómo conseguir los vinos laterales que harán felices a las personas, pero que cuestan mucho más", concluyó Morgan. "Porque para esas personas, esa cantidad de dinero no es nada."

Cuando llegó su turno en la cata a ciegas, Morgan entró en la habitación y se sentó en una silla de cuero frente a los jueces. Había catado con él las veces suficientes para conocer su rutina, la cual repitió en ese momento. Se quitó las gafas, como si negarse un sentido fortaleciera los otros. Luego desplazó el tazón para escupir a su mano izquierda y apoyó el codo sobre la mesa.

El reloj se activó tan pronto como tocó la primera copa. Como de costumbre, empezó con los tintos.

"Aquí tenemos un vino tinto claro de concentración moderada a alta con rubí oscuro en el centro y el menisco color rubí ligeramente más claro, sin gas ni sedimentos", comenzó, tomando prestado uno de los tres sinónimos aprobados por la Corte para el color "rojo" (*púrpura, rubí, granate*).

"Claro" sugería que el vino podría haber sido refinado o filtrado, procesos que eliminan levadura, bacterias y otras partículas que pueden arruinar un vino, volverlo brumoso o, algunos afirman, darle su deliciosa complejidad. "Concentración" se refería a la densidad u opacidad del vino —qué tan fácil o difícil es ver a través del cáliz de la copa—, y "rubí" a su color, lo que podría indicarle a Morgan la variedad de uva y la edad. La opacidad y la tonalidad cambian según la variedad de la uva. Por la práctica en mi grupo de cata y mi estudio maniaco en solitario sabía, por ejemplo, que los Syrah y los Zinfandel tienden a ser purpurinos y densos, mientras que los Pinot Noir suelen ser de un rubí más claro. El vino que Morgan sostenía en la mano era opaco y más marrón que la berenjena. Me vinieron a la mente Syrah, Merlot, Sangiovese, Cabernet Sauvignon y Tempranillo. Los vinos tintos pierden color a medida que envejecen, mientras que los blancos (color "paja", "amarillo", "oro" o "ámbar", en la jerga de la Corte) ganan color. Es probable que un vino tinto de tono anaranjado con un menisco acuoso y descolorido —el borde del vino donde se junta con la copa— sea más viejo. Lo mismo ocurre con uno blanco color ámbar. (Pero —con el vino siempre hay un "pero"— el envejecimiento del roble puede dar color a los vinos blancos.) El vino de Morgan era de un rubí oscuro al centro, sólo que ligeramente más pálido en los bordes. Le faltaba sedimento, un derivado del añejamiento que aparece alrededor del décimo aniversario del vino, cuando el ácido, el pigmento y las moléculas de taninos comienzan a adherirse y posarse fuera del líquido. Probablemente de menos de diez años, pensé.

Morgan levantó el vino hacia la luz.

"Soleado", dijo. La cuadrícula permite los términos "opaco", "brumoso", "brillante", "soleado" o "brillo de estrella"; el "brumoso" a veces puede indicar fallas, y el "brillo de estrella" a menudo sugiere juventud.

Tomó un sorbo de vino y lo agitó para medir su textura, haciendo rodar el cuenco de la copa por el borde de la mesa, para que el vino cubriera sus costados. Levantó el vaso hacia la luz y miró el líquido que goteaba. "Su viscosidad es de moderada a alta." Viscosidad: el cuerpo del vino, o su densidad. Las lágrimas del vino eran gordas y lentas. Esto sugeriría un nivel más alto de alcohol, provenía de un clima más cálido.

Llevaba veinte segundos de haber empezado. Le quedaban tres minutos y cuarenta segundos.

Morgan hundió su nariz en la copa, de modo que el borde presionaba sus mejillas. Esa primera aspiración fue crucial. Si fuera intenso e inequívocamente afrutado —ciruela, higo, cereza, mora— implicaría un voto para un vino del Nuevo Mundo, lo que significa que proviene de cualquier lugar menos de Europa. Los aromas más mesurados y pungentes —tierra, hojas, hierbas, incluso piedras— disparan pensamientos sobre el Viejo Mundo; es decir, vinos europeos.

"Una intensidad moderada de frutos rojos y negros maduros, ciruelas roja y negra, con un poco de cassis rojo y negro." Mentalmente repasé todo lo que había memorizado y degustado. Podría ser Cabernet del Nuevo Mundo, ¿quizá Merlot? La terminología de cata de la Corte está tan estandarizada —y el perfil de ciertas variedades tan establecido— que cada frase implica un conjunto de asociaciones que, para el oído entrenado, sugieren posibles direcciones. Si conoces el lenguaje puedes descifrar el código. Mencionar rosa y lichi es un claro indicio de que vas hacia Gewürztraminer. Aceitunas, pimienta negra y carne significan que te diriges hacia Syrah. ¿Ciruela? Merlot. ¿Cassis? Cabernet.

Recitó más aromas: rosa, tierra de labranza fresca, orégano, cuero de montura. Más Viejo Mundo que Nuevo Mundo, decidí. Consistente con Cabernet o Merlot de Francia, o Tempranillo, usado para producir Rioja en España.

Sesenta segundos.

"Tenemos un poco de canela y un tipo de vainilla, una especie de melaza." Traducción: un vino envejecido en barricas nuevas de roble francés, que imparte esas tonalidades aromáticas de caramelo de vainilla. Esto era consistente con Burdeos, una región en Francia donde los vinicultores con frecuencia envejecen las mezclas de Cabernet en barriles de roble francés nuevo. También era consistente con Rioja en España. O el Valle de Napa en California.

"Creo que en este vino hay un poco de Brett, un carácter animal, de establo, terroso." Esa frase gritaba Burdeos, donde el Brett (abreviatura de la levadura Brettanomyces) con frecuencia le da al vino el perfume del sudor de los caballos pura sangre, que puede ser tanto un sabor como un defecto.

Habían pasado dos minutos. Revolvía mientras hablaba en voz baja, de forma monótona, mirando la copa.

Morgan dio un gran trago de vino, sorbió y escupió un sólido chorro.

El paladar. Esto incluye sensaciones de sabor ("laurel", "ceniza") y —la evidencia objetiva máxima— la estructura (acidez, azúcar, alcohol, taninos, cuerpo). En este momento, Morgan debía sospechar qué estaba bebiendo, y la estructura le ayudaría a descalificar ciertas suposiciones y aumentar el peso de otras.

"Percibo una especie de pimiento rojo o tomate asado que me hace pensar que hay algo de pirazina en este vino." Esa palabra. Pirazina. Un compuesto químico presente en pimientos verdes, chícharos, Sauvignon Blanc y —lo adivinaron— uvas Tempranillo y Cabernet Sauvignon.

Tres minutos y medio. Faltaban treinta segundos.

Este vino era seco (no dulce). Taninos de moderados a altos. La acidez era moderada a alta y el nivel de alcohol de moderado a alto. Una mayor acidez indica uvas cultivadas en climas más fríos; mayor nivel de alcohol puede significar un clima más cálido. Entonces tenía que ser de un lugar cálido, pero no demasiado. Más evidencias para Europa que para California.

Él tomó otro sorbo. Quedaban cinco segundos.

Por mi propia experiencia, sabía que Morgan debía volver a recorrer todo lo que había dicho. La intensidad del color rubí del vino, además de su brillo, afrutamiento y taninos altos sugirieron que se trataba de un vino relativamente joven. El tomate, el cuero e incluso el roble joven francés podrían ser consistentes con el Tempranillo español. Pero esas capas de sabores, con la mezcla de ciruela (pista: Merlot), cassis (pista: Cabernet) y pirazina (pista: oh *sí*, Cabernet), apuntaban hacia una mezcla de al menos dos tipos diferentes de uvas. Los vinicultores de la ribera *izquierda* de Burdeos hacen vino con una mezcla de Cabernet Sauvignon (principalmente) con un poco de Merlot (menos) y algunas otras uvas (incluso menos). Los enólogos de la ribera *derecha* de Burdeos mezclan Merlot (principalmente) con Cabernet Sauvignon (menos) y algunas otras uvas (incluso menos).

Supuse que provenía de la ribera izquierda. Con el Brett y el roble, tenía que ser un Burdeos.

Morgan dio su respuesta final: "Es una mezcla con Merlot dominante de la ribera derecha de Burdeos de la aldea de Saint-Émilion, cosecha 2010 de calidad Grand Cru Classé".

Un vino menos, faltaban cinco.

Cuando terminó la cata, Morgan se apresuró al vestíbulo para unirse a un grupo de sommeliers que intercambiaban impresiones sobre lo que habían nombrado de cada vino. Todos se veían derrotados.

"Lo llamé Saint-Émilion de 2006'", dijo Mia del vino número cuatro, el mismo que Morgan había probado primero.

"Pensé que tenía más paladar medio que un Merlot", dijo Jackson. "Estaba *totalmente* en la pista de Saint-Émilion, luego, por alguna razón, una vez que alcanzó el paladar, percibí *tooooodos* los taninos al frente. Era más del paladar medio que del paladar frontal. Pero por lo demás, estuve de acuerdo contigo con Saint-Émilion. Totalmente."

"¿Cómo estás, matador?", dijo Morgan, se metió en la conversación y le dio una palmada en la espalda a Jackson.

"Nombré al tercero como Sauvignon Blanc de Nueva Zelanda", dijo Jackson, ignorando a Morgan. Se inclinó para palmear a otro tipo en el hombro. "Oye, ¿cómo nombraste al Sauvignon Blanc?"

"Sancerre", respondió el tipo.

Jackson palideció. "¿Lo nombraste Sancerre?" Negó con la cabeza. "No lo sé, amigo." Reconsideró. Perdió la confianza. "Es esa extraña levadura que usan. Hace que tenga ese gusto a guayaba..." Suspiró. "Totalmente, podría ser Sancerre."

"Yo lo llamé Costa de Sonoma", dijo Morgan. "Estaba pensando en las últimas tres cosechas del Loira. Yo pensaba: 'Es realmente fresco, es la cosecha actual, y este tipo de pureza frutal no es coherente con el Loira'. ¡Los 2013 tienen botrytis!"

"Sí, ¿quién demonios decidió de forma colectiva hacer Sauvignon Blanc con botrytis?", reclamó Jackson, y se veía personalmente lastimado por ello.

Me sorprendió que sus conjeturas fueran tan dispersas: Francia, Nueva Zelanda, Estados Unidos. "¿Cuál fue la parte más difícil de la cata?"

"La parte más difícil es siempre uno mismo", dijo Jon, el sommelier de mi grupo de cata que trabajaba en el restaurante Eleven Madison Park.

"Tu cerebro está en modo de miedo", Morgan estuvo de acuerdo. *"Quiero-una-respuesta-Quiero-una-respuesta-Quiero-una-respuesta."*

"Como en el vino número uno", dijo Jon, "yo pensaba: 'Oh, hay un montón de roble y maloláctica, tiene un alto nivel de alcohol y no percibo mucha mineralidad', así que por instinto lo llamé Cali Chard y seguí adelante. Pero si mi mente hubiera estado abierta y deductiva, hubiera dicho: 'Bueno, percibo todo este cítrico dulce, amargura y plátano...'." Se detuvo. "Me sentí bastante... no frustrado, sino asustado."

"Y ahí es donde hay un juego mental", explicó Morgan. Tomó un sorbo de un vaso de agua que había servido antes de una jarra transparente llena de rodajas de fresas y agua con hielos. Una expresión de sorpresa inundó su rostro e inclinó la cabeza, intentando asimilar lo que contenía en la boca. Tragó saliva y sonrió, como si hubiera resuelto el acertijo. "Sabe a agua de fresa."

La cata ciega de TopSomm cedió el paso a las dos últimas partes de la competencia. Durante la parte teórica, mis compañeros jueces se comportaron. Todos se sentaron alrededor de una mesa disparando preguntas a los sommeliers, las cuales provenían de un guion preparado por los organizadores del concurso. Fingíamos ser jóvenes sommeliers desventurados que se esforzaban por satisfacer a comensales quisquillosos. "Mi mesa intenta decidir entre un vino joven Smaragd Grüner Veltliner de Hirtzberger, de Prager o de Veyder-Malberg. ¿Saben cuál es el que tiene más botrytis?" (Respuesta: el vino elaborado por Hirtzberger.) O bien: "Uno de nuestros clientes está interesado en Calvados añejo, pero quiere algo con notas de pera. ¿Qué debería sugerir?" (Respuesta: Calvados de Domaine Lemorton en Domfrontais.) Y también: "Uno de los clientes en el bar está haciendo preguntas sobre nuestra selección de absenta... ¿Cuándo se volvió legal? ¿Cuál es el rango típico de alcohol de la absenta real?" (Respuesta: en 2007; de 50 a 70 por ciento.) *Díganle que deje de hacer tantas preguntas y que simplemente disfrute el maldito coctel*, habría sido mi respuesta. Pero los competidores se mantuvieron erguidos al frente de la sala para responder cada pregunta con paciencia y aplomo.

Los jueces estaban especialmente entusiasmados con la sección de servicio. No había reglas. Era hora de novatadas desenfrenadas al estilo sommelier. Los Maestros Sommelier disfrutaban atormentar a los jóvenes.

"¿Te tomaste tus pastillas de hombre?", rugió Fred cuando vio a Dana, y le dio una palmada en la espalda. Dana sonrió forzadamente.

Él y los demás competidores esperaron afuera mientras los jueces y yo recibimos nuestras instrucciones.

"Tienen permiso de ser unos malditos", nos dijo a todos uno de los Maestros Sommeliers.

"Cuando me tire al piso y finja que me estoy ahogando, sabrán que realmente han sido malos", dijo Fred. "Una vez estaba con un chico. Mientras me daba recomendaciones yo estaba ahí sentado hurgándome la nariz. Hice el gesto de escarbarme los mocos y él dijo: '*Ayyyyyayyyyyyaaayyyyy*'."

Ésta era la mejor fantasía para cualquiera que haya trabajado en la industria del servicio: el turno de actuar como comensales odiosos. Una mesa celebraba un cumpleaños y el anfitrión, preocupado por no ser avaro frente a su hijo, tendría que interceptar al sommelier para explicarle que pediría una botella de champaña, pero *por el amor de Dios, no me eches de cabeza y que cueste menos de cien dólares.* Éste era el parlamento de Fred. Una pareja en otra mesa pediría sugerencias de maridaje, así como recomendaciones sobre qué *châteaux* visitar en sus próximas vacaciones en el Valle del Loira en Francia. Trataban de consumir todo el tiempo del sommelier (quince minutos en total), por lo que sería casi imposible para él regresar rápido a la mesa de champaña para abrir y servir el vino espumoso. Estaba sentada a la mesa con aficionados curiosos de la historia que pedían copas de Madeira y después una botella de tinto que debía decantarse, todo con un montón de preguntas.

Morgan entró en la habitación, vio a Fred en su sección y de inmediato cambió de dirección para atender a la pareja. Jessica, una de las jueces en la mesa de Morgan, le preguntó sobre la degustación de tres tintos del Loira de 15 dólares. El menú decía que cada uno se hacía con distintas variedades de uva y que provenían de diferentes denominaciones de origen; ¿cuáles eran? El reto de Morgan fue nombrar tres vinos específicos —sus productores y cosechas— que no repitieran su región o sus uvas, y con el cual su restaurante imaginario pudiera ganar dinero vendiéndolo en 15 dólares. Fred se cruzó de brazos y, desde la esquina, fulminó a Morgan con la mirada, cada vez más impaciente. Jessica también quería saber qué maridar con su pollo. Y qué castillos bonitos debería ver cuando fuera al Loira. Ah, y tal vez ella en realidad tenía antojo de un blanco —¿qué le podría recomendar Morgan? Su voz se elevó una octava completa mientras él respondía a sus preguntas y, por el rabillo del ojo, vio que Fred se ponía rojo. "¡Así! ¡Magnífico! ¡Sí! ¡Excelente!", chirrió, tratando de rescatarse a sí mismo con desesperación para alcanzar a Fred, que en ese momento hacía gestos al *maître d'* para quejarse.

Por los ceños fruncidos de los jueces quedó claro dónde se equivocaba Morgan. Cuando sirvió un poco de Madeira para el Maestro Sommelier en mi mesa, un chorrito de vino alcanzó el borde de la copa. Toda la mesa guardó silencio y ni una sola persona, Morgan incluido, respiró mientras miraba cómo la gorda y jugosa gota marrón rodaba en cámara lenta sobre el borde exterior, a lo largo del costado y por el tallo hasta la base de la copa. Era como un pedazo de mierda embarrado en un vestido de novia. El Maestro Sommelier detuvo la gota con su dedo cuando estaba a punto de sangrar sobre el mantel. "Lo salvé", anunció, a pesar de que era obvio que todo estaba perdido.

Mientras Morgan terminaba su turno en el servicio y el siguiente grupo de competidores repetía la secuencia, tuve la sensación de que estos minutos como jurado habían arruinado para siempre mi inocencia como comensal. Había arruinado el simple e ingenuo placer de salir a comer al sacar a la luz los múltiples pecados que los sommeliers —y el personal de servicio— cometen en la mesa. Una hora antes, no sabía que debía sentirme ofendida si un sommelier me daba el reverso de la mano —vertiendo el vino de modo que el dorso de su mano se volviera hacia mí. Pero ahora pensaría: *¡Cómo se atrevía!* El objetivo del servicio no sólo es hacer que el líquido entre en la copa. Eso es sólo el gran final, que ha sido coreografiado con una elaborada serie de pasos que deberían elevar y realzar el momento cumbre de placer: el sorbo.

Los Maestros Sommeliers me guiaron a través de todo lo que no se debe hacer al servir el vino, lo cual debería dominar antes de mi propio Examen de Certificación.

No te inclines. No te encorves. No luzcas tenso. No cruces los brazos y no señales. No negocies los precios y no menciones tu nombre (¿acaso esto es Applebee's?). No toques la mesa, tu cara, tu cabello, y *jamás* toques a uno de los comensales. No olvides pulir las copas. No toques nada que no sea el tallo. Y mientras estés en ello, no toques las *serviettes* con tu ropa. No permitas que las copas tintineen. No dejes que tus manos tiemblen. Que ni se te ocurra quitar tu pulgar del corcho de la champaña antes de abrirla. (¿No quieres que la gente sobreviva a la cena?)

No pongas la hielera sobre la mesa. No olvides ofrecer el corcho. (¿No se te olvidaron dos *portavasos?* Uno para la botella, uno para el corcho.)

No sirvas a los hombres antes que a las mujeres, no sirvas a los anfitriones antes que a los comensales, no sirvas más para una persona que para la otra. Y que Dios te ayude si derramas una gota. No levantes las copas para servir, y no sirvas más de dos veces para llenar una misma copa. No vacíes la botella en la primera ronda. Nunca cubras la etiqueta con la mano. No luzcas incómodo. No sirvas por la izquierda. No avances en el sentido de las manecillas del reloj. Nunca maldigas. No hagas que los invitados te pregunten por la cosecha. No seas impaciente. No seas serio —no quieres parecer el director de una funeraria, ¿o sí? No seas tan tímido. No digas "umm". Y por el amor de Dios, no luzcas nervioso. Se supone que esto es divertido.

Una vez que te aprendes los pasos mecánicos del servicio, éstos pueden parecer, si no fáciles, al menos manejables. Pero lo que los hace complicados es que debes hacerlos todos mientras ofreces recomendaciones, subes el vino desde la cava, ingresas las órdenes, saludas a los comensales que acaban de sentarse y ofreces vino a la mujer cuyo filete aterrizó, mientras también haces creer a cada huésped que te puedes dar el lujo de pasar toda la noche cumpliendo sus caprichos. Y debe parecer fácil. "Elegante" era la palabra que surgía una y otra vez. "Refinado." "Muy pero muy suave, muy elegante." La postura, el temblor de la voz, las pausas en el discurso, la fluidez trazando una curva sobre una botella, todo eso importa.

"Nosotros usamos la analogía de un cisne. Parecemos delicados y tranquilos por encima, pero estamos pataleando frenéticamente por debajo", me dijo Jon durante un receso. "Tiene que ser perfecto."

"¿Qué pasa si tienes una mala noche?", pregunté.

"No puedes tener una mala noche."

Después de que se completó la sección de servicio, los jueces hicieron el conteo de las evaluaciones, y los sommeliers se alejaron de las mesas para permanecer de pie con la nariz casi tocando los muros de la sala de conferencias. El ritual estaba hecho, ya sea para evitar que vieran las hojas de resultados o para confundirlos, o ambos. De pie, ahí, vestidos con su atuendo formal, con el rostro presionado contra el papel tapiz, parecían traviesos CEO castigados.

Morgan perdió puntos por el goteo, pero también por estar "un poco ansioso", con una energía que "te pone nervioso". A otros les bajaron puntos por olvidar pasar el trapo, por fallar al pulir las copas, por pararse incómodamente y por mostrar su nerviosismo. Uno fue excesivamente amistoso. "Era demasiado igualado", se quejó uno de los jueces.

Los premios fueron anunciados en un restaurante dirigido por un equivalente a Maestro Sommelier pero de queso mozzarella. Se llamaba a sí mismo el Chico Mozz y servía en las manos de los sommeliers bolas calientes de cuajada de leche de doce granjas diferentes. Se pararon detrás de él para observar cómo amasaba el queso y formaba pequeñas bolitas blancas. Lo llamó "arrear la cuajada". Probaron el mozzarella calientito, con sal y aceite de oliva. Se habló del *terroir* de queso y de las diferentes hierbas que las vacas debían haber comido.

Morgan no ganó.

Acertó a todas las preguntas teóricas, como de costumbre. Pero la gotita de vino durante el servicio lo había aniquilado, al igual que su cata a ciegas. El vino que él llamó Saint-Émilion, de la ribera derecha de Burdeos, en realidad era un Médoc, de la ribera izquierda. Había fallado por una diferencia de 40 kilómetros en línea recta.

CAPÍTULO CUATRO

Los cerebros

Debo detenerme un poco y decir algo sobre mi estado físico a estas alturas. Estaba borracha casi todo el tiempo. Iba a tres, a veces a cuatro grupos de cata a ciegas a la semana, lo que significaba que en promedio estaba sobria unas seis horas al día. Cuando no degustaba, estaba oliendo —tratando de discernir los aromas del champú mientras me bañaba— o armando guías de estudio sobre denominaciones de origen. Pero, sobre todo, cataba. Tenía un dolor de cabeza permanente y me preocupaba por lo que todo esto le haría a mi cuerpo. "¿Sientes que te hace daño a la piel?", me preguntó una amiga, mientras observaba las bolsas alrededor de mis ojos. Mi dentista me sermoneó sobre los peligros de la acidez del vino mientras analizaba mis molares. Me dan escalofríos al pensar en lo que apareció en mis registros médicos después de una conversación particularmente extraña en el consultorio del doctor:

Enfermera: ¿Actualmente consume alcohol?

Yo: Mmm, bueno, me estoy entrenando para convertirme en sommelier así que sí, actualmente consumo alcohol. O sea, no *ahora mismo*, obviamente.

Pero sí bebo alcohol. Pero no tengo un problema. Aunque supongo que eso es lo que dicen los alcohólicos. Pero no creo ser alcohólica.

Enfermera: (*Silencio.*)

Con toda razón, Matt se preocupaba cada vez más por los mensajes de texto de: "Ayuda, tengo resaca", que le enviaba a las dos de la tarde mientras él, como la mayoría de la gente, estaba en el trabajo y yo me tambaleaba por los escalones y los túneles del metro, con los dientes manchados de rojo.

Como quizá le debo una disculpa a mi hígado, al menos quería saber si este entrenamiento en verdad me estaba ayudando a tener una vida más llena de sabor. Había creído en la palabra de los sommeliers cuando me aseguraron que era posible renovar mis sentidos siguiendo los métodos tradicionales de los bebedores profesionales, transmitidos de generación en generación. Pero también era cierto que este grupo todavía creía en el ya obsoleto mapa de la lengua, que afirmaba que la sensación dulce está en la punta, el amargo en la parte trasera, y el ácido y el salado a los lados. ¿Siquiera era posible perfeccionar nuestros sentidos del gusto y el olfato? ¿O me estaba convirtiendo en una magnífica fanfarrona? ¿Podía la ciencia señalarme una mejor manera de hacerlo? Mis mentores de la industria del vino habían consumido miles de botellas durante muchos años bajo un régimen guiado más por la costumbre que por la ciencia. No podría replicar esa experiencia en mi limitado horizonte. Empecé a preguntarme: ¿acaso los neurólogos, los investigadores de niveles de maestría y doctorado eran capaces de ofrecer una guía —y quizás incluso un atajo— para una percepción más fina?

Morgan me había prometido que lo que él y sus colegas sommeliers hacían en las catas a ciegas no era mágico ni estaba ligado a la suerte de la genética. "No soy un hechicero", declaró la primera vez que nos vimos. Sin embargo, otros sommeliers han hablado de una aparente habilidad innata para distinguir los matices en los sabores. Me preocupaba entonces estar perdiendo mi tiempo. Craig Sindelar, el sommelier que había trabajado en el Alinea en Chicago, me contó sobre un juego que practicaba con su mamá cuando era chico: su nariz era tan sensible, que ella escondía una galleta en algún lado de la cocina, y él la encontraba tan sólo con el olfato. Cuando yo tenía esa edad me comía las croquetas del perro, lo cual en ese entonces me parecía un sustituto perfectamente razonable de las barras de granola.

No me equivocaba al estar preocupada. Las investigaciones han demostrado que la conformación genética sí determina la sensibilidad a los olores y sabores. Algunas personas no registran el hedor de, por ejemplo, el queso azul o de la malta más que en muy altas concentraciones. Para otros, una dosis pequeña es suficiente para arrugar la nariz. Esa variación ha sido rastreada hasta nuestro ADN, lo que sugiere que cada persona nace con una sensibilidad a una combinación única de olores que puede o no percibir. Alguien que es ultrasensible al Gorgonzola puede no notar las violetas y oler normalmente la fragancia de las rosas.

También existen los "supercatadores" que están naturalmente dotados con un paladar tan sensible como la princesa de la arveja debajo de la torre de colchones. Más o menos un cuarto de la población tiene una concentración excepcionalmente alta de receptores del sabor en su lengua, lo cual lo capacita para percibir estímulos más finos. Estos supergustadores pueden distinguir cambios minúsculos en los sabores y son mucho más sensibles a los sabores intensos, por lo que el betún de pastel puede ser asquerosamente dulce o el café y el kale repulsivamente amargos. Ellos "viven en un mundo de comida neón comparado con el mundo de la comida de tonos pasteles", de acuerdo con la científica Linda Bartoshuk de la Universidad de Florida, quien acuñó el término "supercatadores" en 1991. (Otro 25 por ciento de los humanos es "no gustador", término cruel que los científicos le han dado a la gente con lengua normal, y el restante 50 por ciento es "gustador", bendecido con apenas unos cuantos receptores adicionales.) Los estudios indican que los supercatadores están repartidos de forma desproporcionada entre los amantes de la comida, los expertos en vino y los chefs. Mi experiencia personal indica que los supercatadores están predispuestos a sentirse por encima del resto. Compré un kit de degustación para supercatadores en una compañía con un dudoso remitente ubicado en un departamento sobre una zapatería. Lo abrí y saqué un pedazo de papel químicamente tratado, lo puse sobre mi lengua y descubrí que yo era una catadora. ¿Matt? Era un supercatador petulante. "Te daría un poco de mi whiskey", ofreció y agitó su vaso frente a mi rostro. "Pero sería como llevar a un ciego al Louvre."

Y aunque los laboratorios intentan atisbar las conexiones entre el ADN y los sentidos, resulta que no somos enteramente prisioneros de nuestros genes. Thomas Hummel, profesor de física de la Clínica del Olfato y el Gusto de la Universidad de Dresde en Alemania, se especializa en métodos para entrenar el sentido químico del gusto y el olfato (llamado así porque lo estimulan los químicos que viajan en la comida, la bebida y el aire). Su laboratorio —"*el* centro de investigación de Europa para el gusto y el olfato", según un colega de la Universidad de Estocolmo— también se ha vuelto famoso en ciertos círculos, por cuantificar estos sentidos aparentemente incuantificables y defender una disciplina que por mucho tiempo fue subestimada. Desarrolló la versión olfativa de examen de la vista que se usa en todo el mundo para diagnosticar y medir desórdenes olfativos. Y más recientemente, ha realizado estudios para probar si es posible mejorar nuestro sentido del olfato con la práctica.

La primera vez que hablé con Thomas por teléfono, me ofreció introducirme una cámara por la nariz. De inmediato me cayó bien. Thomas me dijo que presentaría sus descubrimientos más recientes en la Conferencia Clínica de Sensaciones Químicas que se realizaba cada año, y que en esa ocasión se impartiría en su laboratorio en Dresde. Neurólogos, doctores, psicólogos, químicos del sabor y perfumistas de todo el mundo también compartirían sus investigaciones sobre el olfato y el gusto. Me sugirió que asistiera. Yo ya estaba buscando boletos de avión.

El Premio Nobel de Medicina de 2004 le fue otorgado a dos biólogos de la Universidad de Columbia que descubrieron cómo funciona el sistema olfativo. La asamblea del Nobel escribió que antes de dicha investigación, el olfato era "el más enigmático de nuestros sentidos". Y en este caso, la falta de entendimiento era por falta de esfuerzo: el premio Nobel le dio un impulso enorme a este campo de investigación que durante décadas había tenido poco respeto, fondos e interés, sobre todo comparado con la vista, el oído y el tacto. (Sin duda, aún se siente la influencia platónica.) Entre los investigadores, estudiar el olfato (y el gusto) durante mucho tiempo era algo que se estudiaba si "no tenías otra cosa que hacer", me dijo Johan Lundström, un neurólogo del Centro de Sentidos Químicos Monell. "Es como tu primera novia: 'De *acueeeeerdo*, pero luego debes casarte con la chica adecuada'."

En el vuelo hacia Alemania, busqué textos de quienes se presentarían en la conferencia de Thomas. Admiré la dedicación que le tomó ignorar la presión social y continuar el trabajo con los sentidos químicos. Conforme me sumergía en su trabajo, empecé a pensar que también se necesitaba una dosis de locura. Sus investigaciones pasadas incluían la forma de clasificar el aliento de hombres en oposición al de las mujeres, mediante un régimen de cinco días sin ningún tipo de higiene oral; cambios en lo agradable del olor vaginal durante el ciclo menstrual; el olor de la orina que prefieren las ratas "sexualmente experimentadas" a diferencia de las ratas vírgenes. El primer día de la conferencia estaba en la fila para comprar un *croissant,* y una alegre investigadora de postdoctorado me dijo que recolectaba muestras de "agresión" y "miedo" en el sudor de las axilas de personas que acababan de pasar por un examen deliberadamente imposible, o a quienes se les había pedido que se pararan en la cornisa de un edificio. Me preguntó por qué no estaba en un doctorado, a lo que repliqué que acababa de responder a su propia pregunta.

Nos acomodamos en nuestros asientos y Thomas nos dio la bienvenida. Era un hombre robusto, sólido como un Volkswagen Beetle, con un pantagruélico bigote blanco que se habría visto encantador con unos tradicionales *Lederhosen*. Nos pidió a todos que nos presentáramos, y sentí como si estuviera en medio de un grupo de apoyo para científicos inadaptados. "En el mundo real, a muchas personas no les importa el sentido del olfato. Lo he experimentado varias veces", dijo Thomas. Todos asintieron en señal de simpatía. Nos dio la primera conferencia que consistió en una defensa abierta de por qué debíamos preocuparnos por este tema.

Incluso antes del receso para almorzar, a la mayoría —es decir, el público en general fuera del mundo químico sensorial— nos quedó claro que hay un paso esencial que podemos dar para mejorar nuestros sentidos del gusto y el olfato: aprender a distinguirlos.

El sabor, la impresión dominante que nos formamos sobre la comida y la bebida, está compuesto de sabores, olores, sensaciones táctiles y otros estímulos. Pero tendemos a vincular cualquier sensación de nuestra boca con el gusto. Decimos que algo "sabe" bien cuando realmente nos referimos al "gusto". (Sería más adecuado referirnos a las catas a ciegas como "saboreadas a ciegas".) En suma, muchos de nosotros estamos confundidos con respecto a cómo se percibe realmente el gusto y cómo distinguirlo del olfato. Un estudio realizado por uno de los asistentes a la conferencia en el Centro del Olfato y el Gusto de la Universidad de Pensilvania, descubrió que era tres veces más probable que los pacientes que se quejaban por haber perdido su sentido del gusto sufrieran un problema olfativo y no gustativo. Imagina que vas al oftalmólogo porque se te dificulta leer los letreros en la calle, y te das cuenta de que tiene que ver con tu oído. Resulta difícil imaginar que estos dos sentidos puedan confundirse de una manera tan básica. Cuando le pregunté a uno de los colegas de Thomas cuál era el malentendido más frecuente del público en general con respecto al gusto y al olfato, contestó sin dudar un instante: "No saben lo que es el gusto y lo que es el olfato".

Cuando Martin Witt no está usando sus cerebros los guarda en una cubeta amarilla de plástico en el sótano de un auditorio en el campus de la Universidad de Dresde. Lo encontré con la cubeta en un salón lleno de restos humanos. Había esqueletos haciendo guardia a un lado de un montón de pelvis y cráneos humanos dentro de contenedores de plástico. Había fetos en formaldehído asomándose desde frascos colocados en los libreros.

Quizá sea por quienes lo acompañan, pero Martin, que es un profesor de anatomía en sus cincuenta, parece un esqueleto. Su complexión es lánguida, huesuda, con la piel apretada a sus mejillas y una sonrisa blanca y brillante. Trajo varios especímenes, incluyendo cerebros, de su oficina en la Universidad de Rostock, al norte de Dresde, y disfrutaba contar sobre sus viajes con este inusual equipaje. "Rrrecuerdo que viajaba una vez entrrre Polonia y Alemania con seis fetos...", dijo una tarde de la nada durante un coctel. No tiene el toque grácil de un cirujano ("Diseccionamos a este pobrrre tipo. Es muy difícil, rrrequierrres una Black and Deckerrr") y un repertorio impresionante de chistes sobre cadáveres ("Ése es un punto de vista que jamás conocerrrás de tus vecinos —ia menos que escarrrbes en algún lado!"). Tiene también un extraño resentimiento contra los delfines ("Parecen amables y sociales. Pero en verdad, sólo hacen las cosas para sí mismos. Tienen mentalidad de banquero").

Habían invitado a Martín a presentarse en la conferencia, la cual coincidió con una visita al laboratorio de Thomas por parte de un grupo de estudiantes de la carrera de psicología. Él le pidió a Martin que hablara con los científicos en ciernes, y yo me uní al viaje para observar cómo Martin los guiaba a través del cerebro humano —rastrear las neuronas hacia los nervios y el cerebro, y dilucidar dónde termina un sentido y comienza el otro. Para entender correctamente los sentidos del gusto y el olfato necesitaba volver a lo más básico, los hechos fundamentales sobre la manera en que funcionan estos sentidos.

Martin sacó de su cubeta amarilla una cabeza humana rebanada en dos mediante una incisión vertical que corría desde la coronilla hasta la nariz, los labios y la barbilla. "Tóquenla con liberrrtad", ofreció. "Si quierrren, pueden tenerrrla en su mano."

Después de un breve recorrido por los puntos relevantes de la anatomía, empezó a hablar de la vida de un sabor. Cada una de las protuberancias en la superficie de la lengua contiene conglomerados de papilas, entre dos y diez mil en total. Cuando el vino (o cualquier otra cosa) toca tu lengua, la saliva disuelve las sustancias gustativas en iones y moléculas que entran por los pequeños poros en la superficie de la lengua y se conectan con las células receptoras del gusto en la punta de cada papila gustativa. Esto detona una neurona que envía una señal —¡dulce!, ¡salado!, ¡amargo!—, hasta el cerebro.

Si te preguntas qué tan incomprendidos han estado nuestros sentidos químicos considera lo siguiente: tuvo que pasar casi un siglo para que alrededor de 1970 se determinara que el mapa de la lengua es incorrecto, una pifia científica que surgió de una traducción equivocada de la tesis doctoral de un estudiante alemán en 1901. Contrario a las enseñanzas del mapa de la lengua, todas las áreas de la lengua responden a cada uno de los cinco sabores. (Los estudios sugieren que el frente de la lengua es sólo ligeramente más sensible a lo dulce y lo salado, mientras que el paladar blando —el techo de nuestra boca— puede percibir más niveles mínimos de amargura.) Otro malentendido muy común es que la lengua es el único intérprete del sabor en nuestro cuerpo. De hecho, hay receptores del sabor en la epiglotis, al igual que en la garganta, estómago, intestinos, páncreas y, si eres hombre, en tu esperma y testículos. La idea de que los humanos podemos percibir sólo cinco sabores también está a discusión. Aparte de dulce, amargo, salado, ácido y umami —ese sabor intenso a carne que tienen alimentos como la salsa de soya o los champiñones

cocidos— los científicos han buscado expandir este grupo de sabores básicos para incluir agua, calcio, metal, "jabonoso" y grasa ("oleogusto").

Incluso si el "oleogusto" alcanzara un puesto junto con lo dulce y lo
amargo, el rango de las sensaciones gustativas que percibimos no es nada
en comparación con nuestra capacidad de discernir olores.

Una investigación publicada en 2014 en la revista *Science* postula-
ba que los humanos pueden detectar más de un billón de olores —muchas
veces más que el número de colores que podemos ver (varios millones)
y tonos que escuchamos (casi quinientos mil). Otros investigadores han
discutido la cifra de un billón. Pero incluso las estimaciones más modes-
tas, que plantean que los humanos podemos distinguir diez mil estímulos
olfativos, dejan claro que para mejorar el sentido del gusto (y del sabor),
lo que realmente se necesita es mejorar el sentido del olfato. Un Riesling
alemán y un Chenin Blanc francés pueden saber ácidos y un poco dulces;
la nariz es donde se revelan las diferencias críticas. Pensé en la postura
de Morgan frente al Pinot Noir de la Borgoña: todo el placer estaba en el
olor. "Voy a beberlo porque se supone que debo hacerlo", dijo. "Pero para
mí, los aromas son el ochenta por ciento del atractivo." Lo que considera-
mos "sabor" es en su mayoría olor, y es muy fácil experimentarlo por ti
mismo. Tápate la nariz y dale un sorbo a tu café. Lo que sientes es el sabor. Destapa tu nariz y el espectro completo del olor y el sabor regresa-
rán. Un exprés *sabe* amargo, pero *huele* a café.

Martin continuaba y trazaba el camino que recorre el aroma por el
tejido esponjoso de su cabeza de cadáver. De nuevo imagina que tienes
una copa de vino en la mano. Justo sobre la superficie del líquido hay pequeñísimas partículas aromáticas que se evaporan y se transportan por
el aire. Con cada olfateo, tus fosas nasales absorben esas moléculas odoríferas, las cuales viajan al interior de tu cavidad nasal, un espacio hueco
localizado justo detrás de tu nariz y ojos. Las moléculas odoríferas, que
tienen diferente forma y peso, llegan hasta las células olfativas receptoras
que forman el tejido de la cavidad nasal, y se unen a uno o más receptores.

Eso manda una señal al bulbo olfativo, una estación crucial para el acopio de información, que traduce "una molécula ha llegado a un receptor" a un mensaje significativo en el cerebro. Si eres Morgan, este mensaje puede ser: "Carácter animal, de establo, terroso". Si eres yo, puede ser algo así como: "¿Caballo?".

A diferencia de las ondas de sonido, los olores se transmiten químicamente. Las moléculas flotan desde la superficie de lo que olfateamos y entran en nuestro cuerpo. "Todo lo que hueles, lo tragas", es el lema de Johan. Es una idea placentera cuando se trata de rosas frescas o trufas negras. Pero es perturbador cuando piensas en el tufo a mierda de perro. Para el momento en que has notado el olor ya es demasiado tarde: los químicos que se desprenden del excremento y flotan por el aire ya han hecho contacto con tu cavidad nasal donde, asegura Johan, pueden entrar en tu flujo sanguíneo y continuar hasta el cerebro. "Lo cual significa", aclara Johan, "que mucha de la mierda que olemos puede terminar en el cerebro."

Continúas oliendo el vino incluso cuando has alejado la copa de tu nariz y la has bajado un poco para probarlo con la punta de la lengua. Mientras saboreas, más partículas odoríferas volátiles viajan por tu boca —científicamente hablando, tu "cavidad oral"—hasta tus receptores olfativos, en un proceso conocido como olfacción retronasal. Al observar el cadáver, pude notar con claridad la vía que conecta el fondo de la boca con la cavidad nasal. En el momento en que el vino pasa por la lengua y hacia abajo, por la garganta, sus aromas pueden virar en la bifurcación y dirigirse hacia los receptores olfativos.

Noté una formación extraña y pálida en la zona inferior de la parte frontal del cerebro. En el área que se encuentra justo detrás de los ojos, había algo de unos cuatro centímetros, delgado como una liga y con una punta redondeada. Parecía casi como un chicle atorado en la parte inferior del cerebro.

"¿Qué es eso que sobresale ahí?", le pregunté a Martin.

"¡Ahí está!", exclamó, como si encontrara a un viejo amigo. Era el bulbo olfativo.

Para ser algo tan pequeño ha generado un gran revuelo. Es la parte del cuerpo donde nacen los olores. También es donde inicia nuestro complejo de inferioridad olfativa.

Desde el siglo IV a. C. los humanos dejaron de darle importancia al olfato. Este sentido es "en nuestro caso, poco preciso y peor que el de muchos animales", declaró Aristóteles en *De anima*. "Pues los hombres pueden oler las cosas sólo de manera pobre, y no perciben ninguno de los objetos aromáticos a menos que sean dolorosos o placenteros, porque el órgano de este sentido no es preciso." Aristóteles, el primer científico de la historia, emitió un juicio, y aunque no podía dilucidar por qué éramos tan malos para percibir los olores, desde entonces ha prevalecido la noción de que nuestro sentido del olfato es deficiente.

La explicación científica de la idea de que los humanos somos débiles olfateadores surgió finalmente en el siglo XIX, gracias al trabajo de un cirujano, antropólogo y niño prodigio francés llamado Paul Broca. Nació en 1824 no lejos de Burdeos y a los diecisiete años entró en la escuela de medicina en París, ya con diplomas de literatura, matemáticas y física bajo del brazo.

Se convirtió en uno de los más célebres neurólogos tras descubrir la región del cerebro responsable del desarrollo del lenguaje, la cual es conocida como "área de Broca".

Pero los científicos en Dresde consideran a Broca un alborotador. Posee la dudosa distinción de haber desarrollado una teoría que eludió a la ciencia por casi doscientos años: planteó —y al parecer comprobó— que a lo largo del proceso evolutivo los humanos hemos desaprendido a oler.

El olfato no era popular entre los contemporáneos de Broca. En ese entonces, los investigadores consideraban el olfato con suma condescendencia y apenas le dedicaban "unos cuantos estudios", de acuerdo con el recuento de los historiadores Anne Harrington y Vernon Rosario. Casi todas esas escasas publicaciones confirmaban que el asunto requería más consideración. La pérdida del olfato "apenas provoca incomodidad", afirmó un médico británico en 1873, en un artículo para la revista médica *The Lancet*.

Con *El origen de las especies* de Darwin como telón de fondo, la agudeza olfativa era vista como una reliquia de nuestros ancestros salvajes. Con una pizca de lógica muy a su favor, los científicos decidieron que el buen olfato, una habilidad que consideraban inexistente entre ellos y sus iluminados colegas, había perdido toda importancia. Sin embargo, razonaron que había desaparecido en la medida en que la gente se volvió civilizada. "El hábito de vivir en sociedad y la seguridad de encontrar la inteligencia entre nuestros iguales [...] lo cual ha dispensado la necesidad de recurrir al olfato, ha desensibilizado al hombre civilizado hacia todas las impresiones de ese sentido, lo cual ha provocado que pierda algo de esa sensibilidad", argumentó en 1821 el anatomista francés Hippolyte Cloquet, al referirse al olfato. "Entre los individuos que no han elevado su estatus social, el olfato es de una agudeza superior."

Sin embargo, recayó en Broca, que era gran partidario de Darwin, la necesidad de desarrollar una prueba más convincente para apoyar la hipótesis de que el hombre moderno "olvidó" cómo oler. En su laboratorio en París, Broca diseccionó el cerebro de aves, peces, chimpancés, roedores, nutrias, humanos y delfines, entre otros animales. Detectó un patrón: mientras las criaturas ascienden en la escalera evolutiva, de vertebrados submamíferos a primates y luego a humanos, su lóbulo límbico, una región en forma de arco en el cerebro medio que en ese entonces se creía que controlaba el olfato, "muestra una regresión y se atrofia". Por muchos años, el lóbulo límbico fue considerado la maquinaria de nuestro sentido del olfato y se creía que incluía un pequeño bulto de tejido en la parte frontal del cerebro. Tal como lo notó —y desde entonces los libros de texto lo han repetido— los animales que se consideran poseedores de un gran sentido del olfato, como las ratas y los perros, poseen bulbos olfativos que ocupan una gran área del cerebro. En contraste, el bulbo olfativo de los humanos es una minúscula parte en relación con el total de nuestra materia gris. Es, más o menos, del mismo tamaño que el bulbo olfativo de una rata, mientras que la masa de todo nuestro cerebro es más de ochocientas veces mayor. Broca concluyó que estos descubrimientos ilustraban "la disminución de la importancia de la función olfativa" hasta el punto de que "para el hombre civilizado, las delicadezas del sentido del olfato... no son de utilidad para su vida".

En un ensayo que alaba las contribuciones de Broca, el cirujano Samuel Pozzi completó la historia. Articuló la creencia que prevalece hoy en día de que el olfato se volvió inferior a la visión cuando los humanos se irguieron para caminar en dos extremidades en lugar de cuatro.

Los animales eran cuadrúpedos, una posición esencialmente favorable para el ejercicio de oler. Los primates se irguieron, el hombre levantó la cabeza como nunca antes, lejos de la tierra, y dirigió la mirada al horizonte. La hegemonía del sentido de la vista sustituyó a la del olfato... ¿No es curioso que el anatomista pueda relacionar este primer hecho, al parecer tan simple, al desarrollo del lóbulo frontal? No es menos curioso que desde este mismo punto de vista, se encuentren en el cerebro del hombre, en el lóbulo límbico, los vestigios de este órgano destronado. En lugar de formar una unidad delimitada es reducido a fragmentos, apenas conectados unos a otros; en otras palabras, un conjunto de escombros.

Planteado con más sencillez: los órganos olfativos son basura. Y entre mejor puedas oler, menos evolucionado estás. Esto se convirtió en la noción convencional y ha prevalecido desde entonces. Y de acuerdo con los expertos en la conferencia, se trata de una noción equivocada.

"Considero que la idea de que hemos perdido nuestro sentido del olfato es un mito. Y punto", dijo Johan Lundström, el neurólogo. Conversábamos en los descansos entre conferencias, y mientras comíamos sándwiches de jamón Johan se dio cuenta de que las rebanadas de la carne tenían mucho más sabor si su color era intenso, como el verde neón. Johan, que se especializa en la percepción multisensorial y los sentidos químicos, divide su tiempo entre los laboratorios de neurociencia del Centro Monell de Filadelfia, y el Instituto Karolinska en Estocolmo, hogar del Comité del Nobel. (También alguna vez fue asistente investigador de Thomas Hummel.) Johan pasa gran parte del tiempo observando el cerebro de las personas mientras saborean y huelen.

Todo lo que ha aprendido sugiere que Broca estaba equivocado: en cuanto a que el olfato murió cuando nos erguimos en dos piernas, en cuanto a que los humanos tenemos un olfato deficiente y a que el olfato no tiene ningún uso en nuestra "civilizada" existencia.

Esto funcionaba muy bien: no había hecho nada y ya sentía que mi sentido del olfato había mejorado.

Es verdad que, en relación con otros animales, los humanos tenemos un número menor de genes receptores olfativos funcionales. (Éstos codifican y producen nuestros receptores olfativos, los cuales, como recordarás, se unen con las moléculas aromáticas del aire para que percibamos los aromas.) Tenemos mil genes de este tipo, pero sólo doscientos cincuenta de ellos están activos; significativamente menos que, digamos, los mil genes de receptores olfativos activos de las ratas y los ratones. A Broca y a sus colegas les complacería saber que los científicos del siglo XXI se han basado en la lógica del XIX para explicarlo. Argumentan que nuestros genes de receptores olfativos murieron en la medida en que desarrollamos una visión completa del color.

Mientras que nuestro conjunto reducido de genes y el endeble tamaño de nuestro bulbo olfativo parecerían indicar que somos pésimos para olfatear, estudios recientes sobre el comportamiento muestran lo contrario. Somos mucho mejores olfateadores de lo que jamás se creyó. Johan dice que quizás es porque, para empezar, nadie se ha molestado en medir de manera sistemática nuestra habilidad olfativa, Broca incluido. La explicación de nuestra agudeza olfativa apenas está emergiendo, pero una de las teorías más populares emplea básicamente la misma evidencia observada por Broca para llegar a la conclusión contraria: por supuesto tenemos unos cuantos cientos de genes de receptores olfativos y nuestro bulbo olfativo es comparativamente más pequeño. Pero este mecanismo está impulsado por un cerebro mucho más grande y avanzado, lo cual compensa cualquier pérdida de tamaño. "Más que estar restringida a una pequeña zona del cerebro, la capacidad para el procesamiento olfativo de olores complejos, como los que se producen en la cocina humana, aprovecha toda la capacidad de procesamiento del cerebro humano", escribe el neurobiólogo Gordon Shepherd en un ensayo publicado en *PLoS Biology.*

Johan me mostró el trabajo de Matthias Laska, un biólogo de la Universidad de Linköping, en Suecia. Su investigación ha demostrado que los humanos tenemos mejor sentido del olfato que muchos animales cuyas narices admiramos. Las ratas, por ejemplo, son conocidas por ser prodigios olfativos capaces de detectar minas terrestres y tuberculosis. "Nosotros difícilmente imaginamos cómo es un mundo así, pues nuestro sentido del olfato es muy precario", proclama un sitio de internet de fanáticos de ratas.

De hecho, sí podemos imaginarlo: Laska revisó toda la información existente que registraba la sensibilidad humana a bajas concentraciones de olores, y determinó que los humanos a menudo somos mejores que las especies dueñas de supernarices: ratones, erizos, musarañas, cerdos y conejos, así como ratas, a quienes vencimos en treinta y uno de los cuarenta y un olores examinados. Los humanos incluso superaron a los perros en cinco de los quince olores estudiados.

"De hecho, si comparas cómo funciona nuestro sentido del olfato con el de otros animales, les ganamos por mucho a la mayoría", dijo Johan.

Durante una de sus conferencias, Thomas Hummel presentó las conclusiones de un estudio en el que alumnos de licenciatura compitieron contra perros de caza bien entrenados, para ver si los estudiantes podían rastrear un aroma al igual que el mejor amigo del hombre sigue el rastro de un faisán o un venado. Los perros, que pertenecen a la categoría de superolfateadores, como los denominó Broca, son reconocidos por ser capaces de percibir dinero, bombas y tipos de cáncer —cosas que nosotros no asociamos a un aroma. Los humanos, por otra parte, pueden pasar una semana sin retirar un montón de comida podrida del basurero de la cocina. Los investigadores del estudio de seguimiento bloquearon todos los sentidos de los sujetos, excepto el olfato. Los estudiantes se vistieron con trajes de manga larga, guantes, antifaces, tapones para los oídos, botas, rodilleras, lo cual elevaba la comodidad, pero no la dignidad, para andar a gatas con la nariz hacia abajo y el trasero hacia arriba. Los sujetos debían caminar por un campo a través del cual los investigadores dejaron un rastro de olor de aceite esencial de chocolate. La tarea era rastrear el aroma hasta un punto determinado. En su conferencia, Thomas comparó los caminos de un perro persiguiendo un pájaro y un estudiante persiguiendo el chocolate: al igual que el perro, la persona entrecruza el camino, zigzagueando de derecha a izquierda a lo largo del rastro de chocolate, hasta llegar al final. Un estudio de seguimiento determinó que los estudiantes mejoraron con la práctica. Los investigadores concluyeron que "el entrenamiento a largo plazo llevaría a un incremento en la velocidad de rastreo", y quizás a un nuevo tipo de compañero de cacería.

Al igual que los animales, también somos capaces de oler las señales de peligro en nuestro entorno. El sentido del olfato, nuestro sistema de alarma, está en constante alerta frente a las posibles amenazas, y de manera sutil impulsa nuestro comportamiento en una u otra dirección. Se ha demostrado, por ejemplo, que el olor de las lágrimas de una mujer dis-

minuye la excitación sexual en los hombres. Johan ha determinado que podemos diferenciar entre individuos desconocidos sanos y enfermos sólo por el olor de su cuerpo, lo cual es una señal de cómo hemos evolucionado para evitar las infecciones. Y, por supuesto, podemos oler ciertos peligros antes de observarlos, como el humo o el gas.

Aunque a nivel consciente no lo tenemos presente, intercambiamos información social a través del olfato. El trabajo de Johan ha determinado que los humanos podemos distinguir los olores corporales de un veinteañero y un octogenario; de los amigos o los familiares; de un novio o un amigo varón. El olfato también acerca a las personas. Uno de sus estudios determinó que conforme las mujeres se enamoran más de sus novios, identifican menos los olores corporales de otros hombres: el amor romántico altera el sentido del olfato de las mujeres para desviar su atención "lejos de nuevas parejas potenciales", y las une de manera más efectiva e intensa a sus propias parejas. Los olores también fortalecen la atracción entre las madres y los hijos, cuyos aromas naturales promueven la producción de dopamina en las áreas de recompensa del cerebro materno, "casi como si inhalaran algún tipo de cocaína", dijo Johan. Se cree que las feromonas, químicos volátiles que secreta nuestro cuerpo, desempeñan un importante rol en la atracción de las parejas. En la época isabelina, mucho antes de que los científicos desarrollaron el concepto de las feromonas, las mujeres preparaban "manzanas del amor" —manzanas peladas que habían colocado previamente en sus axilas, saturadas de sudor— y las ofrecían a sus amantes para que aspiraran su aroma. El cortejo ha avanzado un largo trecho: en la actualidad puedes ir a sesiones de "citas del olfato" ofrecidas por un servicio de búsqueda de parejas que pide a los extraños que suden unas camisetas que luego ofrecen a sus parejas potenciales para olfatearlas.

Y aunque el olfato guiara nuestro comportamiento como una especie de titiritero, todo el tiempo subestimamos nuestra habilidad para oler. (Una razón puede ser que nuestro cerebro no está cableado para poner

atención en los olores, y la mayoría de éstos se procesan inconscientemente. Las señales olfativas, a diferencia de otro tipo de información
sensorial, se saltan el tálamo, una parte del cerebro que nos hace cons-
cientes de que hemos recibido un estímulo.) Poco antes de que platicára-
mos, Johan y sus colegas organizaron una fiesta en la que hicieron algo al
parecer festivo en un laboratorio de neurólogos: Johan le pidió al director
de su departamento que olfateara, con los ojos vendados, diez olores corporales diferentes de cada uno de los miembros varones del equipo, y que
identificara el olor que correspondía a cada uno. El director del departamento insistió en que no era posible. "Inténtalo", instruyó Johan. Con
cada olor, el hombre dejaba caer los brazos y decía que no tenía ni idea. Y
cada vez, Johan lo animaba a continuar y adivinar de qué persona provenía el aroma. Intenta adivinarlo. Haz tu mejor esfuerzo.

Al final, el director del departamento identificó correctamente todos
los olores excepto dos. El par que confundió provenía de dos asistentes
que habían trabajado con él algunas semanas antes.

Me alivió saber que mi capacidad olfativa era mejor de lo que imaginaba.
Porque, la verdad sea dicha, los consejos que recibía sobre cómo mejorar
mi olfato eran muy raros.

"Si tú fueras yo y quisieras mejorar tus sentidos del gusto y el olfato,
¿qué harías?", le pregunté a Richard Doty, un colega de Johan del Centro
Monell y uno de los expertos mundiales en sentidos químicos.

"Cocaína", dijo inmutable.

No era lo que esperaba. No parecía estar bromeando. Le dije que no
entendía.

Él reconsideró. "Creo que la marihuana quizá los mejore."

Intenté imaginarme a mí misma catando después de un par de fumadas de mota. "¿Crees que eso te permitiría saborear mejor?", pregunté. "¿O sólo te daría más hambre?"

"Ah", asintió. "Quizás el LSD sea mejor. Nunca me he examinado con LSD. Pero sí cambia la visión, así que quizá también cambie el gusto y el olfato. Cuando manipulas el sistema neurotransmisor con drogas es muy probable que alteres mucho esas cosas." Algo en la expresión de mi rostro le sugirió que había tomado en serio su idea, así que añadió: "Pero no hay estudios serios al respecto".

Quizá no, aunque el fallecido neurólogo Oliver Sacks documentó un caso de superolfato inducido por las drogas. En *El hombre que confundió a su mujer con un sombrero*, Sacks narra la historia de un estudiante de medicina de veintidós años que se puso hasta el tope con un coctel de cocaína, anfetaminas y PCP, un alucinógeno. Soñó que era un perro y que despertaba en "un mundo en el que todas las demás sensaciones, incluso estimuladas, palidecían frente al olfato". "Nunca había sido muy propenso a notar los olores, pero ahora distinguía cada uno al instante; y cada uno me parecía único, evocativo, un mundo entero", contaba el estudiante. Podía determinar las identidades —y los estados de ánimo— de sus amigos y pacientes sólo por su aroma, y percibir el aroma distintivo de cada una de las calles y tiendas de Nueva York. Tres semanas después sus sentidos regresaron a la normalidad. "Una pérdida tremenda", dijo.

Más tarde, añadí toques eléctricos a mi lista de pendientes para entrenar mi paladar. El olfato es el más plástico de los sentidos. Los olores pueden ser asociados rápidamente a estímulos amenazantes, y una vez que el sistema olfativo se ha sensibilizado alerta al cuerpo para cualquier aroma relacionado con peligros potenciales. En un nuevo estudio presentado por Johan, los sujetos olían rosas mientras se les aplicaban pequeños toques eléctricos. Al final del condicionamiento, la sensibilidad de los sujetos de estudio al aroma de las rosas había mejorado.

Por supuesto, eso me puso a pensar. ¿Podía reducir mi umbral de dificultad para oler, digamos, las pirazinas, y no extrañar nunca más un Cabernet Sauvignon, un Cabernet Franc o un Sauvignon Blanc? Consulté a Johan con respecto a mi plan de darme toques eléctricos mientras tomaba vino. ¿Funcionaría?

"Si quieres ser un poco más sensible al vino, sí", me dijo. Me sugirió una alternativa. "Uno de los mejores maridajes, según un colega mío que ha trabajado en aprendizaje asociativo y condicionamiento, es hacer eso en lo que quieres mejorar mientras tienes sexo."

Mientras me adentraba en las conferencias sobre "Espacios odoríferos" y "¿Qué es el almizcle?", estudié las rutinas olfatorias de los expertos a mi alrededor. Los protocolos en los estudios presentados con frecuencia incluían consejos muy útiles sobre minimizar las distracciones y aumentar la sensibilidad: no comer una hora antes de saborear (u oler); limitar las inhalaciones a dos para no habituarte; inhalar sentado, no acostado; maximizar la estimulación retronasal exhalando sobre la lengua después de tragar, para que los aromas se arrastren desde la parte trasera de la boca hasta la cavidad nasal.

Algunos momentos entre las conferencias eran todavía más intrigantes y esclarecedores. Noté que, al igual que los sommeliers, los investigadores habían internalizado sus propios regímenes que ponen al sabor y el olor como centro de sus vidas. Estas personas tenían una curiosidad y un entusiasmo absolutos por todo lo gustativo y olfativo. Y esto era, sin duda alguna, el primer paso para una mejor percepción sensorial.

Un científico olía a sus niños todos los días. Otro les enseñaba a los niños a identificar olores. Paul, un estudiante de posgrado de rostro vivaz, durante una cena realizó una cata a ciegas del vino más caro y el más barato, y los proclamó indistinguibles, y luego los mezcló para crear una combinación de su autoría. La sorbía mientras explicaba cómo hace catas a ciegas de cada refresco, cerveza, pudín y vino que compra para ver si la marca más cara en verdad es la mejor. "Cuando sea más viejo, voy a rellenar botellas caras con vino barato", alardeaba.

Cualquier cosa puede estar relacionada con el olor y el sabor de alguna manera. "Las *strippers* ganan más cuando están ovulando. No sabes si es que bailaron mejor o si despiden un olor diferente", escuché a alguien decir durante un brindis. O bien: "Las moscas tienen suerte porque poseen receptores gustativos en las patas". Y también: "No es muy claro el propósito preciso de tener dos fosas nasales". En lugar de decir "sonrían" para posar en las fotografías, los científicos exclamaban: "¡La acción está en la olfacción!".

Todo olor, sin importar cuán pútrido es, tiene sus seguidores. En uno de los descansos, a las tres de la tarde, formada en la fila para comprar café, una dentista especializada en Síndrome de Boca Ardiente se acercó a mí para presentarme a un perfumista que quería que conociera. "Le pregunté cuál era últimamente su aroma favorito y me comentó que la orina", dijo sin aliento, y desapareció antes de pedirle que repitiera lo que había dicho, porque estaba segura de haber malinterpretado.

"¿Así que te enfocas en... la orina?", le pregunté dudosa al hombre en cuestión, Christian Margot, preocupada por no ofenderlo.

"Oh, no", dijo, negando con la cabeza, como si yo estuviera loca. Se enderezó. "¡En orina *rancia*!", declaró triunfante.

Había desarrollado nuevos sabores y fragancias para Firmenich, una empresa que se dedica a todo, desde esencia artificial de fresa en helados hasta el perfume Acqua di Gio. Como Christian examinaba los efectos psicológicos de los estimulantes químicos, le gustaba autodenominarse un "psicoquímico." Con énfasis en lo de "psico"... Disfrutaba llevar consigo el olor a orina rancia y airearlo por el vestíbulo de su oficina para observar las reacciones de las personas. Se reía porque, en especial, las mujeres

se desquiciaban. Como le mostré interés, me contó que también trabajaba en un indol sintético.

"Es un aroma fecal. ¡El olor a heces!", canturreó.

"¿Y qué harás con eso?", pregunté.

"Se encuentra también en la candidiasis oral y en las azucenas", dijo.
Y luego, creyendo que había dejado claro el asunto, se retiró.

El último día del congreso, el laboratorio de Thomas presentó sus más
recientes hallazgos sobre el entrenamiento olfativo, lo cual yo ansiaba
comprender.

Thomas había iniciado esa investigación hacía una década con la esperanza de ayudar a sus pacientes que habían perdido el gusto y el olfato. Se estima que hay alrededor de seis millones de estadunidenses —casi
el doble de la población de la ciudad de Los Ángeles— que sufren de una
pérdida total del olfato. La condición, anosmia, es el equivalente olfativo
de la sordera o la ceguera. (Ageusia se refiere a la incapacidad de saborear.) Debido a las escasas curas conocidas para la anosmia, los médicos
tienden a desestimar los problemas cuando no son capaces de verlos y so-
lucionarlos, o si no se trata de una discapacidad oficialmente reconocida.

Incluso Thomas y sus colegas especializados en los sentidos químicos admitirán que la falta de olfato no incapacita tanto como ser sordo o
ciego. En una encuesta informal que aplicó uno de los conferencistas, la
gran mayoría de la audiencia estuvo de acuerdo en que si debieran sacri-
ficar un sentido sería el del olfato. Pero esto no significa que el olfato no
tenga importancia. Thomas, que además de dedicarse a la investigación
conductista, dirige una clínica del gusto y el olfato, dice que quienes padecen anosmia deben soportar un sufrimiento más "privado". "Viven una
vida más peligrosa. Tienen en promedio más accidentes domésticos que

el resto de las personas", me dijo. "Se sienten inseguros en muchas situaciones pues obviamente saben que son incapaces de percibir ciertas señales." Hay pacientes que se bañan dos o tres veces al día y se aplican desodorante una y otra vez de manera obsesiva, por temor a sus propios olores corporales. No pueden detectar las amenazas invisibles de la vida cotidiana, como la comida echada a perder. Se sienten deprimidos y aislados pues sus interacciones sociales carecen de información olfativa. "Me siento desconectada del mundo", escribió una mujer.

Thomas, determinado a ver si sus pacientes podían recuperar lo perdido, en su estudio inicial reclutó a cuarenta personas que habían perdido parte o toda su habilidad olfativa. Dos tercios siguieron un régimen de entrenamiento que consistía en oler cuatro aromas intensos —rosa, eucalipto, limón y clavo— dos veces al día, durante tres meses. El grupo de control no hizo nada. Al final del periodo, Thomas descubrió que los pacientes que siguieron el régimen "experimentaron un aumento en sus funciones olfativas". Su sensibilidad a esos olores mejoró. Su investigación es consistente con una anterior que concluyó que oler repetidamente un aroma habilita a los individuos a discernirlo en menores cantidades.

Thomas instrumentó de nuevo su régimen de entrenamiento con pacientes que sufrían de Parkinson, lo cual a menudo va de la mano con la pérdida del olfato. Su sentido del olfato mejoró. Lo intentó de nuevo con pacientes que habían perdido el olfato debido a una infección o a una lesión física, y con niños con un sentido del olfato normal. Los dos grupos mejoraron. Thomas determinó que los adultos con un olfato saludable que seguían un régimen mantenían su función olfativa (nada de sorpresa, ya que para empezar eran normales). Pero se habían gestado cambios radicales en sus bulbos olfativos: éstos crecieron significativamente. La información recabada era clara: la función olfativa, en términos de sensibilidad, mejoraba por medio de ejercicios cotidianos sencillos.

Así que Thomas comenzó a refinar el entrenamiento. Por medio de una serie de estudios, descubrió que inhalar olores fuertes y muy concentrados funcionaba mejor que si se usaban olores más suaves. Al cambiar los cuatro aromas originales por cuatro *nuevos* después de un periodo de varias semanas, también mejoraba la capacidad de discernir, identificar y percibir los olores, así como de diferenciarlos, nombrarlos y detectarlos en pequeñas concentraciones.

Nuestro sentido del olfato es único y está diseñado para ser flexible y adaptable. El número de receptores visuales, auditivos y del tacto del cuerpo humano están definidos. Y aunque los *tipos* de receptores olfativos también están definidos, éstos se regeneran cada seis a diez semanas al ser expuestos al polvo y las toxinas en el aire. Cada dos a cuatro meses, nuestro conjunto total de neuronas receptoras del olfato es sustituido. Y en ese proceso, con el esfuerzo correcto, nuestro sentido del olfato puede fortalecerse. Si un olor se vuelve más relevante para nosotros, quizá se produzcan más receptores para captar ese aroma específico.

La última investigación sobre entrenamiento olfativo del laboratorio de Thomas, realizada por su colega Ilona Croy, llegó a otra poderosa conclusión: la gente puede revertir su incapacidad para percibir ciertos olores.

Si alguna vez has olfateado el aire y te has preguntado qué era ese olor que todos los demás percibían, querrás saber más sobre la investigación de Ilona sobre la anosmia específica. El término describe la incapacidad de una persona para percibir un olor determinado, a pesar de contar con una función olfativa saludable. Una vez considerado este raro fenómeno, a partir de un estudio de mil seiscientos sujetos, Ilona concluyó que es probable que cada persona tenga programada en su ADN la "ceguera" a ciertos olores. Podría ser sándalo para mí, o el olor a sudor almizclado de la pentadecalactona para ti, o la rotundona para Morgan. Pero más allá de este trastorno, la anosmia específica puede ser "la regla, y no la excepción, del proceso olfativo", escriben Ilona y sus coautores. Y al parecer es algo que podemos cambiar.

Desde su podio en el auditorio, Ilona hizo un recuento de cómo reclutó a veinticinco voluntarios cuyo sentido del olfato era normal y al menos uno tenía anosmia, y los sometió al régimen de entrenamiento olfativo de Thomas. Recibieron "botellas de aromas" con soluciones de olores que eran incapaces de percibir, y las inhalaron dos veces al día durante diez segundos, a lo largo de dos a cuatro meses.

Cada una de las personas mostró "un mejoramiento en la percepción de sus respectivos olores". Ninguno de los participantes permaneció "ciego" al aroma que previamente había sido incapaz de distinguir.

La conclusión es que el entrenamiento olfativo funciona, incluso en quienes tienen un olfato saludable. Podemos corregir nuestros puntos ciegos olfativos y "ver" olores que antes resultaban "invisibles" para nosotros. Quienes padecen anosmia son capaces de integrar los aromas a su mundo, mientras que la gente con un olfato normal aumenta su percepción. Y yo tendría la oportunidad de elevar mi agudeza para definir los aromas del vino —las pirazinas que se me dificultaba reconocer o la esencia de vanilina del roble— sin tener que someterme a un tratamiento de toques eléctricos o a chupar *blotters* de LSD.

Mi mamá me telefoneó justo cuando estaba a punto de abordar mi vuelo a Nueva York en el aeropuerto de Dresde. Mi abuela había muerto esa mañana.

Éramos muy unidas. Casi cada fin de semana iba a su departamento en el extremo norte del Upper West Side en Manhattan, cocinaba para ella y le contaba sobre el artículo que estaba escribiendo, o le pedía que me contara historias de cómo había escapado de Eslovenia durante la Segunda Guerra Mundial. Teníamos una relación especial. Yo la atesoraba.

De regreso en Nueva York, me apresuré a pasar la aduana, ansiosa por alcanzar al pequeño grupo de familiares que se había reunido en el departamento de mi abuela. Hablamos. Lloramos. Eventualmente todos se fueron, excepto mi mamá y yo. Ella se encerró en el cuarto de visitas para planear el funeral y organizar cuánto tiempo necesitábamos para desmontar el departamento. Debíamos decidir qué hacer con todo lo acumulado durante noventa años de vida: muebles, juegos de té, ropa.

Ropa. Entré en el cuarto de mi abuela y abrí las puertas del ropero. Durante los meses anteriores, todos los días había pensado en ese olor. Decidimos conservar fotografías para recordar a mi abuela, incluso algunas grabaciones de su voz contando historias, que mi prima y yo habíamos hecho a escondidas durante las comidas familiares. Pero el olor...

Sentí una repentina necesidad de retener su aroma personal, esa huella olfativa que sólo le pertenecía a ella y a nadie más. Me paré delante de sus pantalones, faldas, suéteres y vestidos que colgaban de los ganchos. Abracé tantas prendas como pude y las apreté contra mi pecho, enterrando mi rostro en ellas. Cerré los ojos, puse la nariz sobre un suéter de cachemira, e inhalé larga y profundamente. Luego una vez más.

El olor era increíble. Quería grabarlo en mi mente. Traté de articular esa mezcla especial de aromas con la esperanza de salvar parte de ella, sellarla en mi cerebro para invocarla después, evocar la sensación de estar con ella de una forma que sólo el olor puede brindarte. Inhalé de nuevo. Tenía una suavidad. Sabía que había restos de su perfume, Eternity, y quizá la crema de manos que usaba. Pero sentía que estaba adivinando. Respiré ese inconfundible olor de abuela, de un jalón, tan conmovida por su presencia y al mismo tiempo tan frustrada por la certeza de que estaba a punto de perder su aroma —y tantas cosas más— para siempre. Ahí estaba su esencia. Desaparecía. Se la llevaba el viento.

Tiempo después evoqué este recuerdo una y otra vez, después de que el agudo sufrimiento del duelo disminuyó y se convirtió en un dolor sordo, y la vida me insistió en volver a la rutina cotidiana. Había dejado Dresde con la renovada certeza de que en verdad podría percibir mejor y de que mis sentidos no estaban tan mal. Pero ese momento en el departamento de mi abuela me había revelado un hueco en dicho entendimiento. Parada frente al ropero, asida a la ropa, podía oler perfectamente bien. Pero mi cerebro no sabía qué hacer con la información. Para sintonizarme con las señales sensoriales, no sólo debía detectar los estímulos más básicos, sino también transformarlos en conocimiento. ¿Cómo es que la señal se convirtió en algo significativo? ¿Qué habilidades me faltaban? Revisé mi lista de estudios —mi único souvenir de Dresde— en busca de una pista sobre la naturaleza de la agudeza olfativa.

En algún punto del espectro del escepticismo, entre el ateísmo y los que afirman que la Tierra es plana, hay un gran contingente que cree que sencillamente no existe la pericia de los expertos en vino. Que los sommeliers no pueden oler o gustar mejor que el resto. Que toda esta fanfarronería es un ardid, así que pásame la cerveza y acabemos con esto. Hay dos estudios que comúnmente se mencionan para probar este punto, ambos escritos por Frédédic Brochet, un antiguo profesor de la Universidad de Burdeos, en coautoría con otros colegas. En uno, les pidió a sus estudiantes de enología que describieran el olor de dos vinos: uno blanco y uno tinto. *Gâteau* comido, pensarás. Los sujetos dijeron que el vino blanco olía como la mayoría de los vinos: "floral", con tonos de "manzana", "lichis" y "toronja". Caracterizaron el tinto con todos los términos que usualmente se reservan para los tintos, como "licor de grosella negra", "frambuesa" y "ciruela pasa". Resulta que habían olfateado dos copas con el mismo vino blanco, sólo que uno de ellos había sido pintado de rojo. Brochet y sus coautores decidieron usar estos hallazgos para concluir algo sobre el lenguaje: describimos los vinos emparentándolos con cosas del mismo color que el vino. Pero el resto del mundo concluyó que los autodenominados expertos no pueden distinguir un vino blanco de uno tinto. En un segundo experimento, Brochet hizo que sus estudiantes de enología probaran y calificaran dos vinos tintos de Burdeos: uno que les fue presentado como un humilde vino de mesa, y el otro como un prestigioso Grand Cru Classé. De los cincuenta y siete catadores, cuarenta recomendaron el Grand Cru como el "buen vino", tres de ellos lo alabaron clasificándolo de "excelente", docenas de estudiantes elogiaron el "balance", la "complejidad" y la "robustez" de sus sabores. Cuando el mismo grupo probó el vino de mesa, se atragantó y lo reprobó por ser un vino "débil", "plano" y "defectuoso". Como seguro habrás adivinado, Brochet había llenado las botellas de "Grand Cru" y de vino de mesa con un Burdeos de medio pelo. Los periódicos y los blogs declararon que las catas de vino eran "una mierda" y "ciencia de pacotilla". Y no hay forma de darle vuelta al asunto: los "expertos" quedaron mal al dejar que sus sentidos se tambalearan.

Pero antes de que digas que son un fraude, es importante reconocer que sabemos que estas personas *son* diferentes. Tal como descubrí mientras revisaba los estudios que conseguí en Dresde, explicar lo que caracteriza a un sommelier es más complicado que enseñar a nuestra nariz a discernir entre diferencias cada vez más sutiles en el aroma.

Dado que los expertos del vino desencadenan un torrente de descripciones cada vez que hunden su nariz en una copa, pensarás que están mucho más sintonizados con los olores que la mayoría de los civiles. No necesariamente. Al parecer hay un tope en el número de olores concretos que un humano puede señalar en una mezcla de aromas. Incluso los más versados expertos que entrenan su olfato, como los perfumistas y los sommeliers, sólo son capaces de identificar un máximo de tres o cuatro olores cuando se les pide que huelan una combinación de aromas: el mismo número que un novicio. El buqué de jengibre cristalizado, durazno, madreselva, verbena y yuzu que tu sommelier dice apreciar en tu Chenin Blanc, tal vez sea producto de viejos hábitos de la industria —como los métodos inductivos para las catas de la Corte— que condicionan a los sommeliers a recitar términos como si fueran una cantaleta. Además, ese tipo de poesía ayuda a vender botellas.

Pero *existen* áreas en las que los expertos en vino se desempeñan mejor —mucho, mucho mejor— que aquellos que olfatean cotidianamente. Como Thomas y otros ya han demostrado, el entrenamiento diario con los olores, práctica de muchos expertos, mejora la sensibilidad olfativa para registrar aromas más sutiles. Los profesionales del vino también sobresalen en su discernimiento de los olores: los expertos son más certeros que los amateurs en lo que respecta a distinguir entre dos aromas distintos —como cilantro y clavo— y en reconocer pequeñísimas diferencias entre sabores —como el nivel alto y bajo de alcohol. Además, su habilidad para identificar esos olores y designarles nombres mejora con la práctica.

Esta costumbre también cambia el cerebro de los expertos de forma dramática y cuantitativa. La evidencia científica más convincente de que la pericia sensorial con respecto al vino existe proviene de investigadores que observaron cerebros de sommeliers mientras probaban vinos. En 2005, en Italia, un grupo de científicos publicó el resultado de un estudio que realizó en colaboración con el neurólogo y profesor Richard Frackowiak, famoso por demostrar que, a medida que los taxistas londinenses adquieren cada vez más fluidez en navegar las calles de la ciudad, su cerebro experimenta cambios estructurales. Estos científicos reclutaron a siete sommeliers y a siete sujetos de control (novatos que no sabían mucho sobre vino) y les pidieron que bebieran vino de unos tubos de plástico mientras se encontraban recostados en un escáner de resonancia magnética, que mide la actividad cerebral mediante el flujo sanguíneo. Los participantes probaron varios líquidos, incluyendo vinos tintos, blancos y dulces, además de una solución azucarada sin olor, mientras seguían instrucciones de paladear el líquido y tragar. Mientras, los científicos escaneaban su cerebro.

Los resultados fueron sorprendentes. Cuando los sujetos de control probaron los vinos, su cerebro mostró tan sólo puntos esparcidos de actividad, especialmente en áreas asociadas con procesos emocionales. Pero el cerebro de los expertos se alocó. Mostró más actividad y se iluminó en regiones vinculadas con procesos cognitivos superiores, como la memoria, la planeación y el razonamiento abstracto. En resumen, hay una clara distinción entre la actividad cerebral que separa a los expertos de los novatos. "Nuestro resultado sugiere que el patrón de las activaciones cerebrales es sustancialmente distinto en los sommeliers experimentados que en los sujetos de control", escribió el equipo italiano, y señaló que la sensibilidad olfativa y gustativa es más refinada en los sommeliers y su evaluación del vino es "más analítica". El estudio, como lo planteó Alessandro Castriota-Scanderbeg, autor principal del proyecto, "es la clara evidencia de que las conexiones neuronales del cerebro cambian con entrenamiento y experiencia". Me pregunté: ¿acaso mi propio cerebro está cambiando?

Los franceses nunca permiten que los italianos tengan la última palabra en vinos, y en 2014 realizaron un estudio similar. Un grupo de neurólogos del Hospital Universitario de Besançon examinó a diez sommeliers y diez amateurs del vino bajo un escáner de resonancia magnética. Básicamente concluyeron lo mismo.

Así que los expertos en vino no son farsantes. (Vale la pena señalar que Brochet, el profesor cuyos estudios fueron enarbolados como la prueba de que las catas de vino son una "estafa", no abandonó el mundo de la enología. En cambio, dejó la academia para elaborar vino en un hermoso *château* en el occidente de Francia.) Los catadores profesionales han aprendido a experimentar el vino de manera diferente a los amateurs. Y el aroma en la copa de un Cabernet Franc no estimula, como Broca lo planteaba, el residuo primitivo de tu materia gris. Por el contrario, el vino activa de manera más manifiesta las partes más avanzadas y elevadas del cerebro.

¿Cómo sucede eso? La moraleja es que la sensibilidad en el olfato o el gusto no es suficiente para ayudar a las personas a saborear con más plenitud. Los sommeliers a menudo comparan sus prácticas de cata a ciegas con el ejercicio, como si estimular su nariz y su lengua fuera parecido a hacer músculo levantando pesas. No es así. Adquirir pericia con el vino es más como aprender un idioma que levantar una barra de hierro. No alcanzamos la maestría en una lengua extranjera si mejoramos nuestra capacidad de escucha hasta el grado de distinguir sonidos sutiles. Aprendemos al expandir nuestro conocimiento conceptual. Antes de que empezara a estudiar chino, yo sólo escuchaba ruidos: *nihaowodemingzijiaobaobian*. No necesitaba que el médico me revisara los oídos para que eso adquiriera sentido. Debía conectar el significado con los sonidos ("*wo*" significa yo). Debía escucharlos una y otra vez (*wo, wo, wo*). Y establecer un esquema más amplio de trabajo a partir del cual orientar su significado (yo es *wo*, tú es *ni*). Con el tiempo, ese embrollo acústico se separó en *Nihao, wode mingzi jiao bao bian,* o bien: "Hola, mi nombre es Bianca".

De igual forma, la pericia en vinos requiere poner atención, percibir correctamente y después dotar de significado a todas las sensaciones físicas. Se cree que el lenguaje, por ejemplo, tiene un papel clave en la discriminación de los olores. Los expertos mejoran sus habilidades olfativas al aprender a asignar nombres y significados a los olores (ese aroma amargo, de frutas rojas, es arándano), al encontrar esos aromas una y otra vez (*arándanos, arándanos, arándanos*), y al desarrollar una estructura a partir de la cual orientar el significado de esos olores (*el arándano* aparece a menudo en el Sangiovese de la Toscana). "Una gran parte de las habilidades de un catador de vinos proviene de su capacidad para desarrollar un sistema de clasificación, y asociar palabras y categorías a los olores", dijo Tim Jacob, especialista en olores y profesor emérito de la Universidad de Cardiff. Al aprender esas etiquetas y esquemas, como reportó un ensayo publicado en *Frontiers in Psychology*, un individuo puede adquirir "habilidades perceptivas increíblemente superiores a las de una persona sin entrenamiento".

En otras palabras, Matt podría pasarse su estatus de supergustador por el arco del triunfo. No debemos ser supercatadores (o superolfateadores) para apreciar las sutilezas del vino. Es más importante ser superpensadores. (Aunque incluso así puedes sentir placer con el vino si estás súper relajado, y súper necesitado de una copa de Pinot o súper lo que sea.) Lo que yo necesitaba era tener una estructura conceptual definida para clasificar y comprender los aromas que percibía.

Armada con este nuevo conocimiento, decidí acelerar mi entrenamiento y trabajar desde ambos ángulos, del cuerpo y el cerebro. Transformé mi rutina cotidiana e incorporé el régimen de entrenamiento olfativo desarrollado por Thomas y su equipo en Dresde. Invertí en un Lez Nez du Vin, un estuche con cincuenta y cuatro esencias aromáticas que aparecen de manera recurrente en el vino, desde almizcle hasta melón. (Uno de los ganadores del Mejor Sommelier del Mundo lo denominaba su "preciada compañía".) Adapté ligeramente la metodología de Thomas e Ilona, y cada semana seleccionaba cinco nuevas ampolletas de Le Nez du Vin para oler cada una por treinta segundos, dos veces al día, mientras grababa sus nombres y asociaciones en mi memoria. *Azafrán,* recitaba, sosteniendo la copa del tamaño de un dedal debajo de cada fosa nasal. *Azafrán, azafrán, azafrán.* Como me aconsejaron los perfumistas, intenté asociarlos con imágenes —una estrella anaranjada— y describir su aroma —jabonoso, de tonalidades metálicas, algo de paprika. Intenté, sin éxito, convencer a Morgan de que entrenara conmigo, asegurándole que podría curar su anosmia ante la rotundona. Él prefería hacer las cosas a la antigua.

Redoblé mis esfuerzos estudiando teoría del vino. No era suficiente identificar correctamente las esencias de vainilla, eneldo y coco. La pericia requería el marco teórico para atribuir el significado a dichos aromas: por ejemplo, que la vainilla, el eneldo y el coco sugieren que el vino envejeció en barriles de roble americano, característico de los fabricantes españoles y argentinos, particularmente de Rioja y Mendoza, quienes elaboran vino con uvas Tempranillo y Malbec, respectivamente.

Pero incluso con este enfoque más científico en mi entrenamiento para mejorar las catas a ciegas, sabía que no me enseñaría nada sobre cómo atender la nariz y la lengua de los demás. Después de todo, los sommeliers cultivan sus sentidos no sólo para el placer personal, sino para diseñar experiencias de sabor para sus clientes. Para aprender más sobre cómo ayudar a otros a mejorar su gusto, debía tener acceso a los civiles. Necesitaba un restaurante.

CAPÍTULO CINCO

Disneylandia

Al repasar la Guía de Servicio de Maestro Sommelier de la Corte, encontré pistas preocupantes sobre lo mucho que el trabajo de un sommelier tiene en común con un negociador de rehenes. Las instrucciones de la Corte lo hacen parecer un forcejeo con extraños inestables que están a punto de cometer algo drástico. "Pon mucha atención a la respuesta del cliente, a su manera de hablar y a su lenguaje corporal", indican los lineamientos oficiales del "Comportamiento de un Sommelier Profesional". "Mantén el contacto visual con los clientes, en la medida que sea necesario." "SONRÍE." *No hagas movimientos repentinos,* agregaría yo.

Era una llamada de atención. Mientras que progresaban mis habilidades gustativas apuntaladas por la ciencia, las de servicio eran inexistentes. Aquí, Martin Witt y su enorme cerebro no serían de ninguna ayuda. Una tarde en casa, practicaba decantar vino sobre una vela y quemé con gran éxito una de las alacenas de la cocina. A ese paso nunca pasaría el Examen para Sommelier Certificado de la Corte y jamás tendría la oportunidad de trabajar en el comedor de un restaurante sirviendo a los clientes.

Para dominar el servicio, no hay nada que sustituya la experiencia. A lo largo de su carrera, casi todos los sommeliers hacen sesiones de "seguimiento" en las que fungen como sombra de algún colega en un restaurante para asegurarse de que son capaces de manejar con agilidad diversas listas de vinos y estilos más formales de servicio. En las semanas previas al examen de la Corte, un somm que trabaja en un sitio que sirve especiales en la "hora feliz" buscará refrescar sus conocimientos en un restaurante más elegante y pasar algunas noches maridando Brunello de cuarenta años con menús de degustación. Alguien más se cobrará un favor y trabajará una tarde con algún Maestro Sommelier que evalúe su trabajo al final del turno. En francés esto se conoce como *stage,* y se pronuncia *staash*. Más que un prerrequisito para convertirse en sommelier es una forma de perfeccionar las habilidades que ya se tienen.

Yo quería —y necesitaba desesperadamente— hacer un *stage,* aunque en mi caso no estaría perfeccionando habilidades sino más bien adquiriéndolas por primera vez. Para mi examen era crucial que lograra la fluidez en los protocolos de servir vino, y también quería observar a los más destacados en su trato directo con los comensales para comprender cómo se compara el servicio formal de la vida real con la versión de libro de texto de la Corte. Por supuesto también existía la oportunidad de que durante estos "seguimientos" con el equipo de un restaurante —la versión de la red de contactos de los sommeliers— me relacionara con personas que a la larga me ayudarían a conseguir trabajo sirviendo en el comedor de un restaurante.

Mientras me preparaba para dejar mi infame puesto en L'Apicio después de cuatro meses como cargadora de peso pesado, persuadí a Joe de que me dejara seguir a Lara durante el servicio para darme una idea de la vida en la línea de fuego. A la mera hora Joe cambió de parecer. Por fortuna no me desanimé porque ya tenía el ojo puesto en algo mucho más grande.

En la misma Guerra de Vinotecas donde conocí a Morgan, también conocí a Victoria James, una niña prodigio que era todo lo que yo aspiraba a ser. Tenía veinticuatro años, era la sommelier más joven de la ciudad y ya trabajaba en el Marea, uno de los templos más elevados de la alta cocina de Nueva York. Era el lugar con el que yo soñaba para realizar un *stage*. Después de algunas semanas de molestarla y describirle de manera más que generosa mis antiguas responsabilidades en L'Apicio, persuadí a Victoria para que convenciera a sus jefes de que me permitieran ser su sombra.

El Marea es el tipo de lugar que te viene a la mente cuando la gente dice que Manhattan es el "parque recreativo de los ricos". Este punto de referencia gastronómico del chef Michael White sirve caviar Ossetra (385 dólares por 28 gramos) y langostinos crudos del Pacífico, y se encuentra cerca de una zona del Central Park conocida como la franja de los billonarios. El área presume de tener la más alta concentración de estrellas Michelin. A una cuadra del Marea (dos estrellas) están el Jean-Georges (tres estrellas), el Per Se (tres estrellas) y el Masa (tres estrellas). Entre los que se dedican al servicio, este nivel de comida fina se conoce como de "inversión de altura". Los clientes conocen lo mejor, esperan lo mejor y, por los precios, no se conformarán con nada que sea menos que lo mejor. Tres sommeliers trabajan en el Marea cada noche, vendiendo entre los tres de 20,000 a 35,000 dólares de vinos. "Nunca vendemos menos de quince mil", dijo Victoria. "Excepto con el Huracán Sandy." Quienes se encargan de las reservaciones en el Marea, investigan en Google a cada uno de los clientes, aunque George, el amable y cortés *maître d'*, conoce de antemano a todos los protagonistas de la alta sociedad y tiene el don de saber acomodar estratégicamente a las celebridades que estén de pleito a lo largo del comedor para que no se tengan que mirar de frente. El Marea ha puesto tanta atención en los aspectos más finos de la hospitalidad que su servicio ha sido reconocido con el premio James Beard, y ésa era una de las razones por las que estaba tan deseosa de observar de cerca el trabajo de Victoria. Otro motivo era que mientras el Masa alimenta alrededor de treinta y cinco personas cada noche, el Marea atiende a algo más de trescientas. Es calidad de guante blanco, pero con volumen de comida rápida, lo cual me hacía considerar que sería un lugar especialmente bueno para ver cómo se comportaban los ideales platónicos en el mundo real. A manera de bono, me tocaría probar algunos vinos asombrosamente sofisticados. Parece contradictorio que en los mejores restaurantes del mundo los sommeliers prueben el vino incluso antes que tú, el cliente. Sin embargo, en lugares del calibre del Marea, el protocolo requiere que los somms prueben cada botella antes de servirla, sólo para asegurarse de que esté perfecta. Argumentan que un pequeño sorbo es parte de un servicio adecuado ya que garantiza que ningún comensal recibirá un mal vino. Y ninguno de ellos negará que es excitante probar las buenas botellas que sacan de la cava. Me entusiasmaba esa expectativa.

También tenía curiosidad por conocer la perspectiva de una sommelier mujer. Apenas hacía poco las mujeres habían invadido el club de hombres que durante tantos años había regido el mundo de los vinos en los restaurantes. Los primeros restaurantes exclusivos de Estados Unidos importaron de Europa no sólo la pompa y circunstancia alrededor del vino, sino también la tradición de un equipo únicamente masculino. La referencia más antigua de sommeliers en Nueva York apareció en 1852, en un anuncio clasificado que buscaba sommeliers y pedía que se presentaran a una dirección que, con razón, se encontraba a unas pocas cuadras de Wall Street. No fue sino hasta 1934, casi un siglo después, que *The New York Times* publicó el perfil de la primera y única mujer vendedora de vinos. Ella "ha aprendido el truco —la envidia de muchas esposas— de ser respetuosa sin ser obsequiosa; de salirse con la suya sin ofender la vanidad masculina", escribió el *Times*, el cual reportó que la mujer se relacionaba bien con los hombres porque "se limita a lo que sabe". "Nunca he pretendido aconsejar a un hombre sobre licores", dijo la *sommelière*. "Los neoyorquinos no necesitan ninguna ayuda en ese aspecto. Saben exactamente lo que quieren. A veces demasiado bien." Para 1970, noventa y dos por ciento de los encargados de servicio eran mujeres, pero en las cavas todavía eran una rareza. "Cuando empecé, casi no había mujeres", dijo Madeline Triffon, quien se convirtió en la primera Maestra Sommelier en 1987. Incluso ahora, ochenta y seis por ciento de los Maestros es masculino.

Si había alguien capaz de sacudir el patriarcado era Victoria. Me recordaba a una mujer fatal de una película de cine negro: belleza clásica de ojos redondos, piel de marfil y una actitud firme y segura. Creció en el Upper West Side de Manhattan, junto con cuatro hermanos. Había poco dinero en casa, así que cuando cumplió trece consiguió un trabajo como mesera de cuatro de la tarde a dos de la mañana en la sección de fumadores de un restaurante griego dispuesto a hacerse de la vista gorda con respecto a las leyes de trabajo infantil. Victoria se inscribió en la Universidad de Fordham para estudiar psicología, pero extrañaba la energía frenética de los restaurantes. Así que tres años antes de alcanzar la edad legal para beber, ya era cantinera en un pequeño restaurante italiano cerca de Times Square y tomaba cursos sobre vino a escondidas. Muy pronto empezó a trabajar en una cava y abandonó la escuela. Tan pronto como cumplió veintiún años consiguió un trabajo como sommelier en el Aureole, algunos años antes de que Morgan trabajara ahí. Fue ascendiendo más rápido que nadie que yo haya conocido, y consideró el vino como su carrera, hobby, vocación, pasión y todo cuanto hay en medio. Cosechaba Pinot Noir en su balcón y pasaba su tiempo libre buscando hierbas silvestres que luego transformaba en amaro casero, añejado en una barrica en su cocina. "El vino es libertad", me dijo Victoria una vez. "Te da la libertad de conocer personas que de otra forma no conocerías, ir a lugares a los que nunca irías y experimentar cosas que de otra manera jamás probarías."

Yo estaba a punto de tener acceso a un mundo al que pocas personas podían siquiera mirar, y mucho menos entrar a trabajar. Así que ese comentario era absolutamente cierto para mí.

Llegué al Marea un jueves a las tres de la tarde con un atuendo que Victoria había supervisado de antemano. Me pareció excesivo: ¿cómo puedes equivocarte con un saco y camisa negros? Pero los restaurantes al nivel del Marea monitorean sin descanso la apariencia del equipo de servicio en el comedor —incluyendo somms, garroteros, meseros y demás—, así que debía ser muy cuidadosa. (El fondo del lugar es territorio del chef, los sous-chefs, los cocineros, los lavalozas y otros integrantes del equipo de la cocina.) La posibilidad de elegir mi atuendo era una regla laxa comparada con los estándares del Eleven Madison Park, donde los sommeliers se enfundan en trajes Victorinox coordinados. El Per Se es conocido por traer bailarines de ballet que le enseñan a todo el equipo a moverse con gracia. Y en el Jean-George hay lineamientos para caminar y vestirse, y entregan instructivos para las tonalidades del lápiz labial, el estilo de la joyería, el color del barniz y el largo de las uñas, además de aconsejar sobre la buena postura. Unos días antes Victoria se había cortado su larga melena castaña hasta la barbilla, porque su jefe había sugerido que ese estilo era "más apropiado". Cuando la conocí, llevaba un saco negro, zapatillas bajas negras y un vestido sencillo y austero. Ninguna de nosotras usaba joyería —no podíamos arriesgarnos a brillar más que un cliente— ni ningún tipo de fragancia. Escuché a una somm que narró que la habían regañado por usar un champú que olía demasiado fuerte.

Victoria me mostró las reglas del Marea. Los restaurantes a menudo se saltan algunos aspectos del servicio para ahorrar tiempo, dinero o espacio, y algunas convenciones contradecían el código de conducta de la Corte. No abras el vino junto a la mesa, es demasiado "bistro", me instruyó Victoria. Eso debe suceder fuera de la vista, en la estación del sommelier —ejem, *credenza*— al fondo del comedor. No traigas el corcho a menos que te lo pidan. "Es como presentar basura en la mesa." Siempre prueba el vino antes de servirlo, sólo para asegurarte de que esté perfecto. Siempre sirve primero a las mujeres, luego a los hombres. "¡Oh, el clero!" Victoria se retractó. "Dios es primero." Los detalles del buen servicio pueden cambiar de un restaurante a otro. Pero tal como los Maestros Sommeliers del TopSomm me inculcaron, toda acción debe exudar elegancia. Nuestra meta última era desaparecer. "Si el cliente tiene una buena experiencia, no deberá recordar ninguna de las caras de quienes le sirven", dijo Victoria. "Todo debe caer mágicamente frente a ti."

Me condujo hasta el podio del *maître d'* a través del comedor, y, al fondo, cerca de la cocina, a la estación de los sommeliers. Nos paramos frente a un muro repleto de repisas relucientes con copas de diferentes alturas y anchuras. Victoria señaló una copa bulbosa que parecía una toronja transparente encajada en un pedestal. Ésa era para el Borgoña tinto y otros vinos "aromáticos". "Porque si tienes más área en la superficie, tu nariz puede exponerse a más", explicó. El Riesling y otros vinos de postres debían servirse en las copas más cortas y angostas que estaban al otro lado. Las más altas, casi del doble de altura, tan cómicamente grandes y difíciles de manejar y que parecen peceras clavadas en tallos de cristal, eran para el Cabernet Sauvignon, el Syrah y el Nebbiolo.

Para el conocedor, emparejar el vino con una copa requiere tanto cuidado como maridarlo con la comida. En el Alinea, los sommeliers prueban tres copas para cada vino hasta que encuentran la que acentúa la cualidad que desean destacar. Los fabricantes de cristal afirman que la forma de una copa hace hincapié en ciertos sabores y texturas del vino —a veces al controlar el lugar preciso en que el vino toca la lengua o la cantidad de aire que hace contacto con la superficie del vino. Riedel, un líder en la industria, incluso vende copas a la medida para más de una docena de uvas y regiones, incluyendo la copa del Burdeos Grand Cru (125 dólares cada una) y una distinta para el Burdeos Maduro (99 dólares la pieza). Lástima del bárbaro que desacralice un Chablis sirviéndolo en una copa para el Alsace de Riedel. Viene con explicaciones pseudocientíficas que detonarían la suspicacia de cualquiera —¡usa la copa en forma de pera del Riedel para acentuar los aromas de pera!—, y sin embargo los devotos juran que una curva cuidadosamente diseñada transforma la experiencia del bebedor.

Haré una breve pausa para decir que, como muchos de los temas vinculados al vino, esto es parcial, pero no *enteramente* una tontería. Siempre me pregunté si se justificaba que la gente armara tanto alboroto por el diámetro del borde y el ángulo del recipiente, así que me puse a buscar en una muy amplia bibliografía de investigación científica que había sobre el tema. La respuesta corta es: sí, está justificado (y no, las copas desechables no son un sustituto). Cinco estudios diferentes han demostrado que la forma del cristal puede, de maneras sutiles pero evidentes, sofocar o acentuar los aromas del vino, aunque no de la forma que afirman los fabricantes de cristal como Riedel, Zalto y otros. En general, las copas que son más anchas por la mitad y más angostas por arriba, aumentan la intensidad aromática del vino, a diferencia de otros modelos. Un estudio demostró que esto incluso acentúa la cualidad afrutada del vino. Investigadores japoneses usaron un aparato, denominado cariñosamente "cámara olfativa", para demostrarlo. Observaron que la curva de una copa para vino concentra los vapores de etanol en las paredes, lo cual crea una zona libre en el centro: en ella, los bebedores pueden oler su vino sin la interferencia del alcohol en evaporación que tiende a matar los aromas. En las copas para martini y los vasos de tubo (o de jaibol), los vapores de etanol están por todas partes.

Seguí a Victoria a la primera de las tres "cavas" del Marea. Era, de hecho, un alto refrigerador, apretujado entre dos pares de puertas de vaivén que al moverse dejaban un espacio apenas suficiente para alguien de mi tamaño. Un par de puertas conducían a la cocina, donde tres hombres limpiaban copas con vapor para dejarlas perfectas y sin una sola huella digital. El segundo par estaba cubierto con una madera brillante y oscura y conducía al comedor. Alguien sosteniendo una charola con platos sucios pasó velozmente y me aventé hacia Victoria para evitar que me aplastaran las bamboleantes puertas de la muerte. "Son guillotinas verticales", me advirtió Victoria, aunque demasiado tarde.

Me explicó que las cavas del Marea tenían alrededor de mil cuatrocientos tipos distintos de vinos, y más o menos diez mil botellas que juntas sumaban más de 800,000 dólares. La mayoría de los vinos en la lista tenía un incremento de precio de alrededor de tres veces su valor: los más caros tenían un incremento menor, mientras que las botellas más baratas podían tener un poco más de margen. Cuando Victoria me explicaba que el trabajo del encargado de vinos consiste en ir por las botellas al sótano durante el servicio, se abrió una pesada puerta de madera a mi derecha y me golpeó con fuerza el hombro. Intenté fingir que no creía que estaba dislocado. Victoria me miró con suspicacia, como si se acabara de dar cuenta de que yo representaría un problema que no valía la pena. Se dio la vuelta y entró en la cocina.

"Te vas a morir", me dijo mirándome por encima del hombro.

Restaurantes como el Marea son como Disneylandia para los magnates. Desde las corbatas a juego que usa el personal hasta las toallas de tela en los baños, no hay ningún detalle dejado al azar que pueda arruinar la fantasía de este reino encantado, en el que ordenar un risotto con una porción de trufa blanca rasurada de 150 dólares no sólo es bueno, sino correcto. Como todos los parques temáticos bien diseñados, el entorno está meticulosamente calibrado para dar vida al sueño. Palisandro pulido de Indonesia, color chocolate, enmarca las bancas del restaurante. Detrás del bar, a todo lo largo del local corre un muro de ónix color miel, cuyas vetas evocan la piel de un tigre y que gracias a su iluminación trasera brilla como el oro. Te provoca querer tocar algo, de preferencia algo caro y exótico. Hay conchas marinas doradas en el alféizar de las ventanas como guiño al menú marítimo del Marea. Todo el comedor aparenta el interior de un yate de algún oligarca, así que debe parecerle familiar a muchos clientes del Marea. Todo esto tiene un toque a Cenicienta, como si los comensales se volvieran los Amos del Universo —si es que no lo eran ya— tan sólo por acomodarse en uno de los asientos de cuero. Los miembros del personal, amables y corteses, el brillo de las copas: todo el conjunto da la sensación de que incluso si la vida fuera del comedor es un caos, por dos horas en el Marea todo está bien. Y lo mereces. Todo. Incluyendo el caviar Ossetra.

La puesta en escena de esta perfecta ficción de buen gusto, orden y elitismo igualitario se derrumbó incluso antes de que el servicio para la cena iniciara. Sólo era una fachada, detrás de la cual existía un mundo caótico de gritos, ampollas y pequeños sobornos.

A las cinco de la tarde, media hora antes de la primera reservación, me reuní con el resto del equipo para pasar lista en la pequeña junta rutinaria que se llevaba a cabo antes de iniciar el servicio. Michael, el asistente del gerente general, les echó una mirada a las zapatillas negras de Victoria mientras nos sentábamos. "Hay demasiado pie expuesto con esos zapatos", afirmó, levantando una ceja. Me senté junto a Victoria y los otros dos sommeliers con quienes estábamos de servicio esa tarde. Una era Liz, una mujer en sus treinta con gran melena y sonrisa tensa, y el otro, Francesco, el director de bebidas del Marea, un hombre pequeño y delicado, italiano de Nueva Jersey.

El chef nos mostró un tubo de seis pulgadas de tuétano que era nuevo en el menú. La chef repostera mencionó los *petit four* que serviría durante esa velada. Michael le pidió al equipo que fuera más cuidadoso con las jarras para el aceite de oliva. Pero George, el *maître d'*, habló del asunto más importante.

"Tenemos a Octavia Sansone, px del vino, a las seis quince", dijo. "Adesh Patel, un cliente frecuente. Al señor Bennett Davis, px del vino. A la señorita Georgina Wilde, dos personas a las seis treinta: otra px del vino. Alex Wang, otro px."

Victoria me explicó que PX es la abreviatura de *personne extraordinai-re*, que en código restaurantero significa "gasta dinero". Se denomina así a las reservaciones hechas por quienes gastan en grande, amigos del due-ño, clientes frecuentes y especiales, como el chef Daniel Humm del Eleven Madison Park, quien iría esa noche a las ocho. Deben ser mimados, con-sentidos, entretenidos y seducidos para que gasten más a toda costa. El Marea tiene archivos de todos sus clientes —qué les molesta, sus manías, sus anécdotas como comensales y su importancia para el restaurante— y comunica esta información a los miembros del equipo de servicio a través de *soignés*, notas de papel que se imprimen tan pronto como los clientes se han sentado a la mesa para que todos sepan cómo tratarlos.

Algunos restaurantes no especificarán más allá que VIP, PX o ALD (para quien alardea de su dinero). Pero las instituciones de servicio de alimen-tos más ambiciosas escrutan a sus clientes como lo hacen con la comida que envían a las mesas. Entre más pueda alguien gastar en su cena —y si efectivamente lo gasta—, más será investigado y puede ser etiqueta-do como *oportunidad* incluso antes de que se siente a la mesa. Un *soigné* marcado como DAG significa "de acuerdo con Google", por ejemplo: "DAG analista de inversiones bancarias en Barclays Capital". Marea clasifica su clientela en nichos que incluyen "ocasional PX del vino", "ha sido PX del vino", y PPX (*personne particulièrement extraoridinaire*). También hay A/D para "amigo de", por ejemplo: "A/D Francesco", "A/D George", "A/D dueño". Puedes ser un "frecuente", un "*blogger*", "prensa", "queja previa". Un be-rrinche te etiquetará como un MCC ("manéjese con cuidado"), que es lo que otros restaurantes llaman CQMT ("cree que merece todo") y que los miem-bros del servicio llaman: "Este tarado que se puso *loco* la última vez". Si eres muy, *muy* malo serás un "86 NO ACEPTAR". Sé muy, *muy* bueno —y muy pródigo— y podrás coronarte como "NUNCA NEGARLE NADA".

George mencionó algunos términos más, y llegó al "gran PX del vino de la mesa ocho", una de las dos mesas más codiciadas en el comedor. "Se-ñor Peralta de Brasil", elaboró. "Brasileño adinerado."

Seguí a los sommeliers de regreso a la *credenza* y les pregunté qué se necesitaba para volverse un PX del vino.

Liz me miró como si yo tuviera alguna deficiencia mental. "Ellos... gastan... dinero", dijo con extremada lentitud.

Intenté adivinar lo que me parecía una suma escandalosa por una botella de vino. "Como gastar... ¿Cuánto? ¿Unos 300 dólares?"

Uno de los meseros, un hombre calvo llamado George, miró y parpadeó asombrado. Intercambió miradas con Liz. "¿Por... persona?"

Por botella, aclaré.

Él soltó una carcajada. "Eso es *promedio.*"

"Así que si alguien gasta algo más de 500 dólares", por botella, "diremos que esta persona *gasta* bien", explicó Liz. "Quizás anotaré qué botella pidieron porque la próxima vez que esta persona llame para hacer una reservación y veamos esto, aunque no tengamos espacio para dos personas a las siete, procuraremos darle una mesa, porque este cliente ha venido antes y ha gastado dinero... El equipo del vino tiene metas de venta mensuales y anuales. La otra razón es que, en última instancia, afectará las ventas totales de la jornada y trabajamos mediante propina grupal, así que entre más elevada la cuenta, más grande es la propina. Y esto significa más dinero para todos."

Eso la emocionó y paseó la mirada por todo lo ancho del comedor. "Voy a dar una vuelta", dijo serpenteando entre las mesas.

A diferencia de otros restaurantes, Liz, Victoria y Francesco no estaban asignados a secciones específicas. El Marea valoraba tanto a sus clientes PX y la relación personal que tenía con ellos, que les daba a sus sommeliers total flexibilidad para desplazarse por todo el comedor, consintiendo a los clientes frecuentes que conocían bien, sin importar dónde estuvieran sentados. Los PX tenían privilegios más allá del toque personalizado o las reservaciones difíciles de conseguir. En diversas ocasiones, un PX, además de cliente y borracho frecuente, vomitó en el comedor, metió bajo su camisa un pescado completo y pasó la velada susurrándole obscenidades a las mujeres del personal. No estaba vetado —sólo vetado de ser atendido por mujeres.

"Gasta *tanto* dinero", me dijo una de ellas. "*No pueden* vetarlo."

El comedor estaba relativamente vacío. Pero era la "hora amateur" que, según me explicaron, era cuando los comensales inexpertos van a cenar. "¿Quién cena a las cinco de la tarde?", se preguntó Victoria. Observó las mesas para ver quién tenía la carta de vinos abierta, y quién ya la había consultado y cerrado.

Pasó al lado de dos mujeres en el bar. Una era cliente frecuente que disfrutaba el Borgoña blanco de Chablis y Meursault. No estaba lista para ordenar. Victoria se fijó en una pareja mayor sentada en una banca, debajo de la ventana que daba a Central Park.

"Hola, ¿cómo se encuentran esta noche?", preguntó Victoria.

La esposa, que tenía en la mano la lista de vinos y parecía estar en sus setenta, miró a Victoria de arriba abajo. Luego buscó en el comedor, como si esperara a alguien más. "¿Eres la... la señorita del vino? ¿La persona del vino?"

Victoria asintió. La mujer le pidió que le recomendara algo frío y refrescante, como un Chablis o un Sancerre. Ambos son vinos cítricos, salados, con un sabor de bordes agudos gracias a su alta acidez. Victoria le hizo algunas preguntas y luego fue a la cava a buscar la botella que, Victoria dijo, era la versión italiana de un Chardonnay gordo y mantecoso. No tenía sentido: era como si alguien hubiera preguntado qué ensalada ordenar, y luego se contentara con un pastel de cumpleaños.

"A veces, lo que la gente dice que quiere no es realmente lo que quiere", me susurró Victoria cuando pasó de regreso a la mesa con la botella abierta. Le sirvió a la cliente una probada.

"¡Oh!", exclamó la mujer después de dar un sorbo. Le sonrió a Victoria. "Me encanta."

No escuché nada más pues en ese momento el jefe de Victoria, Francesco, me jaló hacia atrás, lejos de la mesa y hacia la pared.

"¿Te importaría acomodarte un poco más atrás? Siendo honesto contigo, los clientes son muy especiales e inquisitivos y pueden incomodarse con detalles insignificantes", dijo. Recordé los lineamientos de la Corte. *Pon atención a la respuesta del cliente, su manera de hablar y su lenguaje corporal.* No te acerques a la jaula. "Si no te importa, aléjate un poco o camina casualmente entre las mesas: finge que no estás observando..."

Me apresuré a ponerme al tanto con Victoria en cuanto dejó la mesa. Había dominado el arte de moverse muy rápido mientras parecía que caminaba con normalidad, y yo batallaba para mantenerle el paso. Le pregunté qué me había perdido de la conversación con la pareja mayor.

"Sólo quieren platicar de sus viajes. Sus historias de lujo y sofisticación", dijo Victoria mientras se apresuraba a bajar las escaleras hacia la cava del sótano. Estaba dividida en dos unidades refrigeradas, una para vinos caros y otra para vinos extremadamente caros. Un letrero grabado en letras doradas que colgaba de la puerta decía NO ESCUPA. "Si lo piensas, eres el sirviente. El vino es el vehículo a través del cual sirves a esta gente. Así que debes halagarla y hacerla sentir como en casa, cómoda y reconocida, y validar sus sentimientos." En ese caso, Victoria necesitaba sonreír y asentir a la pareja mientras rememoraban su reciente viaje a Piamonte.

Victoria atendió al anfitrión de un grupo de ocho hombres de negocios japoneses, les trajo dos botellas mágnum de Renaissance Cabernet 1997, depositó el corcho en la mesa 25, pasó por la cocina a tomarse un exprés, rellenó las copas de una de las mesas porque el mesero parecía haberlo olvidado. Hice una nota mental de esto: copas llenas = servicio adecuado. Además, servir continuamente la primera botella ayuda a apresurar a la mesa a pasar a la segunda. Y si no están en la segunda botella a la hora que llegan los platos principales, has pasado el punto de no retorno, me advirtió Victoria.

Mientras esperábamos que un grupo de hombres con corbatas revisara la carta, Victoria me contó cómo le da sentido a lo que dicen los clientes sobre sus gustos en vino, y que con frecuencia es irracional. Todas las noches alguien profesaba una preferencia por los vinos tintos secos, aunque virtualmente todo tinto es seco. "No puedes corregirlo, pero debes ver la psicología detrás de ello", dijo Victoria. "Cuando dicen eso, lo que quieren es un vino que les seque la boca. Están hablando de los taninos." Así que quizá quiera un Brunello di Montalcino o un Chianti clásico de Italia. La gente también pregunta mucho por vinos que suenan a lo que se supone que les debe gustar. Se les antoja algo que sepa como a Cabernet, pero quieren llamarlo "Pinot". Afirman despreciar todo Chardonnay y exigen Chablis, el cual está hecho casi exclusivamente —lo adivinaste— de Chardonnay. Los clientes rechazan vinos por razones que no tienen nada que ver con el sabor. El Pinot Grigio era corriente, pero el Sauvignon Blanc estaba de moda. El Cabernet era demasiado tradicional. Una mujer que estaba cerca del bar le dijo a Victoria que amaba los vinos blancos de Borgoña pero que odiaba los vinos que eran frescos, verdes o minerales —cualidades a menudo asociadas con los vinos blancos de Borgoña. Victoria trató de entender esto preguntándole cuáles eran sus productores favoritos. Como la cliente no pudo nombrar ninguno, "entonces ella tal vez bebe, no necesariamente porquerías, pero sí estilos internacionales *genéricos* de vinos blancos de Borgoña. Así que esto será perfecto", Victoria sacudió la botella en la mano.

Si alguna vez ordenas vino en un restaurante sabes lo intensa que puede ser esta experiencia. Primero, hay una conversación incómoda sobre qué están de humor para tomar, sin que nadie esté dispuesto a aventurar una opinión por temor a elegir vinos que a los demás no les gusten o a sonar como un ignorante que ordena —*puaj*— Pinot Grigio. Luego está el precio. De nuevo, sólo murmullos desarticulados: nadie se anima a decidir.

Ya que tú tienes la carta en la mano, te toca hacerlo. Genial. Cuando finalmente te decides por una cifra, te sientes como un tacaño o como un magnate petrolero texano, pero de todas formas crees que has arruinado el ambiente. Para empeorar las cosas, tienes al sommelier presionándote todo el tiempo, mirándote, esperando, respirando, sin importar que no tienes idea de qué decirle. ¿Mencionar tus productores favoritos de Borgoña? Tú sigues batallando por elegir un color.

Lo que es difícil para ti, es doblemente difícil para el sommelier. Al menos tú sabes en el fondo cuánto quieres gastar y qué te gusta. Reconocerás la respuesta cuando la veas. Victoria debe reducir miles de opciones a dos o tres sugerencias que encajen con tu paladar y tu billetera, aunque quizá no sepas articular eso tampoco. Te hará máximo tres preguntas. Con esa información debe establecer una región y un estilo, y luego mencionar tres botellas de muy distintos rangos de precio —85, 225 y 495 dólares— para ver hasta dónde llegas. Mientras tanto, debe intuir qué quieres obtener emocionalmente de esta experiencia, para usarlo en la manera en que te habla del vino.

Dado lo mucho que debe deducir en tan poco tiempo, le pregunté a Victoria si alguna vez había estereotipado a sus clientes.

"Definitivamente", dijo. En el instante en que pone sus ojos en una mesa comienza a medir a los comensales. La mesa 46, con los hombres japoneses: clientes asiáticos, usualmente empiezan sus alimentos con agua caliente y limón, así que el vino que recomendará debe ser al menos igual de ácido o lo sentirán soso. En la mesa 27 había varios hombres de traje que parecían estar en una reunión de negocios. Eso significaba ya sea 200 máximo por botella, o bien "el mercado va tan bien que quiero gastar miles de dólares". La joven pareja en la banca y la pareja en el centro vienen en citas románticas. Querrán algo aburrido por miedo a equivocarse. Los viejos ricos —mesa 22, con suéteres de cuello de tortuga— querrán lo clásico. La mesa 9 querrá lucirse. Son nuevos ricos, dijo Victoria, y pedirán para "impresionarme".

Mientras los corchos volaban dentro y fuera de las botellas en la estación de los sommelier, mencioné a un somm de Le Bernardin (tres estrellas) quien había memorizado los relojes de lujo para hombre para poder identificar un Jaeger-LeCoultre y luego recomendar grandes botellas para hacerles juego. Su colega estudiaba los anillos, las joyas, las bolsas y los zapatos para calcular qué tan astronómica podía ponerse con sus sugerencias de vino.

Estrategia de novato, acordaron Liz y Victoria. Los quilates pueden ser engañosos.

"Recibimos aquí a todos estos nuevos ricos, de modo que una familia en pantalones deportivos pedirá un vino de "3,000 dólares", dijo Liz. "Así que no creo que debas acercarte necesariamente a las personas con estereotipos. Porque hay personas, como esa chica en el bar. Está vestida en Chanel y tiene unas gemas enormes en sus dedos y salió con..."

George, el mesero, sacó la cadera y dijo con voz gangosa: "¿TIENES JUGO DE PIÑAAAAAAA?".

"¡Sí! ¡Pidió Prosecco! Y dan ganas de decirle: 'Vamos, puedes pagar algo mejor que eso'."

Victoria también era consciente de cómo las mesas la estereotipaban a ella. Con los clientes mayores, ella era extremadamente discreta y cortés. "El instante en que me miran, piensan: '¿Quién es esta niña? ¿Por qué diablos trata de vendernos vino? ¿Intenta engañarnos? No tiene idea de lo que hace'", dijo. "Lo primero que debes hacer es mostrarles respeto. Siempre." Nunca ofrecía "ayudar" a los clientes de más edad con la carta de vinos. Preguntaba si podía "traerles" algo. "No quieres que parezca que pretendes enseñarles algo. Estas personas tienen, más o menos, setenta años. No necesitan una nueva lección."

Las esposas eran minas terrestres para una joven y atractiva sommelier como Victoria. Cuando empezó a trabajar, su gerente le advirtió que se cuidara de ellas. Y vaya que habían sido un problema. Cuando trabajó en el Morini, el restaurante hermano del Marea en el Upper East Side, una mujer destripó a Victoria en una reseña en línea porque sospechaba que había coqueteado con su esposo. Desde entonces, Victoria se asegura de sonreírle a la esposa; de averiguar qué es lo que a *ella* le gustaría beber; de preguntarle si quería probar el vino. "De subirme la camisa para que no se me vea el escote."

Liz estaba de acuerdo. "Sobre todo si es una pareja, siempre querrás sonreírle a la esposa: 'Hola, ¿cómo se encuentra esta noche?', para que no piense: '¿Quién es esta zorra que está tratando de hacer gastar a mi marido?'"

Los hombres eran extremadamente receptivos con Victoria. Y ella les sacaba provecho. "Te acercas a los hombres y dejas atrás el hecho de que te sexualizarán", dijo. "Si te acercas a una mesa de hombres jóvenes, son todo oídos. Puedes decirles lo que quieras. Están interesados en lo que tienes que decir. Quizá porque quieren acostarse contigo, o tal vez simplemente porque están más a tu nivel."

En última instancia, lo más importante era percibir lo que el cliente desea de la interacción, y dárselo junto con el vino. La pareja mayor buscaba una audiencia que admirara su estilo de vida *jet-set*. Los hombres a menudo tan sólo quieren adoración.

"Suena horrible, pero los hombres quieren ser tomados en cuenta", dijo. "Mima su ego un poco. Gran elección. Tienes un gran paladar. Felicitaciones, tienes un pene enorme. Es una gran botella." Después de eso, empecé a poner más atención en la elección de palabras de Victoria, aunque era difícil escucharla por encima del escándalo mientras guardaba una distancia prudente de sus mesas. Eran las siete de la noche y estábamos en la segunda ronda de comensales. El comedor estaba lleno pero la hora pico —la parte más ocupada de la jornada— estaba por comenzar. Los precios de las botellas que sacábamos de la cava iban en ascenso: Miani Robolla Gialla 2012 ($250), Dauvissat Premier Cru Chablis 2004 ($275), D'Angerville Premier Cru Volnay 2011 ($400), Quilceda Creek Cabernet Sauvignon 2011 ($525). Victoria y yo probamos cada vino que abrimos y

disfrutamos de cada uno de los clásicos que bebimos. "En lugar de atender a los ricos, estás atendiendo a los millonarios, lo cual está bien pues
ordenarán lo que sea", dijo con una sonrisa. Francesco me dejó probar a
escondidas un sorbo del Burdeos de su mesa —Château Léoville Las Ca-
ses 2004 ($495)—, mientras se quejaba de que la gente que lo había orde-
nado no quería dejarlo decantar, pero debían hacerlo ya que necesitaba
orearse. (No todo mundo está de acuerdo en que la decantación ayuda
con eso: Émile Peynaud juraba que al hacerlo podías dañar los delicados aromas del vino, mientras que Nathan Myhrvold, un apasionado de
la ciencia culinaria, autor de *Cocina modernista*, aconsejaba "hiperdecan-
tar" los viejos Burdeos agitándolos hasta hacer espuma en una licuadora.)
Al trascurrir la noche, los clientes que llegaban eran, por falta de mejores palabras, más suaves. Parecía que todo lo que usaban estaba fabrica-
do con casimir, seda y la piel de animales bebés. En la capa de una mujer
había gemas brillantes incrustadas.

Observé a Victoria vaciar una botella de 300 dólares por el desagüe.
Estaba acorchada —un poco de tricloroanisol había contaminado el corcho de la botella y el vino tenía un tufo a cartón mojado. Alguien más había gastado 190 dólares en dos copas de Château d'Yquem, un vino dulce
de Burdeos. En la cena privada en el piso de abajo ordenaron una ronda
de whiskey Pappy Van Winkle, cuyo costo era igual a un semestre de co-
legiatura en la universidad. Pensé en el baño del departamento de Morgan. Había moho en las paredes y la manija del escusado estaba rota, por
lo que tuve que jalar desde el interior del tanque. Victoria vivía al norte,
norte, norte, del Upper West Side, una parte de Manhattan que la mayoría
de la clientela del Marea sólo conocía de reojo cuando el chofer los llevaba al aeropuerto de Westchester County, exclusivo para jets privados.

"¿Es raro estar en medio de estas personas que gastan el equivalente
a un mes de renta en un par de horas?", me preguntaba en voz alta mientras regresaba de la cava.

Liz puso los ojos en blanco. "Esto es *Nueva York*."

La verdad era que tanto ella como los demás se molestaban cuando los clientes no gastaban, y se alegraban cuando lo hacían. Cada vez que los sommeliers se juntaban en la credenza para abrir botellas, discutían quién había ordenado un "vino emocionante" — "un vino caro", tradujo Liz. Para Victoria, "emocionante" no era necesariamente caro. Podía ser algo inusual que ella no llegaba a probar muy a menudo.

"Adivina qué: la mesa catorce no está bebiendo. Ella está embarazada", Victoria le informó a Liz. Intercambiaron una larga mirada.

Sin embargo, no todo era una labor mercenaria. Los sommeliers eran vendedores, no depredadores. Querían hacer su trabajo y generar más dinero para el restaurante. Ésa era la manera en que el Marea podía seguir funcionado y pagar los sueldos. Hay un límite en el precio que los restaurantes pueden ponerle a un plato de pasta. El vino, al igual que una tasa progresiva de impuestos, es la forma en que la industria discrimina a sus clientes a través de los precios. Al mismo tiempo, Victoria y los otros somms también querían deleitar a sus clientes y ganar su confianza, lo cual, a la larga, era todavía más rentable. Pide una botella en el rango de los 200 dólares y Victoria te ofrecerá un vino de un precio menor, sólo para demostrar que no está tratando de despojarte. Con suerte, ganará tu confianza y te recomendará una segunda botella más tarde esa misma noche, o quizá más tarde ese año. Y sí, estaban siendo muy complacientes con los PX. Pero ¿qué cliente frecuente no espera algún tipo de recompensa, algún esfuerzo extra, después de miles de dólares y años de lealtad?

Ésta era la carrera de los sommeliers y tenían mayores preocupaciones que las propinas de una jornada. Algunos sommeliers, aunque no los del Marea, reciben un salario, así que el precio de los vinos que venden está divorciado de su manera de presentarse ante los clientes. Pero incluso cuando no es así, el vino es casi siempre más sagrado que el dinero. Los sommeliers, antes que nada, quieren que sus clientes beban bien. Porque el vino hay que saborearlo. Debe generar epifanías y ser compartido.

Incluso en el Marea, había más de una manera de ser un PX del vino, y la curiosidad, franca y obvia, era un buen lugar para comenzar.

La noche transcurría y yo perdí la noción del tiempo. Los intervalos ahora se medían en cantidad de botellas abiertas y no en minutos. Me estaba enganchando en el torbellino, el espectáculo, la ráfaga de adrenalina del comedor. Había botellas que traer, corchos que recobrar, sedimentos que filtrar. Colocaba portavasos en las mesas y bajaba a buscar botellas a la cava. Nuestra pequeña esquina, al fondo del comedor, latía con una energía maniaca. Debíamos permanecer tranquilos y contenidos, sonrientes y atentos. Tenemos todo el tiempo para usted, señor. Cuando en realidad, estábamos a dos mesas indecisas de que toda la ilusión se viniera abajo en una llamarada de PX encolerizados.

Cada vez más personas esperaban en la entrada. El *maître d'* les decía a todos que sí. El personal tenía un destello en la mirada. No sabía si era el brillo de los animales asustados cuando son perseguidos, o el resplandor de un cazador al acecho. Sentí un choque eléctrico. Había cuatro mesas que de pronto querían vino, la mesa 57 se estaba quedando sin bebida, la 25 no podía decidir qué ordenar, el vino de la 31 estaba en el sótano, y la botella de la 12 estaba oxidada y no había otra. Trataba de seguirle el paso a Victoria que se deslizaba con facilidad, de ida y vuelta, entre la mesa de los hombres de negocio japoneses, la de las mujeres con cirugías plásticas en el rostro y la de los cuatro españoles. Estaba siempre un paso atrás. La hora pico había llegado. Me vi atrapada en la danza a mi alrededor, aplastada contra las paredes, empujada a través de los asientos y esquivando charolas repletas de copas. Tan pronto como hice una pausa, alguien me gritó: "¡Detrás de ti!". Me coloqué en otro lugar, y sentí que alguien me apretó los muslos para moverme. Estaba bloqueando los cubiertos. Un mesero me dio un codazo cuando intentó alcanzar botellas de agua. Las charolas pasaban fugaces a mi lado. "¡Detrás de ti!" Botellas que iban a una mesa, platos que venían. Di dos pasos hacia atrás para no chocar con una charola con seis copas de Borgoña, pero antes de poner el pie en el piso ya me balanceaba hacia delante para esquivar el fusilli que salía de la cocina. Y la permanente amenaza de las puertas de vaivén. Me retiré hasta la credenza, donde la gente tomaba copas de los estantes y ponía las limpias en su lugar. Nunca había sido tan consciente del tamaño de mi cuerpo. No había espacio para ninguno de nosotros. Michael se percató de una mujer grande con una voluminosa chaqueta, un gran bolso y dos enormes bolsas de compras, deslizándose hacia el bar. "Oh-oh, eso es un problema", dijo, apresurándose hacia ella. "Debe irse." Michael trató de dirigirla hacia la esquina de menor tráfico, mientras retiraba sus bolsas para depositarlas en el guardarropa.

Encontré un lugar para estacionar mi cuerpo, incrustándome en una cavidad de 25 centímetros entre el fondo del barandal plateado y el borde de la credenza. El personal de servicio y los sommeliers iban y venían de la estación para lanzar los platillos principales (colocar las órdenes) y dejar las copas (depositar la cristalería). Me refugié cerca del barandal y escuché lo que el personal discutía sobre sus mesas:

"Éstas son para la cuarenta y seis, pero es tinto así que quieren que se decante ahora."

"Dos Burdeos y un portavaso en la cincuenta y ocho, por favor."

"¿Me dan el vino de la cuarenta y siete?"

"Saca las pastas."

"No pienso regresar nunca más a la mesa cinco. Esa mujer está loca."

"Burdeos para la treinta. La tres es de fumadores."

"PX del tequila. Pregunté si quería que le trajera el jugo de limón a un lado y su respuesta fue: '¿Tengo pinta de cantinera? Yo no haré nada, tú lo harás por mí'. Muy bonito."

"Tengo aquí el Cloudy Bay. ¿Asiento uno o dos?"

"¡Genial! Gracias por esta *horrible* propina de mierda."

"Ese tipo de allá apesta a sexo."

"Si me estoy saliendo de mis casillas es porque *ellos* se están saliendo de las suyas."

"Le dejó puesta la etiqueta a su chamarra. Mírala. ¡Ahí, mira!"

"Nuevo... rico."

"Se descontroló, carajo. Dijo: 'Tienes un trabajo que hacer'. NO puedo, nunca van a cambiar, ¿sabes?"

"Ay, es tan tierno: un tour por la cocina para un chico de la veintiocho por su cumpleaños diecisiete. Dejemos que algunos de los cocineros lo pongan en su lugar."

George, el *mâitre d'*, estrechó la mano con un A/D suyo y se deslizó hacia mi escondite. Se detuvo y dirigió mi atención hacia una pareja joven y atractiva sentada en el bar, a quien quería que yo observara bien. Ella llevaba una chamarra de cuero y la boca parada como de modelo; él traía puesta una camisa blanca y lucía bronceado. No tenían reservación, pero

George quería colocarlos en una de las mejores mesas —la 2 o la 8, las mesas de la esquina que se veían desde todo el comedor.

"Quieres que la gente mire a su alrededor y diga: '¡Dios mío! Hay una pareja sentada en la esquina y son *taaaaan* guapos'", me murmuró: "Tienes que vestir el salón."

Victoria le ganó a Liz la mesa del chef Humm. Más que los actores o los políticos, para el personal del Marea el chef Humm era una celebridad. Se escucharon murmullos de emoción mientras George lo acompañó a su mesa, y Liz asumió que Francesco, el somm de más antigüedad, tendría el honor de atender a la estrella esa noche. Pero Francesco estaba ocupado con un cliente frecuente y Victoria se adelantó. El chef Humm ordenó de inmediato un vino tinto, señalando uno en la carta, sin pronunciar palabra.

Victoria también fue la primera en acercarse al brasileño adinerado, el gran PX del vino en la mesa 8: le sonrió a su acompañante y luego a él. La mujer sacó su celular, así que Victoria se dirigió al hombre para hablar sobre los Barolo. Me pregunté si se sintió aliviada por el desinterés de la chica. Me han dicho que las mujeres son notables "bloqueadoras de corchos" y que siempre convencen a sus maridos de no elegir un vino emocionante. ("No quieres que le pasen a una mujer la lista de vinos", me informó un sommelier. "Quieres que el hombre deje todo su maldito dinero en la mesa.") Sin saber que Victoria ya la había atendido, Liz llegó a la mesa 8, esperando que el brasileño adinerado eligiera su botella PPX acostumbrada. En cambio, ordenó sólo una copa —¡sólo una copa!— de Borgoña blanco. Ni siquiera de un vino del rango de un Grand Cru, sino apenas del nivel de Village, si es que puedes imaginar algo así. Liz estaba a punto de hiperventilar, cuando Victoria y yo reaparecimos con su vino. Victoria le mostró la orden: un Bruno Giacosa Barolo 1997, de 745 dólares. Una botella emocionante. Todo estaba bien en el mundo. Empezaría con una copa de blanco, y arrancaría desde ahí.

Los estudios de psicología de Victoria parecían ser útiles. Era sorprendente el poco tiempo que se tardaba con el vino en sí: abrirlo, decantarlo, enfriarlo. Se dedicaba más a leer a las personas. Tenía que descifrar el momento en que sus clientes ya no describían el vino que querían sino a la persona que deseaban ser —poderoso, viril, fuerte— y aconsejarlos con base en ello.

Victoria fue a ayudar a una mesa de cuatro hombres de camisas almidonadas y mocasines. Adivinó que quizá serían banqueros.

"Quiero algo de cuerpo entero, intenso: lo más grande que tengas", indicó uno de ellos. Ella sugirió tres vinos distintos. Estuvieron de acuerdo con un Amarone, un tinto italiano que es lo más cercano al jarabe para la tos. Es lo que querrías beber con carne de jabalí o un corte de carne, no con el lenguado o el erizo de mar del Marea, pero aun así lo ordenaron. Después de que Victoria les sirvió la botella, los hombres la mantuvieron en su mesa más de lo necesario. ¿Estaban coqueteándole? "No lo sé", dijo ella. "Mira, traen anillos de casados, pero seamos honestas: eso nunca detiene a nadie."

Victoria cargaba con un peso extra cada tarde cuando atendía mesas con hombres. Morgan debía proyectar autoridad. Victoria debía proyectar autoridad y seducir. No es que quisiera salir con los banqueros. Pero debía halagarlos y reírse de sus coqueteos, al menos hasta que llegara la cuenta. Como lo planteó otra sommelier: "Quiero que esos tipos crean que pueden ligarme. Pero para lograrlo tendrán que gastar un muy buen dinero."

Los cuatro encamisados terminaron la botella de Amarone y Victoria regresó. El grupo había aumentado a seis. Uno de los hombres le preguntó a Victoria con qué maridaría ella lo que ellos estaban comiendo. No el Amarone, admitió. Le mostró un vino completamente diferente —un Domaine Jamet 2011, un Syrah más austero, sin dejar de ser de gran cuerpo e intenso, prometió. Era su favorito de la lista. Los había ganado con la primera botella, así que accedieron a probar el Syrah. Costaba 295 dólares, era 100 dólares más barato que lo que ordenaron antes.

Su candor me sorprendió, sobre todo porque lo que la gente espera de los sommeliers —y lo que los sommeliers dan— es confirmación. Cada sommelier que he conocido halaga vanamente a los clientes. Adulan la pésima elección de vino de un cliente sin sinceridad. Victoria se limitaba a mencionar los hechos: el Amarone procede de Veneto, es una mezcla de uvas Corvina, Corvinone y Rondinella. Andrea del Jean-Georges conciliaría: "Logra lo que pretende". Jane, una sommelier de Del Frisco's murmuraría: "Es muy placentero", o "Altamente bebible", o "Es un adorable vino para picnics".

Sobre mi percha tras bambalinas, desde donde veía a Victoria y a los demás mostrar sus caretas de cortesía mientras iban de las mesas a la credenza, esta amabilidad tan estudiada parecía manipuladora, incluso conspiradora. "Mi opinión sobre los sommeliers es: ¡Vaya mentirosos!", reveló Michael en un momento en que Liz, Francesco y Victoria no podían escucharlo.

Pero no estaban mintiendo. No exactamente. Mentían de la misma manera que un actor representa emociones mientras recita Shakespeare, o una bailarina pretende que sus pies no la matan cuando corre de puntitas en el *Lago de los cisnes* haciendo un *pas de bourrée.* Los sommeliers hacen cumplidos y sonríen para mantener a los comensales en una realidad alterna en donde todo es elegante, pulido e inspirador. En donde tú, el cliente, siempre tienes la razón. Y posees clase y eres listo, erudito y distinguido. Victoria y los demás ayudaban brevemente a compensar los malos matrimonios y los jefes abusivos. Eran un escape de lo ordinario y lo cotidiano. Con una sonrisa o un gesto reconfortante, ayudaban a aliviar el dolor provocado por los hijos delincuentes o los negocios fallidos. Un sándwich de huevo en el restaurante favorito de Morgan habría satisfecho su hambre tanto como una langosta de Nueva Escocia a la mantequilla del Marea. Pero no habría saciado su espíritu —o su ego— de la misma forma.

"Quieres que sea una experiencia mágica", dijo Victoria una vez que recuperó el aliento. Consideraba que su deber era fomentar el placer. Desde un punto de vista, éste era un lujo innecesario. Desde otra perspectiva, era el mejor favor que un extraño podía hacerle a otra persona. Y cuando no lo lograba, Victoria se sentía desolada. "Me metí a este negocio porque quería hacer felices a las personas. Me gusta ser anfitriona y alegrar a la gente con vino y comida. Es lo que hago mejor. Lo más difícil es no poder hacerlo siempre: cuando no le caes bien a una mesa, cuando no quieren tu ayuda o si simplemente no eres buena con ellos", me dijo. "Es como estar en una relación donde tú amas y quieres estar con el otro para siempre, pero él no siente lo mismo. Es horrible. Y la peor parte es que todo el tiempo te rompen el corazón."

Los clientes del Marea no querían irse. Los seis hombres de finanzas ordenaron otra botella del Syrah que Victoria les había recomendado. Y luego otra. Pasó la medianoche. Otros clientes ya se habían ido, pero los banqueros y el chef Humm seguían en el comedor.

Los tres meseros que quedaban hicieron apuestas para ver quién ganaba, es decir, perdía, pues tendría que quedarse a atender la última mesa. Mientras observaban a los últimos clientes me contaron historias de horror. Katy recibió un puñetazo en la cara mientras trataba de evitar que un hombre tomara una foto de Ryan Seacrest. Una vez una mujer llegó apestando a pipí, así que George, el *maître d'*, roció inadvertidamente el área debajo de la mesa con su botella de colonia de Chanel. Otra noche, un octogenario estaba tardando demasiado en comer y como George necesitaba desalojar la mesa para el siguiente turno, empezó a alimentar al anciano en la boca, con una cucharita, para apurarlo.

Darnelle, una esbelta afroamericana que servía en medio de un océano de comensales, en su mayoría blancos y de edad avanzada, la pasó mal. En una mesa le dijeron de mala manera que se calmara porque *su* presidente estaba en la Casa Blanca, que se parecía a una actriz que ganó el

Oscar por su papel como esclava y que era "desafortunada" por haber crecido en Haití.

Los banqueros se levantaron y Darnelle fue a recoger el vino que no se habían terminado, junto con la cuenta ya pagada. La mujer soltó una carcajada cuando la vio. Alguien había garabateado "llámame" en el recibo. Pero estaba demasiado borracho para escribir el número.

También dejaron un tercio de la botella de Domaine Jamet. Cualquier otra noche las sobras se habrían guardado para revenderlas por copeo como un especial o para maridarlas con alguien que ordene un menú de degustación. No se desperdiciaría ni un dólar. Pero esto era demasiado bueno como para guardarlo.

"Oh, *Dios* mío. *Tienen* que probar eso", dijo Victoria, alcanzando algunas copas y sirviendo un chorrito de la botella a cada uno de los meseros. "Es la mejor botella. Es mi vino tinto favorito del mundo entero. Así de fácil. Tienes que probarlo."

Darnelle era una incipiente amante del vino. Mientras que los demás bebían a sorbos, ella se tomó su tiempo para ir por su copa. Nunca se había hartado de estar cerca de tanta comida y tantos vinos deliciosos. Más bien habían incrementado su interés. Así funcionaba: a pesar de ver las maquinaciones tras bambalinas, los meseros y los sommeliers que sostenían el espejismo de elegancia y magia ansiaban la misma experiencia en sus noches libres. El espectáculo era tan convincente y encantador que incluso sus actores querían ser parte de la audiencia. Pasaban sus tardes libres sentados en asientos de piel, acomodados en la misma posición que la gente a la que servían. Bebían el Kool-Aid envejecido en barricas de roble. Morgan lo bebía a solas con sus menús de degustación.

"Antes de empezar a trabajar en el negocio restaurantero, pensé que el Olive Garden era *la onda*. Ahí es donde ibas los domingos con la familia", dijo Darnelle, meneando el Syrah en su copa. "Y ahora, pienso: 'Oye ¿Por qué no vamos al Ai Fiori?'", el otro restaurante con estrellas Micheline de Michael White. "Simplemente me hace feliz, ¿sabes? Vas a algún lado, te sientas en el bar, comes bien, bebes y piensas: 'Tengo suerte de estar viva y de ser yo'."

"El instante en que dices la palabra *sommelier* la gente se intimida. Cuando voy a un restaurante, así en bancarrota como estoy, quiero ver al somm. Me digo: 'Sólo puedo gastar 80 dólares. Sí. Ésa es una buena botella. De acuerdo, dame el mejor tinto que tengas por 80 y así lo dejamos'", dijo ella. "Si la gente se avergüenza por venir a un restaurante como éste sin tener mucho dinero, no debería, no. No todos somos ricos. Adelante, que no te apene decir: 'Sólo me alcanza para eso'."

Finalmente llevó la copa hasta su nariz e inhaló. Pensó un poco y luego, por fin, levantó el vino hasta sus labios: "Mi primer sorbo aquí y estoy como: 'Ooohmmm'". Su voz bajó una octava. Lanzó un ronroneo gutural. "Esto está *muyyyyy* bueno."

Darnelle cerró los ojos y bebió de nuevo. Deslizó sus labios de un lado al otro: "Mi segundo sorbo: ¡y sólo quiero bailar!". Y se contoneó al ritmo de una música silenciosa, moviendo los hombros. Mantuvo los ojos cerrados y olió de nuevo el vino: "Juro", susurró, "que una vez que has empezando a apreciar ese pequeño sabor, esa pequeña papila gustativa empieza a crecer. Simplemente no hay marcha atrás."

CAPÍTULO SEIS

La orgía

Yo no era una PX del vino, pero comenzaba a beber como si lo fuera. Estaba probando más vinos que nunca y degustando los mejores. Además de mis grupos de degustación, Morgan y Victoria me extendían invitaciones para todo tipo de eventos: catas de distribuidores, seminarios vinícolas, fiestas, almuerzos. Me sorprendía la cantidad de vino que podía beber gratis, o casi. Y siempre que era posible cataba a ciegas.

Conforme pasaban los meses, iba mejorando. Cuando era mi turno de catar a ciegas ya no me comportaba como si acabara de tener un derrame cerebral, balbuceando palabras a medias y aterrada si no podía oler nada en la copa. Estaba aprendiendo a discernir el mensaje en el vino. Yogur de durazno decía "Zinfandel"; notas de caramelo, *butterscotch* y especias daban la pista de algún vino francés envejecido en barricas de roble. Había veces que casi no reconocía mi propio cerebro. Podía probar un Chardonnay con sabor a yogur, palomitas de maíz con mantequilla y pensaba: "¡Ah! ¡Fermentación maloláctica!". En otra época ni siquiera hubiera sido capaz de pronunciar esa palabra, y mucho menos de decir cuál era la técnica de elaboración de vino que transformaba el ácido málico de las uvas (también presente en las manzanas) en ácido láctico (presente en la leche) y en diacetilo (usado en el sabor artificial de la mantequilla). Gracias a mi doble rutina diaria de oler y nombrar aceites esenciales, aromas como la frambuesa o el tabaco se revelaban en una copa de vino como rostros que reconoces en una fiesta. Aún tenía días malos en las catas a ciegas en los que pensaba que yo tenía algún problema médico. Pero los días buenos, que eran cada vez más frecuentes, atinaba una o dos de seis en las catas de vinos con respecto al envejecimiento, el tipo de uva y la región, y sólo me equivocaba un par de veces. Hacía poco me había unido de nuevo a un grupo de cata que no había visto en meses y los sommeliers estaban sorprendidos. "¿Con quién has estado practicando?", me preguntó uno de ellos. "Porque quiero que me pases su teléfono, sea quien sea."

Una copa de vino ya no era sólo buena o mala, llena o vacía. Ahora tenía acidez alta o baja; posiblemente era un Pinot Noir o un Cabernet Franc; algo típico o bien intrigante. Cada botella era una oportunidad para reexaminar los patrones que había aprendido sobre qué esperar de las regiones o los tipos de uva. No bebía porque tenía sed sino porque, por primera vez en mi vida, genuinamente sentía curiosidad por las botellas que encontraba. ¿Ya estaba a la altura de la exigencia de Morgan? ¿Este productor era tan exquisito como me habían dicho? Era un misterio. Revisaba los estantes en busca de vinos de los que había escuchado hablar a sommeliers, deseosa de experimentar la piedra angular en la cultura de mi círculo de adopción, de igual forma que el resto del mundo esperaba el nuevo sencillo de Beyoncé. Sentí que comenzaba a comprender lo que me gustaba y por qué.

Finalmente tenía las palabras y el conocimiento para pedir los sabores que anhelaba, y podía buscar experiencias específicas en las botellas que escogía. Ciertos vinos podían cambiar mi humor o estado mental, y no sólo por el alcohol. Una deprimente y fría mañana en Manhattan pegué la nariz a una copa de vino blanco y en un abrir y cerrar de ojos evoqué un paseo en auto a mediados de julio con Matt de camino a la playa, con las ventanas abiertas, escuchando a Stevie Wonder mientras pasábamos praderas repletas de flores silvestres amarillas que se mecían con el viento cálido. El aroma, custodio y preservador de la memoria, me permitía viajar en el tiempo, y más que nunca sentí que tenía el control de mi destino: podía elegir un aroma o un vino y después lanzarme a una época, un sentimiento o un lugar. (Me enteré de que Andy Warhol hacía lo mismo: "Si yo llevaba usando una loción por tres meses", escribía el artista, "me obligaba a abandonarla, aunque todavía me gustara, para que me recordara siempre a esos tres meses de mi vida".) Los aromas sorteaban mi cerebro consciente y su golpe era instantáneo. El romero me enviaba a los paseos con mi abuela cuando era pequeña, la variedad de uva Viognier era un aroma de la secundaria. El hedonismo no era algo que debiera existir lejos de la vida cotidiana, algo que sólo se podía apreciar en un restaurante de cuatro estrellas o perseguir a lo largo de la costa Amalfitana. El olor y el sabor ofrecían escapes momentáneos escapes hacia el placer, y estas escapadas se aparecían cada vez que me abría a ellos.

Mi relación con la comida también fue evolucionando. Cocinar, que alguna vez fue un deber, ahora era un experimento. Tiraba las recetas y mezclaba los ingredientes guiada por la lógica del maridaje de vinos: los opuestos se atraen. Los vinos dulces empatan bien con la comida especiada; los vinos de acidez alta se llevan con la comida alta en grasa; los vinos amargos, tánicos, con la sal. A la salsa de miel y ciruela de un pollo le puse chiles; a las sopas cremosas, ralladura de limón; y al café helado de mi amigo, un paquetito de sal. (Esperaba quitarle con eso el gusto amargo. Me equivoqué.) Lo confieso: también me volví de gustos caros. En los restaurantes devolvía los vinos si no estaban enfriados de forma adecuada, y rechazaba las copas que olían a cualquier cosa excepto a aire. "Pareces una cretina meneando de esa manera el vino", me informó durante una cena mi amigo Chris. Aun así, estaba muy lejos de Morgan y del verdadero territorio de los iniciados. Después de ver todo lo que gastaban en botellas "emocionantes" en Marea, dejé mi seguimiento con Victoria con mayor curiosidad de averiguar qué motiva a los amantes serios del vino. ¿Lo mejor de una botella es cómo cosquillea sus sentidos? ¿Halaga sus egos? ¿Los emborracha?

No podía hablar por los civiles, pero veía que para Morgan y para otros somms un gran vino iba más allá del placer físico y los conmovía a niveles intelectuales y espirituales.

Una vez experimenté eso, justo la noche anterior a una fiesta organizada por el Gremio de Sommeliers, cuando Morgan me invitó al departamento de Dana antes del "pre-copeo". Ya sé que estoy estereotipando, pero cuando dos solteros lanzan un "pre-copeo", mis expectativas de lo que comeremos son bajas. Cosas como papas fritas rancias y salsa pasada. Tan bajas eran mis expectativas que cuando Morgan me pidió que llevara queso, instintivamente compré galletas y lácteos de 45 dólares, pensando que eso bastaría como cena.

Pero llegamos a una cena de tres tiempos preparada completamente por Dana y su máquina *sous-vide* en una cocina del tamaño de un baño de avión. Incluso antes del robalo con erizo y hongos trompeta de los muertos, con nabos y caldo de chile ancho; y porciones individuales de centro de atún sobre una cama de berros, cebollines, papas, dashi y ralladura de limón Meyer; y nuestras perfectas costillas de cerdo condimentado con una reducción de jugo de manzana casero, ron, vino alemán Riesling, sidra, miel, anís estrella, clavo, granos de pimienta y vinagre; incluso antes de todo eso, mi queso de inmediato fue superado por el prosciutto de pato hecho en casa por Dana, curado y secado a la perfección en su refrigerador de vinos. Había estado a punto de perder la oportunidad de probar su carne de puerco curada y sus pepinillos fermentados con lactobacilos, y no encurtidos con vinagre, obviamente. "Estoy totalmente convencido de que los pepinillos se fermentan al cien por ciento", dijo Dana con la misma determinación con la que uno habla de la prohibición de armas. Dana nos invitó algunas de sus aguas tónicas caseras, y él y

Morgan se encargaron de catar mis quesos a ciegas. Dedujeron correctamente que se trataba de un queso de oveja Brillat-Savarin y piamontés francés. Me había esforzado media hora en elegir qué comprar (*intenta alguna vez comprar comida para personas que discuten si la pierna de Mangalitsa debe clasificarse como prosciutto o jamón*) y me enorgullecí muchísimo cuando Morgan me felicitó por haber dejado los quesos a temperatura ambiente. "¡Fue una decisión con clase!", dijo. "¡Estás desentrañando cómo vivir la vida!"

Si eso era con el queso, ya te puedes imaginar el escrutinio que le dedicaron al vino. Ya habíamos bebido y discutido sobre tres botellas, cuando Dana trajo un Fine de Borgoña, un brandy y un Eiswein alemán de cuarenta años, un vino de hielo con uvas que se congelan en la vid, de modo que el frío concentra el azúcar. Dana había estado guardando el Eiswein para una ocasión especial y lo quería llevar a la fiesta del Gremio. Como soy hija única le pregunté por qué no esperaba a que hubiera menos personas para compartir el vino y así pudiera beber más.

"Porque éstas son las personas que lo comprenderán y apreciarán", dijo Dana, refiriéndose a los invitados del Gremio.

"Son personas preparadas para recibir este tipo de vino", confirmó Morgan. "Al menos cinco de las doce que prueben hoy el vino dirán: 'Mierda, mi vida tiene un nuevo sentido. Mi lugar en el universo, la persona que soy y cómo me relaciono con el producto que vendo todos los días, tienen un nuevo sentido'."

Esto es el pináculo de lo que un vino puede hacer por quien lo bebe. Filósofos como Kant y Burke discutían que el gusto y el aroma son incapaces de crear una "gran sensación", y no pueden producir experiencias estéticas comparables a las sonatas o naturalezas muertas. Para Morgan, eso era una locura. El buen vino es transformacional. Cambió su relación con el mundo que lo rodeaba y la forma en que veía la vida.

"He tenido experiencias con el vino en las que me he sentido pequeño como cuando ves el *Desnudo acostado* de Modigliani. Cuando miro esa pintura, pienso: 'Hay algo que está fuera de mí y es más grande que yo'", explicó Morgan. "El vino para mí es sólo un punto de contacto con una visión del mundo mucho más amplia: una en la cual yo no soy importante. Soy un saco de agua y órganos que estarán aquí en la Tierra durante ochenta años, si tengo suerte. Y entonces debería encontrar alguna forma de hacer que eso valga la pena."

Un sorbo de vino no despertaba a un animal salvaje encadenado dentro de Morgan. Dale una copa de Condrieu y él puede decodificar, a través de su sabor, la sangre, el sudor, las lágrimas y las esperanzas que los recolectores, agricultores y vinicultores vertieron en ese vino. Era sensible a las contribuciones humanas y las metamorfosis naturales representadas por la artesanía de esa botella, junto con las dimensiones morales e históricas de cada una. "Comprendo cómo son las personas cuando pruebo su vino", dijo.

Dana y Morgan pensaban que no todo el mundo está listo para recibir la epifanía que brindan ciertas uvas fermentadas. Y ser capaz de pagar por esos vinos no es lo mismo que merecerlos.

Esa noche fue mi primer vistazo a cómo estos sommeliers se consideraban custodios de los vinos raros que podrían generar semejantes revelaciones. Morgan, Dana y otros se sentían protectores de esas botellas. Creían que las deberían conservar sólo para quienes estaban preparados para captar todas las capas de la magnificencia del vino. Dar las botellas a los que no estaban listos, o que no las apreciarían, era lo mismo que verterlas por el desagüe. Un sacrilegio. Pero en la boca correcta, podrían provocar cosas gloriosas. Por este motivo, cuando se trata de clientes especiales, a veces los somms reducen el margen de ganancia de vinos caros. Prefieren recibir menos dinero por el vino con tal de asegurarse de que será degustado por alguien que en verdad lo aprecia.

Morgan admitía que ciertos vinos especiales que el Aureole tiene en cantidades muy limitadas, él elegía a qué comensales ofrecerlos.

"Sólo quiero asegurarme de que el vino quede en buenas manos", decía.

"Es una gran responsabilidad porque puede provocar una experiencia de transformación. Puedes servírselo a alguien que realmente ame ese maldito vino y que haga explotar su mente."

Gracias a esto, Morgan y Dana recordaron ciertas botellas que en el pasado les habían volado por completo la mente. El Chateau Musar Blanc '69, el Noël Verset Cornas '90, el "revelador" Jean-Louis Chave Hermitage Blanc '98, "más cerebral que brutalmente hedonista". Se emocionaron con las experiencias de degustación que habían tenido, y Dana sacó su computadora portátil para abrir las listas de vinos de las últimas cinco fiestas de cumpleaños que él mismo había organizado. Leyó cada lista en voz alta de principio a fin. Él y Morgan estuvieron de acuerdo en que era trágico que estos vinos hubieran sido bebidos por gente que no podía apreciar por completo lo que las botellas tenían que decir. Para Morgan, fue "desgarrador".

Yo sentía curiosidad por saber cómo juzgaban si alguien había sido tocado —realmente tocado— por una botella, y al mismo tiempo intentaba recordar cómo había actuado yo misma ante los vinos que habían abierto esa noche. ¿Cómo podían decir si alguien no había apreciado un vino?

"Porque", dijo Morgan, tomando un Chablis, "no se ve que hayan sido arponeados en el pecho al beber la copa."

Como sommelier, el trabajo de Morgan no se trata sólo de recontextualizar su propio lugar en el mundo. Se trata también de encontrar vinos que provoquen eso en sus clientes. Pero ¿es eso lo que ellos quieren? ¿Los "civiles" locos por el vino mueren por ciertas botellas porque les encanta sentirse como sacos de agua y órganos? Me pregunté cómo se veía este mundo desde el punto de vista de un PX y cuál sería la alegría que encontraba en el vino.

Casi todo lo que yo sabía sobre esa élite de bebedores me había llegado de segunda mano a través de los sommeliers. Me di cuenta de que estaban agradecidos por estos grandes derrochadores, cuyos gustos caros y
grandes cuentas bancarias les ofrecían oportunidades para probar vinos
que de otro modo sólo leerían en libros. Casi todos trabajaban en lugares donde, como en el Marea, cataban cada botella que servían. Y al igual
que Victoria, que compartía su Syrah favorito con los meseros, buscaban
oportunidades para esparcir el amor por el vino, sabiendo que era difícil conseguir pequeños sorbos de los vinos realmente buenos. Un martes
en EMP, después de una cata a ciegas, Jon nos sorprendió con una botella
de Trimbach Clos Ste. Hune Hors Choix 1989 de cosecha tardía, un Riesling de Alsacia, de 1,765 dólares, que no se habían terminado la noche
anterior. "Es uno de los vinos canónicos de todos los tiempos", dijo Morgan, lamiéndose los labios. "Sólo hicieron dos cosechas: '59 y '89. Nunca
he visto una botella en persona." Sin contar un par de escapadas al baño
para inhalar cocaína, los dos hombres que compraron el vino resultaron
los comensales ideales. Pagaron 4,000 dólares por la comida y 14,000 dólares por el vino, y no mencionaron ni una sola vez el precio. "La gente
rica es sorprendente", dijo Jon radiante mientras nos servía un poquito. Los sommeliers, que a menudo provenían de familias de clase media,
no se molestaban por la extravagancia de los grandes consumidores. Podrían burlarse de ellos, como la loca mujer *socialité* que llevó un vino al
Jean-Georges vertido en una bolsa Ziploc pensando que al no llevar corcho no le cobrarían el descorche. Y de todas formas en última instancia
apreciaban a sus clientes PX, y mientras los atendían todas las noches desarrollaban cierta relación con ellos, como el escanciador confidente del
faraón egipcio en la antigüedad. ("El dinero de Robert De Niro no es dinero real", escuché bromear a un sommelier que sonaba al rico banquero
de inversiones chismeando en su club de campo.) En el mejor de los casos, los "civiles" ricos compartían la obsesión de los somms por el gran
vino. En el peor, financiaban al personal. El único grupo que se ganaba

el completo desprecio de los somms era el de los tacaños que se quejaban por el precio de las ensaladas de 21 dólares, a quienes no les entraba en la cabeza que el precio no era sólo por las hojas de la lechuga, sino que incluía el costo de la renta del restaurante, el seguro, los servicios, los sueldos del personal, la mantelería, el papel higiénico del baño, etcétera.

La verdad es que por mucho que beban los sommeliers —y ellos mismos se dicen "alcohólicos funcionales"—, no son ellos quienes mantienen funcionando la industria de los vinos finos. Eso recae en la gente a la que atienden. Hay coleccionistas que acumulan miles de botellas en sus cavas personales, mucho más de las que pueden beber en su vida. La botella más costosa de vino de la historia se vendió en 2010 por la cantidad de 304,375 dólares. Podrías haber comprado una casa, pagado dos colegiaturas universitarias completas en Estados Unidos o cinco autos Porsche SUV con lo que se pagó por el Château Cheval Blanc 1947 el cual, a pesar de haber sido llamado "perfección pura", eventualmente se verá destruido y convertido en orina carísima. ("Por eso es tan hermoso y temporal", insistió Morgan. "Porque lo vamos a terminar meando en cuatro horas.") El sabor de esos vinos puede llevar a las lágrimas hasta a un gigante. Vi una entrevista al multimillonario Bill Koch en el noticiero de la ABC: se le hace un nudo en la garganta al pensar en su cava; estamos hablando del distante magnate petrolero que libró una brutal batalla durante veinte años con sus propios hermanos. "¿Un vino puede valer 25,000 o hasta 100,000 dólares?", le preguntó el reportero a Koch. "Una persona normal diría: 'No, es una locura'", replicó Koch. "Pero para mí, el arte", se aclara la garganta, "el trabajo artesanal...", se le quiebra la voz en la última sílaba y parpadea un par de veces para evitar que escurran las lágrimas que han inundado sus ojos. Esboza una leve sonrisa. "Discúlpeme." Se aclara de nuevo la garganta, tose, alza las manos como diciendo *No puedo creer lo que me está ocurriendo*. El reportero se muestra consternado y trata de ayudarlo. "Esto es importante para usted", tercia. Koch se endereza y se recompone. *"Ciertamente."*

No comprendía totalmente por qué los enófilos derrochaban en vinos y cazaban etiquetas, pero esperaba entenderlo algún día. Para ello, necesitaba compartir con estos grandes bebedores y entrar en sus mentes. Pero en estricto sentido, hablar con muchas de estas personas no es sencillo. No es que puedas ir al Marea o al Eleven Madison Park y preguntarle al sommelier que te indique al PX del vino y comenzar a lanzarle preguntas sobre sus hábitos, a menos que desees con fervor que te corran de los restaurantes.

En medio del prosciutto de pato, Dana y Morgan mencionaron un evento próximo llamado La Paulée de Nueva York, una celebración de vinos de Borgoña inspirada en una vieja tradición francesa del mismo nombre. También asistirían la mayoría de los somms, distribuidores, periodistas e importadores de la ciudad. Ser un aficionado de Borgoña, celebrada como una de las mejores regiones de vino, requiere una inversión de tiempo y dinero que sólo pueden permitirse los más fanáticos del vino —y los millonarios. Y se dice que La Paulée es la reunión más extravagante de coleccionistas del planeta. Este festival de fin de semana incluía una docena de cenas y catas que culminaban con un gran final: una cena de gala de 1,500 dólares "de traje", donde los invitados deben llevar los "tesoros de sus propias cavas". (Sí, leíste bien, tu boleto de entrada no incluye alcohol, excepto por una copa "gratis" de champaña.) Me dijeron que se recauda más de un millón de dólares en vino para la cena final. Tan sólo las cubetas contendrían unos 200,000 dólares de Pinot y Chardonnay. "La Paulée es el tipo de acontecimiento que inicia las revoluciones en los países", dijo un coleccionista que asistió en años anteriores.

La demanda es tan elevada que no puedes pagar para asistir a La Paulée. Debes conocer a alguien que conozca a alguien. El simple hecho de servir es un privilegio, y los sommeliers ordeñan cada conexión que pueden para trabajar gratis durante La Paulée. Saben que el concierto ofrece catas de vinos que valen el salario de una semana. Dana nos dijo a Morgan y a mí que estaba intentando obtener una "entrada" saliendo en una cita doble con el sommelier jefe de La Paulée, el tipo que elige qué somms servirán. "Eres un asco", dijo Morgan con admiración.

Con la esperanza de evitar jugar a la política, fui directo a la cima. Llamé a Daniel Johnnes, el creador de La Paulée de Nueva York, que también importa vinos de Borgoña y se desempeña como director de vinos del grupo de restaurantes del chef Daniel Boulud.

"Está todo agotado, se agotó hace meses", dijo mientras revisaba la Cena de Vinos Raros de Domaine Michel Lafarge ($1,500 dólares por persona), el almuerzo con los enólogos Jean-Marc Roulot y Christophe Roumier ($1,200) y la cena de Legends en el Daniel de Boulud con botellas de Domaine Leflaive y Domaine de la Romanée-Conti ($7,250). Había la posibilidad de que me llevara a la cata "no oficial" el martes, por 95 dólares, el equivalente a una bolsa de regalo gratis. Pero nadie asiste de forma "no oficial" a La Paulée. Ibas por los tesoros. Después de algunas rondas más de negociaciones, en las que canjeé un artículo para una revista de viajes de lujo y mi orgullo, Daniel agregó mi nombre a la lista para dos catas diferentes y, con algunos alegatos adicionales, también a la cena de gala.

Borgoña tiene una reputación como la región vinícola más abrumadoramente compleja del planeta, que es justo lo que a sus devotos les encanta. No sólo decides ser un fan de Borgoña. Debes ganártelo. "Tome en cuenta que comprender esta región es una búsqueda de toda la vida", advierte el Gremio de Sommeliers en su guía de lo que considera un rincón de Francia "imposible de dominar". Los sommeliers muestran un respeto a regañadientes por los "civiles" que hacen de Borgoña su misión, y por definición es más una misión que un interés. "Las personas que gustan de los Burdeos son hombres de negocios", dijo un sommelier en mi grupo de degustación de los martes. "Las personas que gustan de los Borgoña son apasionadas."

Ya de por sí los nombres de los vinos intimidan. Si echaras un ojo a la lista de vinos del Marea buscando un Borgoña esto es lo que encontrarías:

CHASSAGNE-MONTRACHET 1ER CRU, *LES CHAMPS GAINS* F. & L. PILLOT (BURGUNDY, FR.) 2013 34

Desentrañemos eso. En primer lugar, se trata de un vino de Borgoña, un área en el centro oriente de Francia, un territorio un poco más grande que el estado de Massachusetts. El 34 se refiere al precio por copa, 2013 es la cosecha. ¿Bueno? Bueno. Otras regiones pueden ser igualmente específicas, pero éste es un Borgoña. Chassagne-Montrachet es el nombre del poblado donde fue hecho el vino; toma su nombre de la aldea Chassagne y el viñedo Grand Cru que es el Montrachet. Premier (1er) Cru es la designación de calidad, la segunda más alta de las designaciones reconocidas para los vinos de Borgoña. Les Champs Gains es el viñedo específico, de diez hectáreas y media, donde se cultivaron las uvas. F. & L. Pillot es la abreviación del productor Domaine Fernand & Laurent Pillot. Así que, pregunta de trivia: ¿es vino tinto o blanco?, ¿y de qué uva está hecho? Si eres un apasionado de los Borgoña sabes que el Chassagne-Montrachet es una leyenda en los blancos y que la etiqueta Premier Cru en la botella indica que está elaborado con Chardonnay. Si no sabes todo eso, entones tal vez mejor te convenga pedir un gin and tonic.

Para ser justos, en muchos aspectos Borgoña es una región mucho más simple que otras. Con contadas excepciones, los vinos Borgoña blancos están hechos con Chardonnay y sus tintos con Gamay o Pinot Noir, una uva débil que es más delicada y proclive a las enfermedades que su feliz prima la Cabernet Sauvignon.

Pero ahí es donde termina la simplicidad de la Borgoña. Mientras que Burdeos clasifica útilmente a sus principales sesenta y un productores en una jerarquía de "Primeros Crecimientos" (lo mejor de lo mejor) hasta "Quinto Crecimiento" (lo peor de lo mejor), Borgoña no tiene esa lógica.

Se puede pensar que tiene cuatro designaciones de calidad (Grand Cru, Premier Cru, Village y Borgoña, en orden descendente); cinco zonas vinícolas distintas (Yonne, Côte d'Or, Côte Chalonnaise, Mâconnais y Beaujolais); y aproximadamente cien denominaciones diferentes. (Puedes buscarlas.) Pero conocer la reputación de cada denominación no te ayudará mucho, porque también importa el sitio del viñedo dentro de esa denominación. (Hay alrededor de seiscientos viñedos sólo de Premier Cru, así que no te molestes en tratar de memorizarlos.) Y dentro de cada viñedo, la calidad puede variar de maravillosa a más o menos, dependiendo de en qué parte del viñedo se encuentre y quién haga el vino de esas vides. (Varios vinicultores comparten un mismo viñedo.) Tampoco se puede confiar sólo en la reputación de un productor. Un mismo vinicultor de la Borgoña, y hay miles, podría producir hasta veinte tipos diferentes de vino, cada uno elaborado a partir de diferentes viñedos, denominaciones de origen y de calidad. Ah, y buena suerte si quieres sacarles la primicia, porque no les interesa discutir sus vinos con extraños.

Algunos de los vinos más caros del mundo son de la Borgoña. También muchos de los vinos menos confiables del mundo son de la Borgoña. "El Pinot de la Borgoña es una prostituta", se lamentó Morgan. "Es como el típico novio que te trata como una mierda, pero en el momento adecuado aparece con flores y chocolates. De cuatro botellas, dos de ellas dirán: 'Wow, eso fue realmente bueno, pero definitivamente pagué por eso'. Una de ellas será como: 'Mierda, esto es tan deprimente, gasté todo este dinero y este vino apesta'. Y la cuarta botella será como: 'NO DEBERÍA TOMAR NADA MÁS QUE ESTO'."

Nunca he visto a alguien abrir lo que se supone que es una excelente botella de Borgoña sin una leve expresión de terror en su rostro. Los vinos se oxidan, se evaporan, son caprichosos en cosechas mediocres y pasan por fases difíciles de juventud. La gente que adora estos vinos tiene una veta masoquista, y cuando conoces a un fanático de vinos de la Borgoña es difícil no caer en la tentación de desentrañar qué trauma padeció

(¿lo abrazaron lo suficiente cuando eran niño?) que lo llevó a intentar dominar esta región.

Dado que nada te prepara para una larga noche de borrachera bebiendo increíbles Borgoña como una larga mañana de borrachera con increíbles Borgoña, la gran degustación de La Paulée se realizó la mañana de la cena de gala. A cada productor se le asignó su propia mesa cubierta con un mantel, frente a la cual todo mundo se amontonaba, mientras los Pauléers acercaban sus copas a los somms. Un hombre mayor con mejillas rosadas levantó su copa para brindar. *"À tout les jeunes filles!"*, canturreó, chocando copas con su amigo. *"À les jolies jeunes filles!"*, respondió el amigo, también rubicundo. La mayoría de la gente estaba "bien alimentada" —el eufemismo de Morgan para los "civiles" adinerados— y tenía menos de treinta años, las mujeres con pechos grandes y la cabeza llena de cabello, lo que me ponía del lado de las minorías. Me planté en la sala y le pedí a la gente que me compartiera lo que había encendido su obsesión por el vino.

Conocí a un hombre que llevó sus propias copas de vino desde Los Ángeles porque sentía que la cristalería de La Paulée no hacía justicia a los sutiles aromas de los Borgoña. Para él, probar vinos de los productores que ya conocía tan bien era como saludar a los amigos. Tenía una conexión emocional con los vinos. "Cuando veo botellas, es como ver a un grupo de personas."

Para otros, el vino era su forma de relacionarse con gente real. Una pareja cercana a los treinta, él financiero y ella diseñadora de interiores, se casaron en la Borgoña. Por curiosidad les pregunté sobre su afición al vino: el marido había estado pujando por botellas en una subasta esa misma mañana. Estaban tomados de una mano, y la otra la tenían libre para menear sus copas. ¿Por qué les gusta el vino? "Es algo que compartimos", dijo la esposa. "Y un colega mío es un gran coleccionista", dijo el esposo.

Había también algunos más materialistas, como un robusto alemán restaurantero que respondió a mis preguntas mientras le quitaba pelusas a mi suéter. Había venido a probar la cosecha 2012 porque estaba acumulando sesenta mil botellas para un bar de vinos que pronto abriría en Berlín. ¿Qué placer encontró en el vino? "¿Cuál es el placer de tener sexo?", dijo. "Para mí, el vino es parte de mi vida. No puedo vivir sin él." Entonces, ¿por qué vino y no, por ejemplo, autos deportivos? "Bueno, para ser honesto, los autos deportivos son otra de mis pasiones. Pero si tuviera que decidir entre renunciar a mi bodega o a mi colección de automóviles, renunciaría a los automóviles."

Algunos coleccionaban experiencias. Una mujer de Israel que compró un pase para los nueve eventos más exclusivos de La Paulée (14,500 dólares), viajó a Nueva York a inicios de mes para La Festa del Barolo, otro festival de vino. En lugar de volver a casa, decidió quedarse en la ciudad durante tres semanas más. No podía arriesgarse a perderse La Paulée. "Es arte", dijo, refiriéndose a uno de los vinos. "Es en verdad arte. El aficionado que viene prueba el arte de la vinicultura." Probó casi todas las cien botellas que se ofrecen en la Gran Cata, pero se rehusaba a escupir. "Escupir me quema el paladar. Y, en todo caso, sólo tragarlo me da la experiencia completa. Así que tengo un serio problema con el consumo de alcohol."

Me abrí paso entre mesas, botellas y sacos buscando a un viejo empleado de La Paulée que me enseñara la esencia de la cata. Me detuve cerca de un hombre alto y calvo con un saco a cuadros. Me atrajo la forma en que escupía. Era genial: podía disparar un pulcro chorro de Pinot en una escupidera a casi un metro debajo de su boca y a menos de medio metro a su derecha, sin siquiera inclinarse. Asumí que esa elegante forma de escupir era fruto de años de práctica, y me presenté con él. Se llamaba Richard y había asistido religiosamente a La Paulée desde que comenzó, en 2000. De hecho, él y su esposa, Isabella —una mujer con el

pelo negro hasta la cintura a quien llamó con la mano—, fueron anfitriones del invitado de honor de este año, el vinicultor Michel Lafarge. Richard se tambaleó para encontrarse con Michel y beber un poco más. Me
quedé con Isabella, que era bastante más joven que Richard y no tan es-
tirada. Llevaba una chaqueta Barbour, jeans, un anillo del tamaño de un
perrito Shih Tzu y una expresión de aburrimiento. Ya había pasado por
las mesas y había dicho que su paladar estaba frito, ¡absolutamente frito!

"No puedo hacer esto todos los días", suspiró, como si no tuviera opción. "Hacemos todo el circuito. Vamos a la Borgoña una vez al año. Luego
a eventos especiales. El año pasado fuimos a un 450 aniversario que estaba fuera de programa... El 450 aniversario de no sé qué. Bajé del avión
y estaba como...", pasó la mano delante de su rostro para sugerir que estaba completamente perdida. "Fue un almuerzo-cena de siete horas. Estábamos todos allí. Todos los vinicultores de la Borgoña. Estaba fuera del
programa. Muchos productores vinieron desde *Is-ra-el*", pronunció con
marcado acento francés. "¡Bajamos del avión para entrar en esta debacle
única en la vida! ¡Las mujeres no podían encontrar a sus maridos! ¡Pero
a la mañana siguiente encontraron a tres de ellos durmiendo en los campos del *château*! ¡Completamente ebrios!", se rio al recordarlo. Richard se
acercó con una copa de Clos de la Roche Grand Cru. Isabella lo probó e
hizo una cara. "¡Oh, mira!", se exaltó. "Parece como el *château* del año pasado. ¡Tal vez lo sea! No tengo idea de qué es. Sólo sé que aterrizamos en
las afueras de la Borgoña. Es fenomenal." Ofreció su mejilla a dos amigas
que se inclinaron y le dieron un beso en la mejilla al aire. Una era Rockefeller. El otro nombre lo he visto grabado en los sitios de construcción
más importantes. "Tenemos muchas sociedades de vino", continuó Isabella. "Sociedades de amantes del vino, clubes. Tenemos cenas en clubes. En
todos los clubes de la ciudad. Y mucha gente como Brian", agitó los dedos
saludando a alguien del otro lado del salón, "y otras personas, seguimos
toda la cosa de la cena juntos. Côtes du Rhône, Burdeos y Borgoña. El Co-
mendador de Burdeos. La próxima semana tenemos otra cena en otro de

nuestros clubes en Tuxedo Park", al norte de Nueva York. Alguien llamado Michael abrazó a Isabella. "¡Oh! Es agotador. Fui a París diez días. Sólo para dormir. Sólo... para... dormir". Se sorprendió de la energía de su esposo la noche anterior. "Estuvieron fuera hasta las tres de la mañana. Una gran cena en Daniel", imaginé que era la Legends Dinner, "y después fueron a una fiesta. ¡No puedes poner tanto en tus venas! Si hubiera estado ayer hasta las tres de la mañana en esa cena, no habría podido llegar aquí hoy. En definitiva, no habría llegado a SoulCycle. Porque ya lo he hecho y me he excedido, y a veces todavía lo hago y me excedo, así que ya sé cuándo es momento de decir basta, hasta aquí. Y estoy exhausta. Y muy contenta. Estoy muy satisfecha. Al menos esta noche."

Tenía que despedirme. La Gran Cata estaba llegando a su fin, la Cena de Gala comenzaría en unas horas y yo aún no tenía nada que llevar que se aproximara al gran tesoro. Estuve posponiendo la compra del vino el mayor tiempo posible, sobre todo porque Morgan me había dicho que sería apropiado gastar al menos 500 dólares en una botella, si no es que el doble. Pensé que había exagerado, pero la mujer israelita hizo que me preocupara. "Puedes ponerte el atuendo que quieras", me dijo. "Pero qué vino llevar, eso sí es un problema."

Fui a la Compañía de Vinos de la Borgoña, una tienda localizada a unas cuantas cuadras de la cata, y le dije al gerente que necesitaba una botella para La Paulée. Le di mi rango de precios. Me miró de reojo. "¿Cuál es tu límite *absoluto*?" El vino que llevara sería mi carta de presentación, me dijo. La gente se levanta de sus asientos durante la cena para irse sirviendo pruebas. Si quería entrar en el circuito de los PX del vino, más me valía tener algo bueno que compartir. "Necesitas dar muestras de fuerza", me aconsejó. La regla de oro en La Paulée es llevar lo mejor que puedas. Lo mismo si eres un alto directivo o una periodista desempleada, tiene que dolerte un poquito.

Pasé noventa minutos en la tienda de vinos sudando profusamente mientras consultaba con el propietario, le enviaba mensajes a Morgan y buscaba en línea las reseñas de cada botella de mi presupuesto. Por la insistencia de Morgan, opté por un Louis Latour Corton Charlemagne 1990, un vino blanco casi tan viejo como yo. Morgan me advirtió que posiblemente no daría el ancho. Me costó 275 dólares. Desde mi perspectiva era todo un tesoro.

Unas horas más tarde, llegué a la Cena de Gala apretando la botella contra mi pecho como la valiosa carga que era. Pasé junto a las camionetas todo terreno estacionadas en doble fila y subí la escalinata del Metropolitan Pavilion, un espacio desangelado, dedicado habitualmente a exposiciones y espectáculos nupciales. Hicieron un mínimo esfuerzo para decorarlo. Las paredes blancas estaban repletas de fotografías de viñedos de la Borgoña de piso a techo. Era claro que los vinos, y no la decoración, estaban destinados a ser la estrella de la noche.

Un hombre de traje se ofreció a recibir mi botella, y se la entregué con reticencia.

"Desde las once he estado en las galerías", dijo un hombre en la fila detrás de mí.

"Yo necesito vino para ir a las galerías", respondió su amigo.

"Si yo hago eso", replicó el hombre, "nada más entro y digo: 'Me llevo todo'."

Los cuatrocientos invitados a la Cena de Gala estaban dispersos entre las mesas con nombre de viñedos. Los hombres "Grand Cru" —grandes nombres o grandes coleccionistas o grandes productores— estaban ubicados en las mesas Grand Cru. Busqué la tarjeta con mi nombre entre nombres como Jay McInerney y Neil deGrasse Tyson, ambos asignados a la mesa Romanée-Conti.

Me senté y me presenté ante la mujer a mi derecha, Suzanne, una rubia de unos cuarenta años, y su esposo, que asistían por sexta ocasión a La Paulée. A mi izquierda estaba Laurent, el vinicultor francés asignado a nuestra mesa. Era virgen en La Paulée, como yo.

Las luces bajaron de intensidad y Daniel Johnnes ocupó el estrado para presentar a los sommeliers que nos servirían. Cuando llegó a los nombres de Rajat Parr, Patrick Cappiello y Larry Stone —tres de las celebridades de la industria de los somms— la gente dejó de respirar.

"Ohhhhhh, cielos", dijo Suzanne, sonriéndole a su esposo.

Daniel le pasó el micrófono a un vinicultor entusiasmado quien propuso un brindis a la "clamorosa intoxicación". "¡Eso es lo que les deseo esta noche!", celebró y alzó su copa. Todos brindamos. En ese momento me di cuenta de que estaba en un salón sin ventanas. De pronto me pareció un muy buen plan. "A las once se desata el infierno", susurró Suzanne sabiamente.

A las ocho de la noche ya era un caos. Los sommeliers estaban haciendo las rondas con botellas de vino del tamaño de robustos infantes. Una compañía de franceses con blancos bigotes, boinas y grandes copas de vino tinto reemplazaron a Daniel en el escenario. Cantaban "Ban Bourguignon", una versión de la Borgoña de una canción que también incluía una danza estilo *hokey pokey*. Alza la mano derecha y gira, alza la mano izquierda y gira, repite, pausa y lleva la copa de tu mano derecha a tus labios.

Nadie estaba realmente allí por la comida. De todas formas, eché un vistazo al menú. Seis famosos chefs, seis famosos platillos, comenzando por la *tête de cochon* (cabeza de cerdo) y terminando con un *Golden Egg* (vayan a saber qué era eso). Laurent me tocó el brazo y di la vuelta mientras él me alcanzaba un plato para pan. Mi memoria de esa noche es borrosa, pero estoy segura de que suspiré. El plato estaba lleno de trufas negras sobre una cama de más trufas negras. Seguro me veía confundida porque Laurent movió la cabeza indicando el extremo de nuestra mesa.

Un francés con el pecho en forma de barril, como una gran trufa, estaba sentado y sostenía una trufa negra del tamaño de una pelota de beisbol en su rechoncho puño mientras que, con la otra mano, sostenía una rebanadora de plata que había traído de su casa. Su cara era redonda, roja y su brazo carnoso cubría un enorme saco de trufas como un Santa Claus. Las seis copas de vino dispuestas frente a mí se llenaron rápidamente cuando el ejército de somms comenzó su ronda. El primer vino que probé, según mis notas, fue un Joseph Drouhin Clos des Mouches Premier Cru 1988. Acidez media a alta, con notas de frambuesa roja y tierra húmeda.

Eso es todo lo que puedo decir de los vinos que probé. ¿Saborearlos? Apenas tuve tiempo de deglutir. Al principio, traté de tomar notas de cada vino. Luego intenté al menos anotar sus nombres. Eso se transformó en números: 2008, 1993, 1962. Y luego traté sólo de escribir una marca para cada vino. Perdí la cuenta alrededor del número veintiséis. Suzanne no pudo narrar su historia sobre la cena privada con el chef Ferran Adrià en Eleven Madison Park sin que la interrumpieran en dos ocasiones para servirle más vino. Las botellas llegaban más rápido de lo que podíamos beber y seguíamos pasando copas. Sorbe, escupe, sorbe, escupe, sorbe, escupe —apenas probaba el vino para escupirlo para que el sommelier pudiera continuar sirviéndome. Probé mi vino favorito esa noche y no tengo idea de cuál era.

"¿Crees que el vino puede ser mejor que el sexo?", oí que le preguntaba el financiero a su pareja, cerca de Laurent.

"Vega Sicilia", respondió ella sin inmutarse. "Un regalo para el mundo."

Ya nadie escupía, y yo tampoco. Comenzaba a sentir calor. Los cantantes alzaron la voz y golpeaban rítmicamente con sus pies. "*La la la la lalalalalère*", cantaban. Laurent lanzó su libreta de notas de cata y no se preocupó por recogerla.

"¡Esto es el frenesí!", gritó un subastador detrás de nosotros, levantando su copa para brindar. "La gente queda atrapada, es como sangre en el agua y *naahgnaahgnaahgnaahgnaaahhhhhhh*", rechinó los dientes.

"Estamos destruyendo una tonelada de vino. ¡Es tan maravilloso! ¡Y es tan triste!"

¡Más vino!

"Es como una orgía", gritó el financiero. "¡Puedes enamorarte de la persona con la que estás!"

Vino blanco, vino tinto, vino naranja añejo. Dije que sí a todo. Todos dijimos que sí. ¡Más, más! ¡*Lalalalalalère*!

Sentía el rostro ardiendo y los bailarines se veían más borrosos que antes. El baile era tonto. ¡Qué divertido! Laurent y yo practicamos nuestro hokey pokey. El sommelier de nuestra mesa finalmente trajo mi botella con gran cuidado. ¿La quería servir yo o lo debía hacer él? ¡Tómala!, alguien gritó. Creo que fue Suzanne. Serví, brindamos, bebimos. Lo sentí como mantequilla líquida y lencería de seda. Los ojos de Suzanne se pusieron en blanco por el placer. Caminé con mi botella y las copas se extendían ante mí. Mujeres con vestidos brillantes acompañados de hombres con cabello brillante y sommeliers con copas relucientes. Crucé la mirada con un hombre de cabello blanco, un distribuidor con un espeso bigote a quien creo que lo apodaban la "Morsa". Estaba demasiado fuerte el *lalalala* como para oírlo. Besó mi mano y me sirvió un poco de champaña. "¡Alka-Seltzer francés! ¡La champaña es el mejor limpiador del paladar!" Un chico bronceado de Connecticut estaba persiguiendo a los sommeliers para tomarse *selfies*. "¡Jane! ¡Jane! ¡Una foto con Wasserman!", el financiero señaló al importador Paul Wasserman. Los cantantes bramaban. El hombre bramaba. Servían vino en las copas. El vino entraba en nosotros. La Morsa y yo alzamos la mano derecha al aire y giramos, alzamos la mano izquierda y giramos, y la mano derecha a la boca y bebimos.

No escuché ninguna nota de cata de las botellas, sólo observaciones no solicitadas sobre mí. "La diferencia entre tu sonrisa falsa y la real es increíble. La falsa no es tan buena", anunció un hombre llamado Lenny. Alguien más dijo: "Me gusta cómo te cae el pelo sobre los ojos". Un hombre al que nunca había conocido me presentaba a la gente como su "futura exesposa". "La necesito durante once minutos, diez de los cuales son sólo para caricias", gritó ante un grupo de hombres que no conocía. Tres hombres diferentes me preguntaron si había alguien esperándome en casa. ¿Estaba casada? ¿Desde hacía cuánto? ¿Ni siquiera un año? Mis respuestas parecían más una invitación que un impedimento. Intenté recordarme a mí misma que el vino y el sexo siempre han ido juntos. Tradición antigua. Los romanos y sus amantes: sommeliers. Había leído que Dionisos, el dios del vino, cumplía una doble función como el dios de "lo salvaje, extraño y exótico; dios del éxtasis, la sexualidad y la fertilidad; dios del misterio, la locura y lo irracional; dios de la pasión, la comedia y la tragedia; dios de sangrientas fiestas y ritos de iniciación secreta…".

Sí, lo era, era una orgía. Era una bacanal… *lalalalala.* Una cosa enferma. Indulgente. Desastrosa "como cincuenta kilos de *foie gras* en tu cara", me gritó al oído uno de los sommeliers, amigo de Morgan. Éramos codiciosos. Queríamos consumirlo todo. No teníamos hambre sino un apetito voraz. Era mortal y excesivo.

Pero también había apertura. La gente estaba receptiva a experiencias en bruto de una forma que casi nuca se ve en Nueva York, donde todos suelen encogerse de hombros con una actitud de "lo sé todo". La gente quería ser excitada. Quería excitar. Laurent y yo decidimos que mi Latour combinaba perfecto con las trufas negras rasuradas, y dimos vueltas por el salón dando a probar nuestra creación de maridaje. "*Tiens, goute ça et ça*", dijo Laurent, colocando una trufa en la lengua de alguien llamado Pierre mientras vertía el Latour en su copa. "*La densité, la profoundeur…*" Todos en este salón sin ventanas que resonaba al ritmo de "Ban Bourguignon" unidos en una fascinación compartida por lo físico. Joe Campanale me encontró y me indicó un vino especial; mi amigo sommelier de EMP se apresuró con un 1959 que *tuve* que probar. Todos estaban haciendo algo con el cuerpo de otra persona; todos querían estimular a otro a sentir placer. Un hombre trajeado alimentó a otro con queso. "Cremoso", gimió el que comía. "Delicioso." Extraños se acercaban con cosas para poner en la boca de los demás. "¿Puedes tener un orgasmo estando parada?", me preguntó un hombre, vertiendo vino en mi vaso. Lenny alineó tres vinos de años diferentes. "Te voy a hacer cosas raras", dijo. Isabella me dio su copa. "Sólo huele." "Dios mío, Jane. Eso es tan decadente", dijo el financiero a su pareja. "Joder", respondió ella y tomó el vino que él le ofreció. "Joder, esto es una locura."

Encontré una solitaria botella de Domaine de la Romanée-Conti La Tâche, un vino legendario y supuestamente celestial. Traté de servirme. Estaba vacía. Me imaginé lo delicioso que debió estar. Me di la vuelta y la botella había desaparecido. La gente tomaba los platos dorados del postre de lugares que no eran los suyos. Estaban con parejas que no eran las suyas. El *lalalalère* fue reemplazado por éxitos de los Rolling Stones. Los chefs salieron de la cocina para la ronda de la victoria. El chef Daniel Humm, el chef Michel Troisgros, el chef Dominique Ansel. Gente trajeada se subía a las sillas, alzando los puños. Agitábamos las servilletas al aire. Los chicos agitaban sus corbatas. "No sólo son los mejores chefs del mundo, sino que ESTÁN LOCOS", celebró el chef Daniel Boulud antes de que otros chefs lo cargaran en hombros. Surfeaba entre la multitud. Luego Daniel Johnnes surfeaba entre la multitud. Alguien que agitaba una servilleta se lanzó de panza sobre sus compañeros de mesa. Comenzó a sonar "New York, New York". Vamos a la tornafiesta, me gritó mi futuro examarido. Sinatra va a ir. Todos vamos a ir. Todos abrazados, con las corbatas al aire, hablando a gritos queriendo despertar a la ciudad que nunca duerme,

And find I'm A-number-one, top of the list,

King of the hiiiillllll, Ayyyyyeeeee numberrrrr oooooooonnnnnnnnne ...

Después de que se alivió mi resaca, traté de dar sentido a lo que había visto. De alguna gran manera había sido un impresionante despliegue de

excesos. Fui a La Paulée creyendo que encontraría un grupo de conocedores que disfrutarían de la experiencia sensorial del vino. En cambio, vertimos botellas que en otro escenario habrían sido las mejores de todo el año. Apenas nos detuvimos para saborearlas antes de estirar nuestras copas pidiendo más.

A pesar del desperdicio y la glotonería, me di cuenta de que extrañamente había encontrado a los *connoisseurs* sensoriales que había imaginado. Sólo que necesitaba expandir mi definición del sabor y el gusto.

Los asistentes a La Paulée disfrutaron de los vinos, aunque no necesariamente con su nariz y su lengua. A su manera, La Paulée era un laboratorio que demostraba que el sabor no sólo proviene de nuestras fosas nasales y boca, como solemos suponer. También saboreamos con la mente.

El precio es el condimento más poderoso de todos, y con nuestros boletos de 1,500 dólares en la mano, entramos en ese comedor preparados para recibir esos vinos y amarlos. Lo que experimenté de forma anecdótica en La Paulée ha sido demostrado científicamente. Investigadores de la Universidad de Stanford y CalTech colocaron sujetos de prueba en una máquina de resonancia magnética y les dieron a probar cinco botellas de Cabernet Sauvignon con un precio de 5 a 90 dólares cada una. Como era de esperarse, los catadores destrozaron los vinos baratos de 5 y 10 dólares, mientras aplaudían las botellas más caras de 35, 45 y 90 dólares, lo que provocó que los centros de placer de su cerebro se volvieran locos de alegría. Pero hubo un giro: la botella que costaba 5 dólares había sido servida por segunda vez, disfrazada como un vino de 45, y el vino de 10 dólares había sido vertido en la botella de 90. La basura que venden en los supermercados resultó deplorable cuando costaba 5 dólares, y divina cuando llevaba un precio de 45 dólares.

Los científicos concluyeron que nuestro cerebro obtiene satisfacción no sólo por lo que experimentamos, esas moléculas aromáticas que cosquillean la nariz y la lengua. Por el contrario, nos fascina lo que esperamos percibir. En otras palabras, toda esa atención cuidadosa a los sabores, el añejamiento y las cosechas podría, para algunos degustadores, eclipsarse al decir que un Chardonnay de 50 dólares en realidad es una bebida de 2 dólares. Saber que mi Latour costó 275 dólares podría haber mejorado su sabor tanto como los barriles de roble en los que se añejó.

Desde su exclusividad hasta sus precios, La Paulée estaba perfectamente diseñada para elevar nuestras expectativas. La sensación de entrar en la Cena de Gala —un ambiente exclusivo reservado para la élite del vino— junto con la promesa de los "tesoros" de las mejores cavas de la ciudad, significaba que incluso antes de que aparecieran los somms con una copa ya estábamos preparados para pensar que cada vino sería delicioso, sin importar si era defectuoso o falsificado. De hecho, La Paulée fue el antiguo terreno de Rudy Kurniawan, un falsificador de vinos convicto que, quizás al comprender el elemento psicológico de la apreciación del vino, servía generosamente de su cava en las Cenas de Gala, haciendo pasar sus falsificaciones por el *sancta sanctorum* para los conocedores de los Borgoña. "Fue un vino espectacularmente hermoso y todavía no tengo idea si fue auténtico", admitió un experto en vinos que había degustado uno de los tesoros de Kurniawan. "Para ser honesto, en realidad no importa."

Además del costo, el sabor de los vinos esa noche también pudo haber estado influido por la estatura de los sommeliers, el color de los manteles, incluso la música. Aunque pensamos en nuestros sentidos como separados y distintos, por naturaleza somos seres multisensoriales y los sentidos actúan unos sobre otros de manera poderosa. Charles Spence, un psicólogo experimental de la Universidad de Oxford, ha demostrado en numerosos estudios cómo los colores afectan los sabores, los sonidos afectan los olores y las miradas afectan las sensaciones táctiles que registramos. El sabor no sólo está determinado por lo que saboreamos y olemos, sino también por lo que vemos, escuchamos y sentimos. Él argumenta que hay tantas superposiciones entre nuestros sentidos que "es probable que existan correspondencias cruzadas entre todas las combinaciones posibles de modalidades sensoriales". Su investigación indica que la copa de un Rioja huele más afrutada cuando se bebe en un salón de tonos rojos con una música de instrumentos de viento, pero adquiere un carácter "más fresco" bajo luces verdes y música en *staccato*. Emparejar un caramelo con música "dulce" —una pieza con notas agudas de piano— hace que el caramelo tenga un sabor más dulce, mientras que se vuelve más amargo cuando se ingiere en presencia de sonidos "amargos", como una pieza de trombón y bajo. La investigadora del MIT, Coco Krumme, descubrió que una botella de vino podía ser preparada para saber a jalea de frutos o más a tierra, dependiendo de si los bebedores escribían sus notas de cata en tarjetas color púrpura con imágenes de frutas (jalea) o fichas verdes con dibujos de hojas (tierra).

Con tantas fuerzas influyendo lo que percibimos, evaluar el vino de forma objetiva quizá sea imposible ¿Y qué importa?, dicen algunos expertos. No necesariamente aspiramos a la objetividad, argumenta el neurocientífico de la Universidad de Columbia, Daniel Salzman, un obsesivo del vino y antiguo asistente a La Paulée. "Tal vez disfrutaríamos mucho menos el vino", me dijo. "Saber qué vino estamos probando es parte de la diversión del vino."

Parte de mí aún aspiraba a una experiencia más objetiva con respecto al acto de beber. La tendencia que tenemos los seres humanos a minimizar, e incluso a ignorar, nuestros sentidos del gusto y el olfato da lugar a que permitamos que el contexto pervierta nuestra percepción, y yo quería conocer todas las formas en que estaba devaluando mi experiencia de sabor mediante mis facultades más dominantes, como la visión. Al menos, me interesaba comprender la influencia del ruido fuerte (sabores sordos) o del color verde (que evoca acidez) para controlar sus efectos en los momentos en que aspiraba a una detección más pura y crítica. Por ejemplo, después de leer acerca de un escándalo que sacudió el mundo del chocolate aprendí a desconfiar de la forma de los alimentos. En el Reino Unido los amantes de las barras de chocolate Cadbury's Dairy Milk presentaron una petición para protestar contra un acto de "vandalismo cultural": la compañía había modificado la receta del caramelo y ahora era "más dulce", "enfermizo", "artificial" y "con un leve sabor a nueces", según despotricaron los adictos al chocolate. En realidad, sólo había cambiado la forma del chocolate. La barra rectangular Dairy Milk, con su cuadrícula de chocolate, se había redondeado para formar una sola línea de piezas lisas y ovales. Eso transformó el sabor, ya que "asociamos la redondez con dulzura y la angulosidad con amargura", explicó Spence. Su investigación, y la de otros, muestra que una bebida huele a fruta si está teñida de rojo más oscuro que si es rojo claro, y que el vino sabe mucho más dulce si se bebe bajo luz roja. Por lo tanto, también consideré el color como algo que se debe tomar en cuenta en una cata a ciegas. Y el contexto le da forma a todo. Los científicos crearon una mezcla de ácidos isovalérico y butírico, que huelen a pies sucios y a vómito, respectivamente, y luego se les dio a olfatear a los sujetos. Cuando se les decía que estaban inhalando el perfume del queso parmesano, le otorgaban un alto nivel de aroma, a la par de algo delicioso, como el pepino fresco. Cuando olieron de nuevo la mezcla y se les informó que era el aroma del vómito, lo rechazaron y la puntuación disminuyó en más de la mitad.

Pero también admito que Daniel tenía razón en algo. Al conocer que el sabor se confunde con las expectativas y el contexto, quizá podemos hacer las paces con ello y aceptar todos esos factores (costo de etiqueta, color, música) como parte de la experiencia del sabor. Hay innumerables artículos que sugieren que los sommeliers son un fraude porque se enamoran de botellas falsas o porque hablan poéticamente acerca de algún Grand Cru que resulta ser un pésimo vino de mesa. Pero tal vez el asunto debería ser: ¿y qué importa? El placer que las personas obtienen de esas botellas, sin importar los motivos, es real. Lo he sentido. La gente de La Paulée lo sintió. Los científicos de Stanford lo vieron: las etiquetas de los precios generaron una felicidad real y medible en el cerebro de sus sujetos.

Los sommeliers, al igual que los distribuidores de vino, hablan sobre una especie de "efecto de luna de miel" con el vino. Digamos que pruebas un vino en tu luna de miel en el sur de Francia y tiempo después ordenas la misma botella fenomenal. Será una decepción. Sin duda. Ningún vino es tan delicioso como lo era cuando lo probaste la vez que un enólogo te condujo por la cava de doscientos años de antigüedad de su familia y te ofrecía queso hecho de sus propias cabras. Ya sea la imagen tipo *illuminati* de La Paulée o la campiña europea, todo ello y más es parte del sabor, aunque no esté contenido en la botella. Y así como el sabor no está restringido por el contenido de una botella, tampoco lo está el placer que los grandes cazadores buscan en el vino. Lo que algunos asistentes a La Paulée disfrutaron en la extravagancia de un Borgoña tuvo poco que ver con el Pinot Noir que se ofrecía. Podrían haber estado bebiendo Barolo o martinis. Apreciaron el vino porque era su conducto hacia un estilo de vida que los hacía sentir especiales.

Lo que Morgan sabía intuitivamente era correcto: amamos más nuestras botellas cuanto mejor preparados estamos para recibirlas. Y tal vez la experiencia subjetiva no sea algo para temer o menospreciar. No leemos "ciegamente" libros. Cuando profundizamos en Hemingway no eliminamos todo el contexto —el nombre del autor, la época y las circunstancias en que se escribió la obra— y no la analizamos desde un vacío literario. Conocer acerca de la vida de Hemingway y el periodo en que escribió mejora nuestra capacidad de apreciar la historia. Y eso es algo positivo. Entonces, ¿por qué no hacerlo con el vino? Saber que una botella proviene de una propiedad de ochocientos años de antigüedad, que cuesta lo mismo que un automóvil y que era el vino favorito de la amante de Luis XV, nos ayuda a evaluar si el vino cumple con su reputación y con sus ambiciones, como sucede con cualquier creación. Si somos capaces de abarcar la experiencia tal como es, podríamos disfrutarla más.

Pronto tuve la oportunidad de poner esta lógica a prueba. Un amigo en común me había presentado a un coleccionista de vinos —un coleccionista de nivel PX, NUNCA NEGARLE NADA—, a quien llamaré Pierre en honor a su vinicultor francés favorito. Los mercados financieros fueron muy buenos para Pierre. Era muy bueno consigo mismo. Y en última instancia, fue muy bueno conmigo.

Se autonombró mi mecenas del paladar, y durante un largo fin de semana en Burdeos me uní a Pierre para una serie de cenas formales organizadas en salas privadas de las cavas, que se hundían bajo el peso de las cortinas de brocado de seda. Nos atendieron empleadas francesas, con uniformes de criada tradicional, y nos acomodaron en sillas mullidas tan altas que apenas podía tocar el piso con los pies. Conocía los estudios sobre la sensibilización y la percepción lo bastante bien como para mostrarme escéptica ante cualquier placer proveniente de las botellas icónicas que Pierre planeaba servir. Las expectativas alteran de forma drástica la experiencia sensorial, sí, sí, lo sé. Gracias a mis fichas didácticas, también sabía lo suficiente como para apreciar que los vinos que Pierre ofrecía eran grandiosos. Si me lo permites, mencionaré unos cuantos nombres: Château Montrose 1893, viñedos de segundo crecimiento de Burdeos; Château Cheval Blanc 1967 y 1974, uno de los cuatro famosos productores de Saint-Émilion galardonados con el primer puesto del Premier Grand Cru Classé A; y tres cosechas, 1989, 1942 y 1921, de Château d'Yquem. Todos esos vinos me dejaron la sensación, parafraseando a Morgan, de que me hubieran "arponeado en el maldito pecho". Pero al estudiar el canon del vino, el Château d'Yquem en particular, éste había adoptado un estado casi mítico en mi mente. Hecho en la región de Sauternes de Burdeos, este vino dulce, que recibe el sobrenombre de "néctar de los dioses", se mantiene a un nivel tan alto que, en cosechas pésimas, el vinicultor deja el trabajo por un año y no produce vino en absoluto. (Irónicamente, el secreto para hacer este "néctar" es que la uva esté perfectamente podrida: se basa en uvas Sauvignon Blanc y Sémillon que han sido atacadas por *Botrytis cinerea*, un hongo necrótico que deshidrata la fruta, la encoge y concentra el azúcar.) El vino blanco más caro que jamás se ha vendido fue una botella de Château d'Yquem. ¿El segundo más caro? Ídem. Thomas Jefferson era un fanático y una vez pidió un Yquem para compartir con George Washington.

Tenía todo esto en mente cuando probé el Yquem. Podría mentir y decir que me fueron indiferentes esas botellas o que estaban sobrevaloradas. Y en ese caso mi vida sería mucho más simple porque no envejecería con el fantasma de sabores que jamás volveré a probar.

La verdad es que ese vino era increíble. Cada sorbo me tomó por sorpresa. Los vinos más jóvenes olían a naranja, toronja, caramelo, azafrán y vainilla; los más añejos habían desarrollado gusto a nuez y ese rico y denso sabor que dan los años. Pero esa descripción literal no logra capturar su efecto completo. Como me dijo el consultor de vinos Château d'Yquem, Denis Dubourdieu, cuando hablé con él: "Mi abuelo jamás habría descrito un vino al comparar sus amadas botellas con simples frutas que encuentras en un mercado francés por sólo tres francos. ¡Lo habría encontrado extremadamente trivial! ¡Vulgar!". El Château d'Yquem sabía como el sol. Sabía como una experiencia que nunca se repetiría, una que tuve el placer de disfrutar, abandonándome y estando presente en ella. Me impulsaba a estar tan presente ante la copa, que los más mínimos detalles aún están grabados en mi mente. Puedo sentir el grueso tejido del mantel de lino marrón en mis dedos y escuchar a mi compañero de mesa hablar sobre el *Botrytis*: "¡Un hongo mágico!". Dónde comienzan el sabor y la idea de Yquem y dónde terminan, no se puede decir. En ese momento, esa pregunta no tuvo ninguna importancia en comparación con el intenso placer del sabor y la compulsión que sentí de absorberlo.

Pero el encuentro hizo que surgiera una nueva pregunta: si realmente no podemos decir cuál es la diferencia entre los vinos, o si nos afectan con tanta facilidad los factores extrínsecos, ¿cuál es la diferencia? ¿Por qué no podía ir a La Paulée con una botella de 27 dólares o con la que encontrara en la tienda de la esquina?

Mientras revisaba mis notas del día de la Gran Cata, encontré un comentario que había olvidado, o quizá bloqueado. Algo que el gerente de la Compañía de Vinos de la Borgoña me había dicho mientras pagaba. Era lo último que quería oír después de erogar casi 300 dólares por una botella de vino.

"Desde luego", dijo, "el secreto sucio del negocio es que una botella de 1,000 dólares quizás es sólo un dos por ciento mejor que la de 50 dólares. E incluso a veces, ni siquiera eso."

CAPÍTULO SIETE

El control de calidad

Lei Mikawa dirige la única empresa de vino en Napa que no desea visitantes. Honestamente, ni siquiera la puedes encontrar. O al menos yo me la pasé dando vueltas.

Había ido a los viñedos de California y terminé extraviada en la ruta 218 porque me perdí, en sentido figurado. Desde que había degustado el Yquem y otros vinos únicos, me había esforzado por responder lo que en un inicio parecía una cuestión relativamente simple: ¿qué es "buen" vino? En mis grupos de cata a ciegas aprendía a distinguir un clásico Chenin Blanc de un clásico Pinot Gris. Eran diferentes en su tipo, pero no en su calidad, y no estaba segura de qué parámetro usar para medir si eran buenos. Debido a todas las discusiones que los sommeliers tenían sobre las botellas, deduje que identificar un vino es menos polémico que determinar qué tan bueno es.

Durante más de media hora había estado dando vueltas en U en caminos de grava en una desventurada búsqueda del laboratorio de Lei. Allí es donde Lei, una científica sensorial, analiza lo que los humanos comunes —no los críticos ni los sommeliers— disfrutan del vino. Trabaja como gerente de percepciones sensoriales en Treasury Wine Estates, una de las empresas más grandes del mundo que produce más de setenta etiquetas que surten más de treinta millones de cajas de vino cada año, desde un pretencioso Syrah que podría servir tu tío en la cena de Acción de Gracias, hasta las pequeñas botellas de plástico de Pinot Grigio que te tomas en los aviones. Estaba más interesada en lo último. Y me encontraba muy lejos de los tesoros de La Paulée.

"Malo" es como la mayoría de los enófilos se referirían a los vinos de presupuesto de Treasury; ésta los llama "comerciales" —botellas que se venden en 10 dólares o menos— o "*masstige*", palabra compuesta por "masa" y "prestigio", que se refiere a vinos de menos de 20 dólares cada uno. Es el jugo de uva que termina en el estómago de la mayoría de los norteamericanos. En 2015, las subastas de vinos alcanzaron un valor de 346 millones de dólares en vinos finos, como el Château d'Yquem, hasta los PX como Pierre. Ese mismo año, los estadunidenses gastaron cerca de 2 mil millones en cinco vinos "malos": Barefoot, Sutter Home, Woodbridge, Franzia y Yellow Tail —un éxito rotundo para los grandes competidores de Treasury. El precio promedio que los norteamericanos pagaron por una botella en 2015 rompió récords alcanzando los 9.73 dólares.

Las etiquetas "comercial" y "*masstige*" se refieren en sentido amplio a las categorías de los precios. Una botella de Verdelho de la familia biodinámica Barberani en Umbría —sin intervención de maquinaria— de 15.99 puede ser técnicamente un *masstige*. Pero el término se usa con mayor frecuencia por los conglomerados que producen un muy particular tipo de vino comercial y *masstige*: no sólo a nivel económico sino con la ingeniería necesaria para que su sabor sea igual año tras año, desarrollado para atraer al público masivo y heterogéneo de Walmart. Estos vinos de mercado masivo son los que te encuentras una y otra vez en la vinatería o en los menús laminados de los restaurantes de cadena. En sus etiquetas usualmente aparecen animales o juegos de palabras graciosos ("Marilyn

Merlot", "Seven Deadly Zins"). Y vuelven locos a los enófilos. Vinos como el Yellow Tail tienen el delicado gusto de "aceite de auto a la frambuesa", afirmó Randall Grahm, celebridad en vinos biodinámicos y de cava, en uno de sus artículos. Para la élite, éstos son vinos estilo Frankenstein de fábrica, con una excesiva manipulación. Se descartan por ser la versión vinícola de una bebida refrescante. Eso era más o menos lo que descubriría.

Más que fiarme en la opinión de alguien, yo quería desarrollar mi propia métrica para evaluar qué hacía que fueran vinos peores, en su caso. Reconocer, por el sabor del vino, no sólo lo que es, sino también si es bueno, grandioso o malo —y por qué— me parecía fundamental para tener un amplio abanico de discernimiento. Cualquiera que sale a comer a un restaurante desea saber por qué gasta 150 dólares en un vino, cuando por 15 dólares puede comprar la misma cantidad de jugo de uva fermentado, así como apreciar lo que toma. Y cualquier sommelier decente debería ser capaz de explicarlo.

Pero los somms que conocí no fueron de gran ayuda en articular cómo reconocían la calidad. Decían que un gran vino es "como un rocío de agua fresca en el rostro" o "el momento de estar en la cima de una montaña". Tiene "más intensidad", "más cuerpo", "más delicadeza".

El mismo Morgan, que comúnmente es paciente con mi curiosidad, se inquietó cuando saqué el tema de la calidad en una cata de distribuidores. Cuando tomó un sorbo de una botella de Rousseau Clos de Bèze de Grand Cru de Burdeos de 1,200 dólares, se sumió en un silencio poco característico. Le pregunté qué lo distinguía de una botella de una vigésima parte del precio que habíamos probado poco antes: "¿Por qué la respuesta no puede ser que no haya una maldita respuesta?", estalló Morgan. "¡Por Dios, CÁLLATE! No necesito responder a esta pregunta. ¿Por qué no podemos conservar un maldito misterio en el mundo?... Está en tu corazón. Es espiritual. Nada tiene que ver con cuantificación. Y para mí, al menos, en un mundo donde todo es cuantificado y medido, gracias a Dios todavía hay algo que pertenece completamente al proceso, a lo misterioso y a lo estético."

Supuse que indicar a los clientes curiosos que se callen porque necesitamos conservar un maldito misterio en el mundo, quizá no sea un éxito en la mayoría de los restaurantes. Y tampoco me satisfizo. Así que fui en busca de respuestas.

Una de las formas más antiguas de juzgar una botella es considerar cómo, dónde y cuándo se hizo. Los egipcios antiguos, que rastreaban las cosechas —las de 1272 a. C. se definen como "*nfr-nfr*", muy buenas—, y los antiguos romanos, que sabían qué vinos se desarrollaban en ciertos suelos y climas, ponían especial atención en los orígenes de los vinos. Usaban el método por el cual podían conocerlo. Todavía hacemos lo mismo. En mis estudios de la guía del Gremio descubrí que los mejores viñedos de Chablis se ubican en los terrenos de marga de Kimmeridge —una mezcla de caliza con barro salpicada de conchas marinas fosilizadas. Morgan memoriza las tablas de vino y sabe en qué año los viñedos alemanes fueron quemados (2003) o sufrieron inundaciones (2014), dado que ambas condiciones afectan el sabor. Y los productores alrededor del mundo se apoyan en designaciones de calidad como el emblema italiano "DOCG" que indica que los vinos han sido elaborados observando reglas para producir mejores botellas, y seleccionan sus vinos para concentrar el sabor en las uvas remanentes, por ejemplo, o añejan los vinos que son demasiado ácidos en su juventud. En España, los vinos que ostentan la etiqueta de Gran Reserva son añejados en barricas al menos por un año extra (o más) que los vinos designados como Crianza, un proceso que suaviza los taninos y añade sabores más complejos. Casi todas las regiones tienen su propia jerarquía de calidad. En Francia, AOC (Appellation d'Origine Contrôlée) le gana al simple "Vin de France". En Alemania, Qualitätswein supera al Deutscher Wein. Tanto los somms como los bebedores se guían por estos términos, acuñados para designar la calidad y el estilo del vino.

Suena sencillo, ¿verdad? Básicamente, podemos confiar en lo que la etiqueta dice con respecto a si es excelente, bueno o regular. Simple. Caso cerrado. Entonces, ¿por qué tanto alboroto?

No tan rápido. Por desgracia, no es tan sencillo. A pesar de su antigüedad, este sistema de clasificación no es siempre confiable. Supuestamente los títulos de las etiquetas corresponden a la calidad, pero en la práctica no todo Grand Cru supera a un Premier Cru o a un vino Village. (Un productor de vino Village puede ser valuado al mismo nivel de un Grand Cru.) Algunos de los mejores vinicultores modernos de Italia rechazan el libro de las reglas para crear valiosos vinos como el Sassicaia, una mezcla de uvas francesas que durante años fue oficialmente calificada como un vino sencillo *de tavola*, un vino de mesa. Los fanáticos de los Burdeos usan el sobrenombre "Súper Segundos" para describir los vinos de Segundas Cosechas sobresalientes que son iguales a las Primeras Cosechas, aparentemente superiores. Y, además, en lugar de medir la calidad por lo que sucedió en el viñedo, ¿no deberíamos medir el éxito de un vino por lo que ocurre en la copa: su sabor, aroma y cómo nos hace sentir?

Así que no se puede confiar del todo en las clasificaciones. Ahora, consideremos el precio. El precio es concreto, cuantificable. Una botella de vino de 60 dólares sabe mucho mejor que una de 6 dólares, y mucho peor que una de 600, ¿verdad? ¿Por qué alguien no estaría de acuerdo?

Le formulé esta misma pregunta al economista de vinos Karl Storchmann, un profesor en la Universidad de Nueva York que dirige el *Journal of Wine Economics*, es enófilo y hace catas a ciegas semanalmente con amigos. Estuvo de acuerdo con mi simple lógica: el precio corresponde a la calidad, pero sólo hasta cierto punto. Hay un precio límite para un vino producido; otro, más alto, para el vino elaborado de forma artesanal; y un tercero, más elevado aún, que lo vuelve símbolo de estatus. Los vinos finos pueden saber mejor y costar más porque han sido elaborados con insumos de mayor calidad que son caros y aumentan el precio. Un solo barril elaborado a partir de roble francés premium puede costar hasta 1,000 dólares. Media hectárea en el Valle de Napa —donde las uvas reciben la cantidad exacta de sol y lluvia— se vende en cerca de 300,000 dólares, mucho más que el costo de la tierra en los campos del vino de caja, como el caluroso Valle Central. Añejar un vino durante años, para que envejezca y madure, también suma. Todos esos gastos se transfieren al bebedor.

Karl estima que la calidad aumenta progresivamente con el precio hasta alrededor de 50 o 60 dólares por botella. Después de eso, la marca, la reputación y la oferta comienzan a elevar el costo de la botella, de modo que "entre un vino que cuesta 50 dólares y un vino que cuesta 150 dólares, los rasgos físicos de los vinos pueden ser probablemente los mismos", dijo Karl. El Domaine de Burdeos de la Romanée-Conti promedia sólo unas ocho mil cajas de vino al año, en tanto que los viñedos Treasury's Beringer lanzan alrededor de tres y medio millones de cajas anuales. Las leyes de la oferta y la demanda permiten que el Domaine venda los setecientos cincuenta mililitros de uvas fermentadas a precios que por lo regular equivalen al enganche de una casa. Cuando el precio de un vino alcanza tres o más dígitos se puede considerar más como una inversión o una reliquia, y menos como una bebida deliciosa. "Con cualquier cosa que cueste 500 dólares ya no se trata de vino. No estás comprando vino. Es una pieza de colección", dijo Orley Ashenfelter, profesor de econometría de la Universidad de Princeton que colabora con Karl en el *Journal of Wine Economics*. Haciendo a un lado la especulación o el valor sentimental, por lo que se refiere al sabor "no hay justificación para que una botella de vino cueste 500 dólares. Te aseguro que puedes conseguir una que cueste sólo 100 dólares y no encontrarás la diferencia", dijo. "El mundo está lleno de gente comprando tonterías."

Su argumento, respaldado por el sobrio peso de la ciencia deprimente, fue persuasivo. Pero su postura de "traje nuevo del emperador" también es algo reduccionista. Conocí a muchas personas que habían apostado su carrera, su vida y su fortuna por la idea de que sí existía una diferencia.

Y he visto que el precio puede guiar nuestra percepción de la calidad, más que simplemente reflejarla.

Lo cual me condujo a la ciencia. Ésta puede ser el antídoto contra la tontería. ¿Podría haber algo único a nivel químico en los vinos más sofisticados?

Enologix, una empresa consultora de vinos ubicada en Sonoma, afirma que sí. Usando su propio *software* de "reconocimiento de calidad", Enologix dice que puede analizarse la base química de un vino para predecir su sabor y calidad, así como medir las calificaciones que recibirá de parte de las entidades influyentes como *Wine Spectator* o del *Wine Advocate*, de Robert Parker. La empresa Enologix ha construido un vigoroso negocio asesorando a los productores de vino sobre cómo cosechar y la edad de sus vinos, de modo que alcancen tasas de cien o más compuestos que ella misma ha identificado como cruciales para obtener una alta calificación. Los químicos que miden van desde lo típico —alcohol, azúcar, acidez— hasta lo más exótico —terpenos, antocianinas, polifenoles.

Sin embargo, también hay un "pero" aquí: muchos enólogos protestan porque el "índice de calidad" de Enologix está afinado para producir un estilo específico de vino pesado y afrutado que sólo les gusta a ciertos bebedores. En otras palabras, la fórmula de Enologix sólo podría producir los "mejores" vinos para un paladar particular. Además, no se puede confiar en las calificaciones de los expertos como una medida de calidad, si se considera que la calidad significa que "a las personas les gusta beber tal cosa". Tragon, una compañía de investigación de mercado especializada en ayudar a las empresas a elaborar vinos exitosos, concluyó que la relación entre los vinos que los críticos valúan alto y los vinos que los consumidores disfrutan es... cero. Los puntajes específicos "NO son un reflejo del gusto de ningún grupo demográfico o de preferencia", escribió Tragon en un informe.

Y finalmente, un estudio publicado en 2015 por la Universidad de California en Davis —el "Harvard de la enología"— sugiere que la relación entre la calidad y la química del vino no es tajante. Los científicos analizaron la química de veintisiete botellas de Cabernet Sauvignon de California que, entre otros atributos, tienen cierto rango de precio (desde 9.99 hasta 70 dólares) y obtuvieron un puntaje (desde 82 hasta 98 puntos sobre 100). Observaron ciertas tendencias: por ejemplo, las botellas con concentraciones de europio, bario y galio obtenían mejores puntuaciones en las valoraciones. Pero en conjunto, los investigadores no lograron encontrar ningún componente químico que predijera de forma positiva la calidad de un vino. Con más de mil compuestos diferentes en cada vino, quizá no resulte muy útil, incluso si los encontraran. Es poco probable que nos guste cierta botella porque tenga un poco de galio, y es igualmente dudoso que apreciemos la *Noche estrellada* de Van Gogh tan sólo porque tiene un toque de azul cobalto. Y te deseo buena suerte si le pides a un sommelier una botella que tenga un toque de bario con matices de europio. Aunque el estudio decodificó la química de la calidad, tal vez no sea demasiado útil en la mesa.

No olvidemos que la ciencia también ha determinado que cada uno de nosotros percibe el sabor de manera diferente. A la luz de lo anterior, ¿la definición de "buen" vino podría ser completamente subjetiva?

Ésa es tal vez la primera respuesta que obtendrías si le preguntas a un sommelier. Los relativistas sostienen que la clave de la calidad varía de persona a persona, e incluso en el mismo individuo a lo largo del tiempo. Sabía que esto era cierto al menos en parte porque mis propios gustos habían cambiado de forma drástica. Desde que comenzó el entrenamiento de mi paladar, había abandonado el vino blanco frío que solía adorar, un Chardonnay de California de 14.99 dólares, y me había pasado al dolorosamente *in* Vin Jaune del Jura, Francia. Es un tipo de vino que, en el mejor de los casos, sabe a agua de mar mezclada con la sidra rancia de Martinelli. (Es delicioso, de verdad. No lo descartes hasta que lo pruebes.)

Sin embargo, hay una sutil pero importante diferencia entre un vino que *me* parezca bueno y uno que sea realmente bueno, punto. Y mientras que todo mundo puede (y debe) decidir cuáles son sus favoritos, los expertos intentar valorar la calidad de acuerdo con ciertos estándares objetivos. A partir de dichos criterios, un vino puede ser maravilloso, aunque a quien lo pruebe no le guste. "Lo 'bueno' existe sin importar las preferencias personales", escribe el crítico Matt Krammer en *Wine Spectator*. Jamie Goode, autor de *The Science of Wine*, está de acuerdo y afirma que la calidad del vino "es algo que está 'fuera de nosotros mismos'. En la apreciación del vino, efectivamente explotamos un sistema de estética o cultura que está fuera de nuestras propias preferencias biológicas".

Esto suena prometedor. Así que quizás este sistema de "estética" sea la respuesta. Aunque la mayoría de los críticos tiene su propio "sistema", hay tres atributos clave que los profesionales consideran de forma consistente al calificar un vino: su equilibrio, su complejidad y su acabado. Los sabores de un vino desequilibrado se unirán en formas extrañas y poco placenteras —tal vez el alcohol se evapora mucho después de tragar, o la acidez sobrepasa a la fruta—, en tanto que un vino equilibrado armoniza las partes. La complejidad es la capacidad que tiene un vino de deleitar en capas, profundidad y variedad. El acabado describe la duración que el sabor del vino perdura en tu boca después de escupirlo o tragarlo. Esta lista debe ayudar a los catadores a juzgar la "bondad" inherente y objetiva de un vino, lo que se refleja en los puntos que recibe. Una puntuación de un crítico debe indicar si la botella es buena o mediocre, sin importar qué tanto le gustó o no a nivel personal. Un 92/100 es una clasificación del vino, y de cuánto lo disfrutó el juez.

Pero si estos rasgos realmente ofrecen una regla objetiva para la calidad, entonces, ¿por qué los jueces difieren tanto unos de otros —incluso entre sus propias valoraciones— sobre qué vinos son buenos? Si la calidad fuera inherente y este "sistema estético" la pudiera reconocer, esperarías que los mismos vinos obtuvieran las mismas calificaciones (o al menos parecidas). Como mínimo, deberían conseguir los mismos puntajes de los mismos críticos.

Eso no siempre sucede en el mundo real. Durante tres años se rastreó la fiabilidad de los jueces vinícolas en una importante competencia de vinos de California. En cada concurso, alrededor de setenta jueces probaban treinta copas de vino, algunos de los cuales habían sido servidos por triplicado de la misma botella, y luego premiaban a los vinos con oro, plata, bronce o sin medalla. Los resultados fueron, en el mejor de los casos, una vergüenza: sólo diez por ciento de los jueces fue consistente en su puntaje. La mayoría dio clasificaciones por completo contradictorias a la misma botella cada vez que la probaba. Un juez otorgó 90 puntos (plata) al vino la primera vez que lo probó, luego le dio 80 puntos (sin medalla) cuando lo probó unos minutos más tarde, y finalmente decidió que merecía un puntaje casi perfecto de 96 (oro) cuando lo bebió por tercera vez. El autor del estudio, publicado en el *Journal of Wine Economics*, concluye que las medallas de las botellas fueron repartidas al azar. "Es razonable predecir que cualquier vino que gane *cualquier* medalla, en otro concurso ganaría *cualquier otra* medalla, o ninguna", escribió.

Esto infunde poca confianza en el sistema de "estética" que se supone debe proporcionar una definición fiable de lo "bueno". Sobre todo, porque el estudio sólo respalda lo que otros han observado. Un informe publicado por *The Grapevine,* un boletín de California, rastreó cuatro mil vinos en una docena de competencias y descubrió que más de mil habían ganado medallas de oro en determinados certámenes y en otros nada. Leonard Mlodinow, escritor y físico, narró en el *Wall Street Journal* que un vinicultor inscribió el mismo vino con tres etiquetas diferentes en una competencia. Dos de esas botellas fueron rechazadas definitivamente (una marcada como "imbebible") y la tercera ganó doble medalla de oro.

El estudio de las competencias en California arrojó que había una situación en la que los jueces eran extremadamente consistentes: calificando vinos que no les gustaban. La calidad es esquiva. Pero el mal vino no se puede ocultar.

Estas definiciones de calidad rondaban en mi cabeza en el camino de San Francisco a St. Helena, donde Lei tiene su laboratorio. Desde que los "buenos" vinos se resistían a una descripción coherente, decidí visitar el epicentro de los "malos" vinos —o, mejor dicho, de los vinos del "mercado masivo"— para ver si podía definir mejor la calidad en su ausencia.

En las orillas de la carretera había salones de cata ubicados en mansiones estilo Reina Ana, en medio de jardines tan arreglados como french poodles rasurados. Casi todas las bodegas por las que pasé se preocupaban por sus puntajes en *Wine Spectator* o sobre cómo les iría en competencias como las que el *Journal of Wine Economics* había criticado. Pero para los embotelladores del mercado masivo, los productores como Treasury están más preocupados por ganar una tajada del pastel que por los puntos: el objetivo es alejar a los consumidores de Bud Light y de las mezclas con vodka. Durante la gestión de Lei, Treasury ha ido tras los amantes de la cerveza con Sledgehammer, una línea de primer nivel que surte vino tinto y se jacta de dar "¡literalmente un martillazo a sus papilas gustativas!". (Su lema, que aparece en su página web junto a una botella de Zinfandel explotando en una bola de fuego, es "Carne. Vino. Bueno.") Treasury ha intentado atraer al grupo de chicas delgadas que beben margaritas con Be., una línea que emplea cuestionarios estilo *Cosmopolitan* para emparejar a las mujeres con su Pink Moscato (llamado "Be-Filtry") o con el Riesling ("Be-Radiant"), dependiendo si prefieren zapatos de tacón alto o zapatillas bajas con lunares, respectivamente. Un comunicado de prensa posiciona a Be. como la primera línea de vinos de Treasury "diseñada para atraer al cada vez más influyente segmento demográfico vinícola de la mujer *millennial*". Considera esto por un segundo: es un vino no "elaborado", sino "diseñado". Alguien más ha afirmado que el estilo de vinos de Be. es "desarrollado" y me parece que, desde que abandoné el mundo de la tecnología, es la primera vez que escucho la palabra "desarrollado" como sinónimo de "creado".

Finalmente encontré el laboratorio de Lei sobre una calle adyacente rodeada de casas de campo, en un edificio amarillo mostaza detrás de una fila de almacenes de concreto. No hay tours de catas, advertía un letrero en la entrada, y tampoco había nada remotamente seductor en el estacionamiento.

Lei, de unos treinta y tantos años, y en vez de usar el uniforme del viñedo compuesto por jeans y chamarra Carhartt, llevaba puesto un vestido negro con medias negras y botas de ante negro. Me condujo por unas escaleras alfombradas hasta el laboratorio, una habitación luminosa y austera donde un asistente mezclaba hongos en conserva, pimienta negra y arándanos en copas de vino tinto alineadas sobre mostradores de formaica. En un lado de la habitación había una estrecha fila de cubículos blancos iluminados, cada uno apenas lo bastante amplio para albergar una silla, una persona y un pequeño escritorio empotrado. Lei traía hasta aquí a los sujetos de prueba, y las cabinas estériles estaban diseñadas para eliminar potenciales distracciones sensoriales, como olores y colores intensos. Una guirnalda de letras de papel colgada cerca de la puerta decía ES HORA DE LA FIESTA.

Antes de unirse a Treasury en 2010, Lei había pasado cinco años en Jack in the Box, una compañía de comida rápida, probando aceites de cocina libres de grasas trans y buscando la forma más apetitosa de freír todo, desde las papas a la francesa hasta los nuggets de pollo. Me dijo que trabajar con vino es "casi la misma cosa" que desarrollar comida rápida. Me sorprendió escucharlo. Los críticos desdeñan los llamados vinos de diseño, como el Sledgehammer, porque dicen que no son mejores que los refrescos de cualquier restaurante de comida para llevar. Pasable pero empalagoso. Consistente pero aburrido. Elaborado de forma industrial. ¿En realidad el trabajo de Lei convertía el vino en una especie de Coca-Cola alcohólica, como ellos decían? "Parece que sí." Se encogió de hombros. "El Moscato era uno de los vinos que hace algunos años era muy popular. Sabía casi como refresco."

El laboratorio de investigación sensorial de Treasury, que cuando abrió en 1989 era el primero en su tipo en una bodega, se fundó en parte bajo el principio de que el vino es más parecido a las botanas o a los refrescos de lo que parece. Ninguna empresa lanzará un nuevo sabor de papitas fritas o bebidas energizantes sin una investigación de mercado, evaluación sensorial y pruebas de consumo. Necesitan datos, números y análisis. ¿Por qué sería diferente con el vino? El laboratorio de investigación sensorial que heredó Lei fue creado bajo la supervisión de los Viñedos Beringer, una propiedad californiana icónica que se remonta hasta antes de la Ley Seca, que en ese entonces pertenecía a Nestlé. (Beringer es propiedad de Treasury desde 2011.) Nestlé tiene una amplia experiencia en el desarrollo de productos alimenticios básicos como Lean Cousine, Häagen-Dazs y Coffee-mate, así que cuando el equipo de Beringer tuvo la idea de someter sus vinos al análisis sensorial para comprender lo que los bebedores realmente apreciarían en un vino tinto o blanco, todo encajó a la perfección.

Pero el vino nunca había funcionado así. Las bodegas de vino tradicionalmente confían en un pequeño grupo de expertos, guiados por un enólogo, para crear un vino que satisfaga su visión de "bueno". Las botellas que dan un nuevo sentido al lugar que Morgan ocupa en el universo casi siempre están elaboradas bajo esta modalidad, creadas por enólogos *artistas* que siguen sus instintos con respecto a la calidad. Consultar a los consumidores sería como si Monet condujera grupos de estudio para decidir los colores de su próximo óleo.

Para tomar un receso del proceso de ensayo-error, Beringer —y ahora Treasury Wine Estates— adoptaron la fabricación de vinos por comité. No sólo experimentaron con los gustos de los profesionales sino también de aficionados, guiaron los perfiles de sus botellas comerciales y de *masstige*, un enfoque que también puede ser utilizado, y lo ha sido, por los enólogos que elaboran los buenos vinos de Beringer. (Es sólo una herramienta más para hacer que tengan éxito.) El análisis sensorial marcó una nueva filosofía radical: en lugar de llevar hasta las personas el vino tal cual es, los productores comenzaron a llevar a las personas tal cual son hasta el vino. Ese enfoque se difundió a otros gigantes, como E. & J. Gallo (famoso por André, Carlo Rossi y Barefoot) y Constellation Brands (propietarios de Woodbridge, Robert Mondavi y Ravenswood, entre otras marcas). Actualmente los dos tienen sus propias divisiones sensoriales. Tragon ofrece servicios similares a bodegas que no pueden costear laboratorios propios.

Lei me invitó a ver los primeros pasos en el desarrollo de un vino que, en términos de la industria, fue "creado a partir de los consumidores". Poco después de mi llegada, un grupo de voluntarios —todos empleados de Treasury— se reunieron en la sala de conferencias para beber y describir los catorce vinos que habían participado en el último estudio de Lei. Aunque ella no identificó las botellas, eran una mezcla de productos existentes de Treasury, nuevos prototipos y los vinos estelares elaborados por sus competidores, cuyos perfiles podrían ser copiados por Lei y sus colegas. En la sesión a la que asistí, les pidió a los voluntarios que discutieran las palabras que usarían para describir cada uno de los vinos. Debía estar segura de que todo el mundo tenía la misma definición de "frutal" o "terroso", y les convidó vasos con hongos y frambuesas que yo había visto antes, en caso de que alguien necesitara recordar el aroma. Los "artefactos de medición sensorial" de Lei, es decir, los catadores, no tenían que ser conocedores de vino, sólo debían ser relativamente sensibles a las diferencias en cuanto a lo que comían, lo cual no puede darse por hecho. De acuerdo con Tragon, alrededor de un treinta por ciento de la población "no es capaz de discriminar diferencias entre los productos que consumen de forma regular".

En unos días, los empleados de las cabinas de cata evaluarían el carácter de cada vino. A continuación, más de cien catadores aficionados (ajenos al personal de Treasury) determinarían qué tanto les gustó cada una de las catorce muestras. Al comparar estos dos grupos de datos —el perfil sensorial de los vinos y cuáles disfrutan más los consumidores— Lei podría comprender qué esperan sus consumidores potenciales. Tal vez deseen vinos purpúreos con aromas de zarzamora y acidez baja. O quizá la nueva tendencia sea hacia vinos en un tono más rosado, no añejado, con bajo nivel de alcohol y un toque dulce. Sin importar el resultado, los fabricantes de vino de Treasury podrían ajustar su fórmula para complacer los paladares de sus consumidores: ajustar sus mezclas, el proceso de añejamiento, la cepa de hongo para la fermentación, el tiempo de la cosecha, el tipo de plantío, los injertos, el uso de roble, entre otras condiciones. "Si vemos que el vino A califica mucho más alto que el vino B, y el vino A tiene un nivel de azúcar significativamente más alto, sabemos que necesitamos añadirle un poco más de azúcar al B", explica Lei. Los catadores tienden a percibir que los vinos opacos y de tonos oscuros son más deliciosos que los pálidos y traslúcidos como el Pinot Noir, así que Treasury puede decidir aumentar la profundidad de color de sus vinos. Los compradores amateurs de vino les han enseñado a los expertos algunas cosas sobre las tendencias de vinos. Durante la década de 1990, años del boom del gran Chardonnay cremoso, uno de los grupos de pruebas de Tragon rechazó los estilos de vino añejados en roble que en ese entonces estaban en boga. Los catadores preferían una botella de vino joven de 4 dólares sobre cualquier otra cosa. Pero cuando los investigadores les dijeron a sus clientes que consideraran diseñar una línea de blancos jóvenes, el viñedo que había encargado el estudio los despidió. "Dijeron: 'Estás loco, fuera de aquí'", recuerda Rebecca Bleibaum, jefe de la oficina sensorial de Tragon. Actualmente, el suave Chardonnay joven causa furor.

Probé los vinos que Lei ofreció a su grupo de cata. Entendí por qué les evocaban productos del 7-Eleven. Me recordaron a cosas como *smoothies* de zarzamora con un toque de vodka y un chorrito de jarabe Hershey's. Pero quería mantener la mente abierta. *El precio es una especia,* me recordé a mí misma, *no seas tan esnob*. La verdad sea dicha, no los quería terminar. No había nada nuevo que se revelara después de un segundo sorbo. Los vinos eran intensos, almibarados y pesados.

En este sentido, se alineaban bien con los gustos de los compradores comerciales y *masstige*, que tienden a preferir los vinos dulces y afrutados, con poca astringencia, acritud y sofisticación. Eso también convertía esas botellas en la antítesis de lo que los conocedores consideran "buen vino". Pensé de nuevo en la sesión de cata a ciegas en la que una sommelier de Jean-Georges había recordado el horror de una boda en la que se sirvieron vinos Beringer. "Mi amigo y yo nos retamos a probar el Chardonnay. *¡Agggghhhh!*", se quejó. "Bebí mucho whiskey y refresco esa noche." Los vinos de Lei se parecían tanto al terroso Rousseau de Morgan como un chocolate Snicker's a una codorniz rostizada.

Aunque Morgan se rehúse a degustar cualquiera de las muestras de Lei, hacer botellas para "el gusto de los consumidores" ha transformado el placer de los bebedores de vino. En 2007, la extraña botella tipo Sledgehammer apenas alcanzó el puntaje mínimo que Tragon considera necesario para que un producto sea viable en el mercado. Los catadores se atragantaron con estos vinos, y les asignaron calificaciones tan bajas como a las espinacas y a los chícharos congelados. Pasable, pero no agradable. Ahora, conforme los vinos para el mercado masivo mejoran para satisfacer los gustos de los consumidores, los panelistas de forma rutinaria premian estas botellas con las mismas altas calificaciones de helados caros, como Häagen Dazs. "Obtienes vinos que entran en la categoría 'me encantan'", dijo Rebecca. "Los consumidores los *adoran* a ciegas." La acidez que arruga la boca de los Burdeos puede ser un gusto adquirido. El Yellow Tail o el Sledgehammer, con sus intensas notas afrutadas y su regusto dulzón, naturalmente encajan más con los bebedores que, como muchos de nosotros, se adhieren a una dieta dulce al estilo Pumpkin Spice Latte y Vitamin Water. La gente como Lei y Rebecca tienen un lema: "El marketing hará que compres el vino una vez. Los sentidos harán que lo compres dos

veces." (John Thorngate, director del departamento sensorial de Constellation, advierte que esa lógica no aplica en los niveles de lujo. Esos consumidores son totalmente irracionales: "Las personas que beben Screaming
Eagle —a tu alcance por el bajísimo precio de 1,000 dólares—, y que no les
gusta, lo seguirán bebiendo porque los hace sentir bien".)

Ésta no era la respuesta que esperaba a mi pregunta sobre la calidad.
Ilógicamente, el "mal" vino era en realidad el vino que sabía *bien*, al menos para una gran cantidad de bebedores de vino.

Productores como Treasury acogieron una definición de calidad mucho más simple que la de Robert Parker o la de la Corte de Maestros
Sommeliers: un vino es bueno si a muchas personas les gusta de forma
intuitiva, sin que deban saber nada sobre su balance o su acabado. Estas "malas" botellas están diseñadas para un máximo placer de modo que
puedan ser disfrutadas sin un manual del usuario y atendiendo a las inclinaciones naturales de los consumidores. ¿Y qué tiene de malo? Hay
tendencias iguales en el ámbito de la música, la moda, el cine y el arte,
donde lo profano y lo culto se las arreglan para coexistir. No querrías escuchar a Mendelssohn en un antro, pero tampoco te gustaría entrar a la
iglesia y escuchar "Wrecking Ball", de Miley Cyrus.

Mientras estuve en California, me desvié para conocer a Tim Hanni,
un exempleado de Beringer y uno de los dos primeros norteamericanos
en convertirse en Maestro Vinícola, una distinción superlativa otorgada
por el Instituto de Maestros Vinícolas. A pesar del elegante título, a Tim
lo han apodado el "antiesnob del vino" por promover entre sus pares un
replanteamiento sobre las reglas de apreciación del vino. Más específicamente: quiere que desechen por completo los lineamientos actuales. Rechaza las normas de maridaje entre alimentos y vino, ha dado medallas
de oro a vinos que la mayoría de los conocedores ni siquiera tocarían (¿alguien quiere "Trufas de Chocolate con Cereza"?) y considera que enseñar a
los catadores a apreciar un Grand Cru por encima de un Sledgehammer es
un enfoque erróneo y condescendiente. Sentados en el Starbucks cercano

al laboratorio de Lei, Tim comenta que la definición de los enófilos de "buen" vino nada tiene que ver con el sabor ni con su elaboración. Dice que más bien tiene sus bases en la presión de sus pares y en una mentalidad de rebaño. Esperando la aceptación de la gente *in*, los esnobs *wannabe* copian los gustos de los esnobs, y esas preferencias engañosas se desprenden de allí. Si no sabes mucho de vino, puedes asumir que eres una *tabula rasa* y que estás libre de prejuicios. Ahora piensa en la palabra *Burdeos*. Si algo llega a tu mente, tal vez de inmediato lo asocies a castillos, gente rica y tradición, porque en alguna parte, algún artículo de una revista o el comentario al azar de un amigo han coloreado lo que tú consideras de buen gusto.

Para disfrutar botellas aclamadas por la crítica "debes renunciar a todos tus gustos e inclinaciones y adoptar la fantasía colectiva sobre lo que es el vino", dice Tim. Y esto viene de alguien que, antes de aceptar su alcoholismo, había probado mucho más que su dosis de clásicos. Tim sostiene que cada uno de nosotros tiene una sensibilidad única a los sabores, la cual debe orientarnos hacia los vinos que nos gustan. Se espera que los amantes de los vinos enloquezcan con los taninos, con los Barolo amargos, a pesar de que de niños por instinto nos inclinamos por las cosas dulces y hacemos muecas con los sabores amargos, como defensa evolutiva ante la ingesta de alimentos tóxicos. Si aprendes a apreciar el Barolo "tu paladar no está 'madurando', sino que en realidad se está volviendo antinatural", dice Tim. "Renuncias a tu gusto natural por lo dulce y aprendes a no hacer gestos. Y no sólo se trata del vino, sino también sobre la gente porque es parte de la crítica. Aprendes lo que se supone que te debe gustar, y aprendes sobre lo que se supone no te debe gustar, y acerca de quién te debe caer bien por asociación de quien no te debe caer bien. Aprendes a criticar no sólo el maldito vino, sino también a toda la maldita gente a la que le gusta el vino."

El argumento de Tim no es nuevo. Recuerda una teoría propuesta por el sociólogo francés Pierre Bourdieu en su libro publicado en 1984, *La distinción: criterio y bases sociales del gusto.* Bourdieu sostiene que aprendemos a apreciar las cosas —el golf, los brazos delgados, la ópera, la champaña— por el capital social y cultural del que provenimos que nos impulsa a aceptar ciertas actividades y a rechazar otras. Como lo ve Bourdieu, no existe un gusto puro. Al interactuar en nuestro círculo social, absorbemos señales sobre las cosas que debemos celebrar —y las que no— con el fin de ganar la aceptación de nuestros pares. Al final, admiramos lo que nos hace admirables. "El gusto clasifica, y clasifica al clasificador", escribe Bourdieu. Apreciar un Domaine de la Romanée-Conti resulta más arbitrario —e incluso algo siniestro— desde esta óptica. Un "buen" vino es lo que cierto estrato de la sociedad califica como "buen" vino, por razones que tal vez tengan poco que ver con el contenido de la botella. Y usamos el juicio de las personas con respecto al vino, para juzgarlas también. Esto da un nuevo —y poco halagador— giro al trabajo del sommelier: al juzgar sus gustos sobre la calidad de los vinos, los somms en esencia ayudan a las clases altas a diferenciarse de las masas por medio de esta noción arbitraria de "bueno".

Tim dio voz a una acuciante duda que había sido parte de lo que me fascinó sobre el vino desde un principio. No creía en una conspiración de masas para dictar el gusto del mundo. Pero es posible que incluso los expertos sean culpables de apreciar los vinos, no porque esas botellas sean buenas, sino porque aprendieron a decir que esas botellas son buenas. Las que eligen como sus favoritas reflejan su identidad. Mientras unos cuelgan sus *selfies* en Instagram, los sommeliers comparten fotos de las botellas que se han bebido. Esas etiquetas dicen algo sobre quiénes son, y muchos terminan sus turnos de trabajo subiendo fotos de #lamejorbotelladelanoche para presumir lo que probaron. Morgan admitió que se sentía frustrado por la presión de adecuarse a los gustos del momento. Reprochó que los somms ataquen a las personas que no comparten la idea sobre una nueva champaña *de moda* como la mejor cosa que le ha sucedido al vino espumoso desde la invención del corcho. "Son hipócritas", se lamentó. "Está el asunto de que si la gente gasta 350 dólares por una botella de vino no admite que no le gusta."

Tal vez el "mal" vino no es tan malo en realidad. A fin de cuentas, les ha dado la bienvenida a todos los que nunca habían probado una copa. "Mucha gente comienza por un vino dulce y después lo dejan y pasan al nivel de lujo y se convierten en coleccionistas o consumidores o esnobs del vino", dijo Lei. Ella veía sus botellas como si fueran los flotadores de entrenamiento para nadar de los futuros enófilos. Los consumidores que aprecian ahora su Sledgehammer pueden estar a tan sólo unas botellas de volverse unos esnobs que más tarde desdeñarán los mismos vinos como basura.

Antes de salir del laboratorio de Lei, vi un pequeño paquete de plástico sobre una repisa en su oficina. Contenía astillas de madera que parecían una especie de condimento para el vino. En la etiqueta decía *butterscotch* y chocolate.

Debido a todo lo que había aprendido, me parecía engañoso considerar estos vinos de masas como "malos" basándome sólo en su sabor. Pero ¿había algún problema en la forma en que los elaboraban o, mejor dicho, diseñaban?

Cada año, catorce mil productores y vinicultores llegan al centro de convenciones de Sacramento para el Unified Wine & Grape Symposium (Simposio Unificado del Vino y la Uva), una exposición donde los productores compran tapones, barricas, botellas, corchos, cápsulas, centrifugadores, concentrados, estabilizadores de color, almohadillas, agentes saborizantes, enzimas, máquinas de electrodiálisis, tubos de infusión, tanques, prensas y bombas. Lo único que no ofrecen del mundo vinícola: romance.

Tanto Lei como Tim iban a asistir. Y yo también. "Si no vas a la feria, no estás en el negocio", me informó un empleado de Tragon. Cuando Lei me contó sobre todas las formas en las que Treasury retocaba los vinos para adecuarlos a los gustos de los consumidores, me describió un grado de control en el proceso de fabricación que no parecía posible. Color, acidez, taninos, incluso aromas de zarzamora, cereza y ciruela —cada uno podía ser intensificado o atenuado de acuerdo con los deseos de los consumidores. Parecía que los vinicultores tenían un marcador para cada atributo del vino.

Y así es. No había comprendido del todo cómo se lograba esto con precisión hasta que me reuní con el rebaño de hombres vestidos con chalecos de lana y botas de trabajo en el salón de exhibición de la feria. Los productos tenían nombres futuristas que sugerían cualidades de ciencia ficción en la manipulación del sabor: Accuvin, UberVine, Dynamos, Nutristart, Turbicel, Zyme-O-Clear, el Thor. No tenían mucho que ver con las etiquetas de casa como "Barefoot" y "Naked Grape" que puedes encontrar en la vinatería cercana a tu casa.

Zyme-O-Clear y el Thor por lo regular no aparecen en la historia de cómo se hace el vino. El recuento del panorama general, cargado de tradición, estereotípico y no matizado sobre el origen de los buenos vinos, como se narra en las vinaterías y en los tours de los viñedos, va más o menos así: primero, el vinicultor planta las vides en cierta porción de tierra con el *terroir* ideal para el tipo de variedad que desea cultivar. Después, conforme la fruta comienza a crecer, ya que es un agricultor y los buenos cultivos dependen del buen clima, el vinicultor maldice al sol/a las nubes/a la lluvia/al cielo porque está demasiado caluroso/frío/lluvioso/seco y las uvas son muy dulces/amargas/mohosas/secas para el vino ideal. Eventualmente cosecha las uvas, las clasifica, las pisa y vierte la mezcla en un contenedor, como un tanque de acero inoxidable. El fermento, que naturalmente ocurre en la piel de las uvas o se añade por separado, inicia el proceso de fermentación. Los hongos consumen el azúcar de la fruta, y luego liberan alcohol, dióxido de carbono y compuestos aromáticos (entre otras cosas) que contribuyen al aroma del vino. Una vez que el jugo ha sido fermentado, el vinicultor puede optar por colocar el vino en barricas para que pequeñas dosis de oxígeno se cuelen a través de la superficie porosa de la madera, o bien que el roble impregne el vino. Puede también dejar el vino en el tanque de acero inoxidable para preservar su frescura y los sabores afrutados, o trasladarlo a tanques de concreto en forma ovoide para obtener un efecto intermedio entre el roble y el acero inoxidable. Finalmente, embotella el jugo y lo envía.

Los consumidores tienden a visualizar todo el vino, sin importar el precio o el origen, como producto de este proceso agrícola tradicional. No es su culpa, ya que los productores presentan el lado artesanal aun cuando no haya sido hecho así. Las etiquetas en las botellas de Sutter Home presentan una escena bucólica de viñedos enclavados cerca de una casa victoriana, con VIÑEDOS FAMILIARES DESDE 1890, con la leyenda PROPIEDAD FAMILIAR EN EL VALLE DE NAPA. Hace parecer que se trata de una pequeña empresa familiar. De nuestra familia a la tuya. No importa si la bodega bate un récord industrial de ciento veinte millones de botellas cada año, lo suficiente para dar unas cuantas botellas a cada familia en los cincuenta estados de la Unión Americana.

La realidad sobre la fabricación de vino en el siglo XXI es mucho menos como *La casa de la pradera* y más tipo *Gattaca*. Esto es cierto para las operaciones industriales que inyectan un gran volumen a los vinos comerciales y *masstige*, así como botellas más premium en el rango de los 40 dólares. No todos los vinos económicos tienen una amplia intervención química. Pero para los productores que desean mantener bajos sus precios y una alta producción, la naturaleza no tiene la última palabra con respecto al sabor.

"En lugar de dejar que las uvas decidan a dónde quieren ir, tú estás fabricando... estás construyendo un vino que llegue al paladar del enólogo individual", explicó un agente de ventas en el pabellón de Productos Tartáricos Americanos del simposio. "Y en realidad no es hacer trampa", añadió como si leyera mi mente. "Se trata de crear un mejor producto." No hay error que no pueda corregirse con un polvo o con otro, ninguna característica puede dejar de ser potenciada con algo de una botella, una caja o una bolsa. ¿El vino tiene demasiados taninos? Refínalo con Ovo-Pure (claras de huevo en polvo), cola de pescado (granulado obtenido de las escamas de pescado), gelatina (normalmente obtenida de huesos de vaca y de piel de cerdo), o si lo que causa la opacidad son las molestas proteínas usa Puri-Bent (arcilla de bentonita, el mismo ingrediente que se emplea en la arena para gatos). ¿No es lo bastante tánico? Sustituye tus barriles de 1,000 dólares por una bolsa de virutas de roble (pequeños trocitos de madera tostados para dar sabor), "tablas de tanque" (duelas de roble largo), polvo de roble (literal), o unas gotas de tanino de roble líquido (elige entre "moca" y "vainilla"). O estimula la textura de vinos añejados en barrica mediante taninos en polvo, y luego duplica el costo. ("Normalmente, la botella de 8 a 12 dólares puede subir hasta 15 a 20 dólares porque hay más calidad... la estás volviendo elegante", explicó un representante de ventas.)

¿El vino está demasiado aguado? Dale cuerpo con goma arábica (ingrediente que también se encuentra en el betún de repostería y la acuarela). ¿Muy espumoso? Añade unas gotas de agente antiespumante (aceite comestible de silicón). Corta la acidez con carbonato de potasio (una sal blanca) o carbonato de calcio (tiza). Aumenta la cantidad con una bolsa de ácido tartárico (crémor tártaro). Aumenta el nivel de alcohol mezclando uvas aplastadas con concentrado dulce de uva, o tan sólo añade azúcar. Baja el nivel de alcohol con el cono giratorio de ConeTech, con la máquina de ósmosis inversa de Vinovation, o bien con agua. Simula un Burdeos añejado con fermento Lassaffre y derivados. Potencia los aromas de "mantequilla fresca" y de "miel" ordenando la levadura de diseñador CY3079 de catálogo u opta por un "cherry-cola" con el Rhône 2226. O tan sólo pregúntale al "Yeast Whisperer", un hombre con gruesas patillas en el pabellón de Lallemand, cuál es la mejor levadura para alcanzar tus "metas estilísticas". (Para un Sauvignon Blanc con aromas cítricos, usa Uvaferm SVG. Para pera y melón, Lalvin Ba11. Para fruta de la pasión, añade Elixir Vitilevure.) Mata los microbios con Velcorin (pero ten cuidado porque es tóxico). Y conserva todo con dióxido de azufre.

Cuando esté terminado, si el vino sigue sin gustarte, añade ese *je ne sais quoi* con unas pocas gotas de Mega Purple —un espeso concentrado de jugo de uva al que se le conoce como la "poción mágica". Puede enriquecer un vino, o hacer que el sabor final sea más dulce, intensificar el color, disimular el verdor, enmascarar el mal olor del Brett y resaltar el sabor afrutado. Nadie va a admitir que lo usa, pero se estima un consumo de veinticinco millones de botellas al año. "Virtualmente, todo el mundo lo usa", reveló para la revista *Wines and Vines* el presidente de una vinatería en el condado de Monterey. Hay más de sesenta aditivos que pueden entrar en un vino de forma legal. Una vendedora del pabellón de BSG, donde se exhiben extractos líquidos de roble, proclamó la manipulación química en la elaboración vinícola. "La madre naturaleza tiene gustos extraños", advirtió. "Claro, Dios hará vino. Sólo que tal vez no te guste."

La manipulación científica también hará vino, pero tal vez tampoco te guste. El resultado final puede saber a lo que bebí con Lei: cerveza de raíz embotellada con un corcho. Los conocedores sostienen que esta elaboración "controlada", una especie de sintonización automática o de Photoshop para el paladar, produce vinos sin alma que son *demasiado* perfectos. ¿Entonces podemos decir que el mal vino se hace con atajos de alta tecnología y uno bueno está libre de manipulación? Bingo, los defensores de los vinos naturales estarían de acuerdo. Los productores de vino natural rechazan las máquinas, los agentes clarificadores, los fermentos de diseñador y las enzimas que hacen vinos "demasiado madurados, manipulados, explotados", considerados así por la periodista Alice Feiring, santa patrona de su causa. Los vinos procesados se presentan como el equivalente enológico de alimentos procesados, si no es que peor. Feiring escribió en su blog acerca de una "tragedia" en año nuevo en la que se vio obligada a soportar una botella de champaña elaborada industrialmente: "Era cínico. La botella era falsa. Fue una traición", se lamenta. Los vinos naturales, a los que Feiring define como aquellos "sin nada añadido, nada arrebatado", supuestamente ofrecen jugo de uva fermentado tal como Dios manda: matizado, honesto y gloriosamente imperfecto. Estos vinos son buenos. Incluso si a veces son malos — "turbios, con olor a algas, raros como si hubieran sido hechos por sucios *hobbits* franceses", en palabras del editor de *Food & Wine*, Ray Isle.

No tienes que ser uno de esos "militantes veganos del mundo del vino" (término de ella) para estar de acuerdo en que beber una mezcla de uvas fermentadas y excremento de fermento tratado con claras de huevo y dióxido de azufre no es un gran placer. Pero esa descripción, por poco apetecible que parezca, puede aplicarse tanto al brebaje del supermercado como a algunas de las botellas más celebradas del mundo. Un Château Margaux no estará tan manoseado ni tendrá tanta intervención tecnológica como el Sledgehammer de Treasury, sino que usará materiales de calidad superior y buscará generar sabores diferentes. Pero a menos que seas un vegano militante, un poco de masaje químico en el vino no necesariamente es lo que distingue al buen vino del malo. La manufactura del vino ha fusionado el arte y la ciencia, aunque no sea lo que dice la mayoría de los bebedores de vino. El Bordelaise se ha refinado con claras de huevo desde hace siglos. Tampoco son ajenos al dióxido de azufre, un conservador que se ha empleado en vinos antiguos para evitar que se echen a perder. Incluso las barricas, que hoy en día representan el epítome de la tradición, alguna vez fueron una novedosa tecnología que los romanos adoptaron tras milenios, en los que el vino se conservaba en vasijas de barro llamadas ánforas. Algunos productores se enorgullecen por el uso de métodos "preindustriales" rechazando aditivos —sin pensar que los antiguos romanos adulteraban sus vinos con sangre de cerdo, polvo de mármol, agua de mar e incluso plomo, una fuente de dulzura. Y a pesar de que añadir químicos al vino pueda parecer alarmante, toma en cuenta que el ácido tartárico se presenta de forma natural en las uvas. Cuando se trata de vinos que han sido "manipulados" mediante la ciencia, la distinción entre buenos y malos puede ser de grado, no de tipo.

La producción controlada de vino ha sido un factor clave en el tema de calidad. Antes, los malos vinos eran fáciles de detectar. Eran categóricamente malos, en el sentido técnico de la palabra. Defectuosos, deficientes, desordenados. Apestaban a establo de caballos y usaban curitas, debido a la presencia de levadura Brettanomyces en barriles contaminados no esterilizados. Apestaban a vinagre por la exposición excesiva al oxígeno y olían a chucrut y a huevo podrido. Las bombas y los polvos casi han erradicado estos defectos. "Menos del uno por ciento de todas las botellas disponibles en el mercado internacional presentan defectos en la elaboración del vino", escribe el crítico de vinos Jancis Robinson en *How to Taste*. Entonces, en cierto sentido tal vez hayamos olvidado cómo sabe el vino realmente malo. La brecha entre los vinos "malos" y las grandes botellas también se está reduciendo a medida que los enólogos usan atajos químicos no sólo para evitar errores flagrantes, sino también para copiar a los productores de alto nivel para replicar el efecto del roble por una fracción del precio de los barriles reales, corregir los de climas inferiores y mantener la alta calidad de malos viñedos. "Hoy en día es una de las ironías del mercado del vino", escribe Robinson, "que la diferencia de precios entre las botellas más baratas y las más caras es mayor que nunca, y la diferencia de calidad entre los dos extremos es quizá más estrecha que nunca." La revolución industrial en el vino ha democratizado de forma efectiva el vino decente.

"Un tipo en la Costa Central", corazón del vino de garrafa, "puede hacer un Cabernet que se parezca mucho al del Valle de Napa usando estos productos", se jactó un vendedor en la feria, apoyándose en una vitrina llena de polvos blancos, marrones y amarillos. Se acercó y bajó la voz. "Los tipos más ricos lo odian."

Volví a Nueva York sintiendo mayor simpatía por los sommeliers que balbuceaban respuestas de poca ayuda cuando les pregunté qué hacía que un vino fuera bueno. Así que tal vez no haya una sola forma correcta de medir la calidad. Pero aún me faltaba un estándar que pudiera adoptar para mí. Precio, química, "sistema estético" de críticos: todos parecían estándares demasiado estrechos, con defectos e inconsistencias evidentes. Y no estaba dispuesta a admitir que la forma en que se elaboraba un vino definía su calidad, al igual que no podía aceptar que todas las canciones de los Beatles son geniales sólo porque son de los Beatles. Estaba más inclinada a creer que la respuesta tenía que ver con el momento en que el vino toca nuestros labios. Sabía que los vinos de Lei y el Yquem que había probado pertenecían a diferentes ligas. Incluso amigos míos que no sabían que "Shiraz" y "Syrah" eran lo mismo, podían distinguir fácilmente entre uno comercial y uno artesanal. Llevé a una cena dos botellas de Shiraz australiano —un Yellow Tail de 7.99 y un Jauma de 39.99 cultivado orgánicamente— y decanté ambas para que nadie viera las botellas. La gente tomó tan sólo un sorbo de Yellow Tail antes de tirarlo. "Creo que has causado un daño permanente a mi paladar", se quejó Matt. No tenía dudas de que había una clara diferencia. Simplemente no sabía cómo articularlo.

Por capricho envié un correo electrónico a Paul Grieco. Paul era el autoproclamado "Señor del Riesling" de Nueva York y el cocreador de la cadena de bares de vinos Terroir, que incluía el pequeño bar a donde Morgan me llevó por primera vez a tomar unas copas. A pesar de una carrera larga y prestigiosa en algunas de las instituciones de alta cocina más respetadas de Manhattan, Paul era considerado un loco. La gente lo llamaba "lunático" a sus espaldas (con cariño, creo). Servía vino según su propio conjunto de reglas. Como los tradicionalistas del mundo del vino no habían sido capaces de ayudarme a resolver el enigma de la calidad, esperaba que lo hiciera su rebelde.

Paul tenía opiniones fuertes sobre el vino, y no le importaba atormentar a sus clientes para hacerse escuchar. En Terroir Murray Hill, sorprendió a sus invitados con Black Sabbath y Motörhead en los Heavy Metal Mondays, una noche temática semanal que honra a los vinos cultivados en suelos ricos en metales. Imprimió tatuajes temporales temáticos sobre el vino y se los pegó a todos los que llevaran sentados un tiempo suficiente. La lista de vinos del Terroir, o lo que Paul llamaba "el Libro", despotricaba y desvariaba a lo largo de sesenta y una páginas enrevesadas, más como un manifiesto que como índice de bebidas, y deliberadamente impenetrable. "Es un insulto a la madre del comensal", dijo una vez, con orgullo. Lanzó el Verano del Riesling para defender lo que él consideraba una uva injustamente difamada, negándose por cinco veranos a vender un solo vaso de vino blanco si no era Riesling. ¿Quieres un Sauvignon Blanc? A la mierda, aquí hay un Riesling. ¿Quieres un Chardonnay? A la mierda, prueba este Riesling. Los clientes se daban la vuelta y se iban. El ahora exsocio de Paul se enojaba por eso. Pero Paul pensaba que valía la pena perder algunos pocos clientes para difundir el evangelio del Riesling. Aprecio especialmente que, para el abyecto horror de los esnobs del vino en todo el mundo, la lista de Paul incluye el barato Blue Nun del supermercado junto con los Sassicaia de 1,900 dólares. Con algo de vino de caja por si acaso. Como Paul se dio cuenta de que no había un criterio claro y objetivo para lo que hacía que un vino fuera "bueno", respeté que no se burlara de todos los vinos "malos". No le gustaba el Blue Nun. Pero apreciaba su significado histórico, como la botella que llevó la uva Riesling a los estadounidenses y luego los alejó de ella.

Cuando conocí a Paul en el Terroir Tribeca, un bar que parece una mazmorra muy cómoda y a la moda, él parecía un poco desquiciado. Un fino bigote recorría los contornos de su labio superior, tan delgado que podría haberlo trazado con un marcador Sharpie, y una barba negra y descuidada se arrastraba hacia su pecho como musgo español.

Incluso cuando estás de acuerdo con él, Paul tiende a sonar como que está discutiendo contigo. Pronto dejamos claro que ninguno de nosotros se preocupaba por la pretensión que a menudo se sirve con un vaso de Sancerre. Y de todos modos procedió a gritarme.

"¡Es jodido jugo de uva con alcohol! ¡Es una bebida de placer! ¡Y en todo caso, ni más ni menos!", bramó. "¡Creo que deberías destrozar toda la industria del vino de sommelier y decirnos que estamos llenos de mierda! ¡Por todas nuestras habladurías, por todo nuestro enfoque, por todos nuestros estudios, por toda esta postura arrogante que asumimos, no hemos conseguido que la gente beba! ¡Más! ¡Vino!" Nos sentamos en altos taburetes de metal y Paul golpeaba con ambas manos sobre la mesa después de cada palabra: ¡Beba! —*golpe*— ¡Más! —*golpe*— ¡Vino! —*golpe*. "Cuando el Arca de Noé aterrizó en el Monte Everest hace ocho mil quinientos años, ¿qué fue lo primero que hizo Noé? ¡Plantó la vid, cultivó uvas, hizo vino, se emborrachó y se desmayó! Entonces, si llevamos a la civilización de vuelta a ese punto, ¡y por qué carajos no!, veremos que, desde el principio, ¡el vino ha estado con nosotros! Entonces —me señaló con el dedo—, ¿por qué nos está resultando tan jodidamente difícil que la gente beba más vino y se sienta cómoda?"

Paul quería cambiar el mundo, y para él eso significaba hacer que la gente bebiera más vino y se sintiera cómoda con él. "Nuestro mundo del vino, como diría Thomas Friedman, debería ser plano. Sumamente plano y grande", gritó. Paul cree que el vino es "transportacional". Pero odia a las personas que "continúan elevando la preciosidad de este pequeño mundo del vino: quiero que vayas a Oklahoma o a donde sea y busques un *six-pack* de Budweiser. ¿Cuánto cuesta? Digamos 7 dólares. Y supongamos que junto hay un *six-pack* etiquetado de 'Terroir Pinot Grigio' y costara entre 8 y 9 dólares. Un poco más caro, pero no tanto como para disuadirte. 'Mmmm... ¿cuál compro?... mmmm... viene la familia.... ¡BOOM! —*golpe*—, ¡compremos el Pinot Grigio!'".

Un distribuidor interrumpió a Paul sirviéndole una muestra de vino griego. Mientras Paul lo degustaba, deliberadamente desvió la conversación hacia el tema de la situación en Grecia. A diferencia de Joe y Lara en L'Apicio, a Paul no le interesaba escuchar la historia de la cava o de su propietario. Quería beber el vino por lo que era, no por lo que se imaginaba que era, ni por su visión idílica del viñedo. Solamente el efecto del vino en él. Es conocido por ir a las degustaciones vestido como fugitivo —lentes oscuros, un sombrero, no voltea ver a nadie— para evitar cualquier charla que lo distraiga de los vinos.

Cuando el distribuidor se fue, le pregunté a Paul qué buscaba en una botella.

"El vino debe ser delicioso."

Eso era muy vago. "¿Hay algún criterio particular para lo delicioso?", le pregunté.

"Un sorbo te lleva al segundo", dijo. "Una copa te lleva a la segunda. Una botella te lleva a la segunda."

Entonces una alemana de piernas largas merodeaba en busca de un aperitivo y mientras Paul trataba de hablarle sobre un jerez, medité lo que había dicho. *Un sorbo te lleva al otro.* La definición de calidad, lo que hace "bueno" a un vino, parecía muy obvia. Tan simple. Tan... ¿cierto?

Me gustó porque permite que los malos vinos sean buenos en el momento correcto. Pensé de nuevo en el 4 de julio que pasé en la playa en Massachusetts. La noche pasó de estar bien a ser fantástica gracias a una botella de una suave y barata agua rosada sabor a chicle, de Dios sabe dónde, sin duda hecha por un diseñador que había vertido en ella todo un catálogo de aditivos de lavandería. Y nada me habría convencido de que el precioso Rousseau de Morgan era mejor. Me habría distraído de asar malvaviscos, de las personas, de las langostas que abríamos en platos de cartón y cubiertos de arena. En esa situación, ese gran vino habría sido un pésimo vino. Había ocasiones en las que el Rousseau o cualquiera de los "grandes" no venían al caso. Su grandeza, sin importar cuán impresionante fuera, era excesiva. Un sorbo de un rosado manipulado me había llevado a otro sorbo, y luego a otra botella, porque en ese momento era el vino perfecto.

Pero la definición de Paul también permitía —y sugería— que el vino fuera algo más. Un sorbo que lleva a otro porque el hecho de que el vino sea placentero es sólo uno de los muchos sentimientos que puede producir. Los grandes vinos convierten una primera copa en una segunda porque el primer sorbo despierta el sentido de fascinación y la curiosidad. Los grandes vinos piden más sorbos —y más copas— no porque tengamos sed, sino porque hay algo que no comprendimos en la primera ronda. Nos intriga. Es críptico.

Al decir que *un sorbo lleva al otro* simultáneamente reconoció que el vino es un proceso. El buen vino te lleva a un viaje para que pruebes algo más. La primera copa de vino puede llevarte a la segunda de algo más. Tal vez mejor, tal vez peor, pero al menos una nueva experiencia, con nuevas dimensiones.

"Así que", le pregunté a Paul cuando regresó, "¿crees que ese vino griego fue delicioso?"

Levantó sus anteojos y los acomodó sobre sus cejas, debajo del oscuro cabello, y me lanzó una larga mirada a través de sus ojos como rendijas. "Pensé que ya te había dicho que, para mí, un sorbo lleva al segundo. Ya viste que tomé un segundo sorbo."

Bajé la vista. Había terminado su copa.

"Sí. Ahí tienes. Delicioso."

Tal vez de eso se trata la grandeza. No es posible expresarla mediante fórmulas. Como decía Morgan, el vino tiene algo misterioso —al igual que no existe un solo acorde que transforme las notas del piano melodiosas en cautivadoras, y no hay color que determine qué pinturas nos impresionarán. Si la grandeza pudiera lograrse por medio de una fórmula, sería trivial. Pero la reconocemos cuando la probamos. Y en la forma en la que su memoria permanece en nosotros.

CAPÍTULO OCHO

Los diez mandamientos

A lo largo del tiempo que estudié, caté y pasé horas en el comedor, mi vocabulario comenzó a crecer de formas inesperadas: "evolucionaba", como dirían los sommeliers con respecto a los viejos vinos, cuyo "aroma" se ha transformado en "buqué".

Una "cata" ya no era algo desconocido para mí. "Contacto prolongado con la piel" no era ya una frase de ligue; ahora significaba empapar la piel de las uvas en el jugo para añadir textura y color. Ahora comprendía que un "establecimiento de propinas compartidas" era un restaurante donde el personal dividía las propinas entre todos.

Un "sencillo" era un turno, un "doble" eran dos, "semana de restaurante" era como un "brunch permanente" y el brunch era el infierno. Era cuando las personas que creen merecerlo todo venían a comer bien y no estaban dispuestas a pagar el precio por ello. Un "turno completo" es el tiempo del servicio de una mesa, desde que se colocan los lugares hasta que los comensales terminan y vuelves a colocar el servicio. El comedor podía ofrecer tres turnos completos en una noche durante los fines de semana, y a veces también tres y medio "en temporada" durante los meses que van de octubre a diciembre, cuando los neoyorquinos se emborrachan como si no hubiera un mañana. Al principio de cada turno, el sommelier "marca" la mesa con copas, luego "engancha a los comensales" esperando lograr "encajarles" una botella costosa. A los "necrófilos" les gustan los vinos viejos, avinagrados, cercanos a la muerte. Beber un vino magnífico demasiado rápido te hace sentir culpable de "infanticidio". Un "vino suizo" es una botella neutral que combina con todos los platos servidos. Un vino "escogido a mano" es uno raro que el sommelier debe avalar, y si el comensal lo elige por sí mismo se vuelve un "vino detonante" que incita al somm a describir los sabores, para estar completamente seguro de que la mesa quería un vino naranja sin sulfitos de Eslovenia añejado en ánfora. Un "vino básico" es lo que ordenan los primerizos de forma automática: Sancerre, Prosecco, Cabernet de California. Con frecuencia coincide con el "jugo de *cougar*", también conocido como "diversión de *cougar*", es decir, los dulces vinos argentinos Malbec, los Chardonnay con toques de madera y los ultraverdes neozelandeses Sauvignon Blanc. Los exmaridos de las mujeres *cougar* se inclinaron por los vinos "BSD", siglas de *big-swinging-dick,*[*] de grandes marcas, precio muy alto, excelentes calificaciones Parker y un gran sabor. Los verdaderos obsesivos del vino creen que eso es vulgar. Prefieren los "vinos unicornio", gemas raras, de producción limitada que fueron símbolos de estatus de los somms y que cualquiera que los ordena, los prueba o tan sólo pone sus ojos sobre la botella, los postea de inmediato en Instagram.

Cuando empecé a juntarme con los sommeliers, casi nunca entendía lo que hablaban. Mis apuntes estaban llenos de signos de interrogación. "¿¿Morgan dice que el vino está quemado??" (es decir, echado a perder por el calor) o "¿¿vino añejado bajo el suelo??" (es decir, bajo una capa de

---

* Literalmente, gran-pene-libertino, término que en el ámbito de las finanzas se usa para designar a los corredores más agresivos (*N. de la T.*).

levadura). Garabateaba la jerga para buscar los términos más tarde en casa, o me detenía para preguntar definiciones. Evitaba hacer esto último con Morgan porque por lo regular eso implicaba que después tenía que buscar más palabras en Google. Pero en los últimos meses, el lenguaje del vino se había vuelto natural. Sin embargo, el cambio más dramático fue en mi arsenal de notas de cata, esas descripciones verbales sobre el aroma y la sensación del vino. (Que no te engañe el nombre: las notas de cata describen el aroma y el sabor, más que el gusto.) Mi repertorio de palabras se volvió amplio, rico y, sí, a veces también un poco empalagoso. Decir "delicioso" es suficiente para Paul. No para mí. Tanto los sommeliers como los científicos de Dresde y mi propio entrenador de perfumes Jean Claude Delville resaltan que la inteligencia sensorial requiere fluidez para nombrar los aromas. El lenguaje nos ayuda a jerarquizar y recordar experiencias pasadas. (Algunos expertos creen que olvidamos eventos de nuestra infancia porque no podemos formar palabras a temprana edad.) Unir un nombre a un olor hace que ese aroma sea más intenso, reconocible y con una carga emocional. "Ancla la memoria", me dijo un investigador. Si no tenemos el vocabulario para describir una experiencia, nuestra lucha para expresar ese encuentro en palabras —y será una lucha— corrompe nuestra impresión de la misma, fenómeno que se conoce como "ensombrecimiento verbal". Al pedirle a la gente que diga algo sobre una copa de vino, las personas que carecen de terminología para ello serán menos hábiles para reconocer más adelante el mismo vino que a quienes se les pidió que usaran palabras. Las personas que poseen un vocabulario no se ven afectadas por el ensombrecimiento verbal.

Motivada por esta lógica, he amasado con avaricia un vocabulario de aromas en mi rutina de olfatear a ciegas esencias aromáticas, aspirando ingredientes mientras cocino y nombrando los olores que se me presentan en mis caminatas por la ciudad. Un glosario rico era crucial para mi examen en la Corte de Maestros Sommeliers, que se vislumbraba en el horizonte como algo inevitable e intimidante, como una auditoría. Una base sólida de lenguaje me ayudaría con el concepto mental de los vinos que cataba a ciegas y me aseguraría que los describiría sin confundirme.

La tabla oficial de sabores de la Corte de Maestros Sommeliers enseña a los somms a describir los vinos usando un rango relativamente amplio de adjetivos que caen en las vastas categorías de "afrutado" "no afrutado" y "terroso/mineral". Como buenos exigentes, los sommeliers sueñan con una terminología de gustos más allá de "hongo" o "manzana". ¿Terroso? Intenta decir "jugo dulce jabonoso con aroma de tronco mojado en descomposición, trufas y composta". En cada cata a ciegas, tanto en EMP como en las oficinas de Union Square, y con mi viejo equipo de Queens, añadía a la lista las cosas esotéricas con las que salía la gente cuando hundía su nariz en cada copa. Sonaba como si estuvieran leyendo recetas de un libro de hechizos para el amor: "agua de fresas salvajes", "frutos negros secos y rehidratados", "flor de manzano", "caldo de langosta al azafrán", "cabello quemado", "tronco en descomposición", "piel de jalapeño", "aspirina vieja", "aliento de bebé", "sudor", "menta cubierta con chocolate", "café molido", "confitura de violeta", "piel de fresa", "dildo recién moldeado", "herradura de caballo", "camino de tierra", "cáscara de limón", "quitaesmalte", "cerveza rancia", "tierra recién mojada", "suelo de bosque rojo", "perlas de pera", "cuero vacuno", "fresas secas" y "Robitussin".

Cuando era mi turno de probar la copa, sentía la presión de inventar algún adjetivo igualmente oscuro. Salían palabras de mi boca que jamás había dicho sobre un vino. ¿Una semilla de granada ligeramente deshidratada? No importa si lo dije. Si olía algo parecido a fresas, ¿quién decía que no era agua de fresa embotellada? Si percibía albahaca, también decía perifollo (una variedad de perejil), aunque no estaba cien por ciento segura si era una hierba o era una especie de adorno. Trataba de apegarme a la realidad. Pero cuatro minutos pueden parecer una eternidad cuando estás hablando y quieres demostrar que improvisas. Así que seguí buscando palabras para impresionar a mis colegas de cata. Después de todo, soy escritora. Pensar en adjetivos bizarros es parte de mi trabajo.

Si había un espacio en el que podía codearme con los somms, era justo en la creación de un léxico estrafalario.

Cuando me uní a la carrera verbal, comencé a preocuparme por que las notas de cata, que supuestamente debían ayudar a identificar el sabor de un vino y a solidificar su impresión en la mente del catador, en realidad oscurecieran de algún modo la experiencia y que incluso fueran un tanto deshonestas. Si yo estaba inventando todo esto, ¿cómo podía saber que los demás no hacían lo mismo? Ni siquiera estaba segura de cómo juzgar cuáles eran las palabras "correctas".

Si hay un grupo no propenso a los adjetivos rimbombantes es el de los economistas. Sabiendo que a lo largo de los años el *Journal of Wine Economics* ha sido un referente en la tradición mundial del vino, me dediqué a investigar allí para ver si encontraba algo sobre las notas de cata. ¿Un diagnóstico académico? El lenguaje de los vinos está en crisis.

Las notas de cata comenzaron como una guía para los consumidores sobre qué esperar cuando se destapa un corcho. Pero están perjudicando a las personas a las que deberían ayudar. En un estudio en 2007 se les dieron a los asistentes dos tipos diferentes de vino, junto con una reseña profesional de cada uno, y luego se les pidió que relacionaran las notas de cata con la copa correspondiente. Los voluntarios probaron un par de vinos Riesling alemanes y debían decidir cuál era al que los expertos habían llamado "vivaz" con una "dosis de rico carácter mineral", y cuál era "muy refinado con un toque de tiza que intensificaba la furiosa batalla entre terroso y afrutado". En teoría, la tarea debía ser fácil, ya que las descripciones fueron escritas para captar el sabor de cada vino. Sin embargo, los sujetos quedaron desconcertados. Como si les hubieran pedido que relacionaran las notas de cata con los vinos de forma aleatoria.

¿Quién los puede culpar? "La pretensión de que somos capaces de discernir todos esos sabores y aromas es una estafa, y sólo un estafador puede decir que es capaz de hacerlo", declaró Richard Quandt, un economista de la Universidad de Princeton, en un estudio diferente para el *Journal of*

Wine Economics. Las notas críticas de sabor no son consistentes ni informativas, concluyó. Pero estamos "felices de leer sus evaluaciones, porque somos muy ignorantes con respecto a la calidad de los vinos".

Incluso los expertos están confundidos, en parte porque las notas de cata por lo regular hacen referencia a conceptos abstractos como la "mineralidad", una palabra de moda que se acuñó en los años noventa y que ahora salpica cada ejemplar de *Wine Enthusiast*. Puedes tomar una toronja para comprender las notas cítricas en un vino que se supone presenta "capas de toronja y mineralidad". No es sencillo averiguar dónde concluye el olor de "mineralidad". ¿Deberías tomar una piedra? ¿Un pedazo de metal mojado? Resulta que no hay un consenso sobre lo que ello significa. En otro estudio realizado en una conferencia de la American Association of Wine Economists, los investigadores franceses encuestaron a fabricantes de vino y a consumidores de Chablis, región famosa por su austero Chardonnay que la mayoría de los sommeliers describen como "mineral", para ver cómo los mayores expertos del mundo en mineralidad definían el término. El resultado varió desde "pedernal" hasta "agua mineral".

Mi crisis de confianza acerca de si existía una comprensión común en cuanto a las palabras que usábamos se agudizó una mañana de sábado cuando fue mi turno de encabezar un grupo de cata a ciegas. Junto con una botella de vino para cada somm, también llevé un ejercicio olfativo a ciegas: seis vasos de plástico que llené con varias hierbas, luego los cubrí con papel aluminio y les hice unos agujeritos. Un vaso contenía perifollo, ya que es muy frecuente que salga a colación en las notas de las catas. Si los somms podían detectar el perifollo en el vino, seguro podían oler el perifollo en el mismo perifollo. ¿Es un cierto tipo de pasto?, preguntaba la gente que olía el vaso. ¿Hongos? ¿Apio? "No tengo idea", concedió alguien finalmente. Para mi decepción me di cuenta de que ni siquiera mis guías, los grandes sommeliers de Nueva York, sabían necesariamente lo que estaban diciendo.

Abandonar las notas de cata no era una opción. Los sommeliers se basan en ellas para vender vinos. Los consumidores las consultan para anticipar los sabores que encontrarán en una botella. Y yo no podía dominar una cata a ciegas —o una percepción inteligente— sin palabras. Sin embargo, me preguntaba si "petróleo" y "mineralidad" era lo mejor que podíamos decir. Si éramos tan imprecisos con nuestro lenguaje, entonces éramos imprecisos con nuestro gusto y memoria. Lo que llamo imprecisión —y otros lo llaman mierda— abunda. La precisión y la potencia de lo que percibía eran sólo tan buenas como lo eran las palabras que usara para articularlo. ¿Había una mejor manera?

En una fresca mañana de miércoles, mientras todavía estaba en California, cargué el auto que renté con las bolsas de víveres llenas de todos los ingredientes que necesitaba para servir la más distinguida cena del lugar. Tenía caramelos, pimientos verdes, chabacanos secos, jugo de lima Rose's, una lata de espárragos, jarabe de cassis, jalea de fresa y dos cajas de vino Franzia que acomodé en el asiento trasero, mientras conducía por las subidas y bajadas de las colinas de San Francisco. Poco a poco las laderas de cemento dieron lugar a las tiendas de conveniencia, restaurantes de la cadena Denny's y bodegas de almacenaje. Conforme me acercaba a mi destino en Davis, los centros comerciales de los suburbios cedieron el paso a granjas coloridas. Los grandes anuncios indicaban CLÍNICA DE ANIMALES. CIRUGÍA GRATUITA, AVALÚOS y ¿TIENE COMEZÓN EN EL CUERO CABELLUDO? VISITE NUESTRO SALÓN DE PIOJOS. Pasé por Cattlemens Steakhouse y un anuncio de neón que anunciaba el Milk Farm Restaurant (antigua sede del concurso Toda-la-leche-que-puedas-beber) hasta el hogar de Ann Noble, una casa café en la esquina de Eureka Street. El nombre era perfecto porque Ann se dedica a la innovación. Mi búsqueda sobre los orígenes de las notas de cata me había traído hasta aquí, a una casa rodeada de esculturas de gallinas y banderas budistas.

Hablar de vinos mientras se mezclan aromas de especias, plantas, frutas y otros olores es una práctica tan arraigada que resulta fácil imaginar que siempre ha sido así. El rey Tutankamón, Luis XIV y Benjamín Franklin —todos conocedores de vinos en sus tiempos— también hacían buches con sus vinos intentando decidir si su copa tenía aromas de cereza negra, ácida o Marrasquino. De hecho, este léxico naturalista basado en la comida es tan tradicional como la música disco. Tiene sus raíces en los años setenta y Ann lo creó.

Los antiguos griegos y romanos, que documentaron ampliamente la cultura y el cultivo del vino, sólo emitían juicios sucintos con "pulgares arriba" o "pulgares abajo" a sus vinos, y por supuesto encontraban pocas razones para profundizar en los matices del sabor. En el *Banquete de los eruditos*, el griego Ateneo alaba de forma sucinta el vino de uva Setina como de "primera clase" y el Caecuban como "noble", en tanto que Horacio, en sus *Odas* resume los vinos de Sabina como "humildes". Sus reseñas se enfocan en cómo los vinos afectaban su bienestar físico, no en sus rasgos de sabor. Setina "no es apta para que un hombre se emborrache", señala Ateneo. Los vinos de Pompeya "producen dolor de cabeza, que llega a durar hasta seis horas al día siguiente", se queja Plinio el Viejo. Avala el Sentinum como el favorito de muchos emperadores, quienes "aprendieron por propia experiencia que no hay peligro de indigestión ni flatulencia como resultado del uso de este licor". Imagina lo útiles que habrían sido estas reseñas si hubieran continuado con la tradición.

Más de mil años después, los esnobs siguen mudos con respecto a los sabores y el olor que degustan en las botellas. Samuel Pepys, un oficial de la marina real británica, necesitó apenas una mísera frase para describir un Château Haut-Brion que probó en 1663. Fue, escribió, "el mejor y más excepcional sabor que jamás he probado". (Avanza trescientos años y la descripción de Robert Parker de un Haut-Brion en 1983 abarca seis oraciones.)

En los siglos XVIII y XIX, la creación de mejores métodos de elaboración aumentó la calidad del vino. Esto, más la creciente influencia de restaurantes y sommeliers, ayudó a transformarlo de ser una bebida ordinaria en un referente cultural con un sello social. Debido a que apreciar un buen vino de Borgoña o de Burdeos se ha vuelto un indicador de estatus, la gente naturalmente está ansiosa por narrar cómo disfruta de este refinado pasatiempo, mientras desarrolla un lenguaje con el cual ponderar de forma poética un Pinot Noir y un Merlot. Los primeros críticos describían los vinos como si chismearan sobre sus amigos, con amplios pronunciamientos sobre las características de la botella y no del sabor. En *Notas sobre un libro de cava*, escrito en 1920, George Saintsbury aplaude un tinto Hermitage cuya edad "había suavizado y pulido todo lo que había sido áspero en la virilidad de su juventud", y lo declara el "vino francés más varonil que he bebido". Durante los siguientes cuarenta años, los críticos continuaron con esta vena. Por ejemplo, el escritor Frank Schoonmaker alabó un Moscato francés de "considerable distinción y clase real". Las cualidades que los bebedores valoraban en el vino eran las mismas que apreciaban en la gente: honestidad, gracia, encanto, refinamiento.

En 1970, un grupo de científicos de la Universidad de California en Davis decidió que ese lenguaje tan ambiguo debía ser extirpado de su campo en modernización. Aportaban rigor científico al campo de la enología, así que necesitaban una terminología científica para discutir sus resultados. En los glosarios publicados en la época, los profesores enólogos de Davis se opusieron a los "términos extravagantes... que muy a menudo se encuentran en la prensa popular" e imploraron a sus colegas que abandonaran palabras como "elegante".

Pero cuando Ann llegó a Davis en 1974 para impartir un curso de evaluación sensorial en vinos, se sorprendió de lo poco que se había progresado en la generación de un vocabulario de sabores. Se sentó en un aula con aspirantes a vinateros, a quienes se les indicó que tomaran turnos para hacer una lista de lo que olían en una copa de vino. No pudieron. Estaban adivinando, recuerda Ann.

Cuando Ann se convirtió en la profesora de la clase, recorrió su gabinete en busca de aromas comunes como mermelada de zarzamora, extracto de vainilla y pelo de perro, y los colocó en envases. Hizo que sus estudiantes olieran a ciegas y memorizaran estos "estándares". Ese curso se volvió —y sigue siendo— obligatorio para etiquetar de forma consistente cerca de ciento cincuenta aromas. (El examen final del curso consiste en presentar a los estudiantes una serie de aromas y vinos colocados en vasos negros para enmascarar su color, y se les pide que identifiquen cada uno por su aroma. Es mucho más complejo de lo que parece: en cuarenta años, nadie ha sacado la calificación máxima.) El proceso para construir un diccionario olfatorio se ha apodado el "jardín de niños del olfato" y más tarde Ann formalizó el vocabulario en un esquema circular con seis docenas de adjetivos, que ella llama la Rueda del Aroma del Vino. Desarrolló una breve lista de términos para encuestar a los profesionales y catalogar lo que sus estudiantes proponían. Luego prohibió las palabras que consideraba "vagas" (adiós a "fragante") o "hedónicas" (nada de "elegante"), así que lo que quedó fue lo "específico y analítico". Los aromas cayeron en amplias categorías como "especiado" (consiste en "regaliz", "pimienta negra" y "clavo"), o "a nueces" ("avellana", "nuez", "almendra"). Fue la primera vez que los vinicultores, los enófilos y los críticos de vino contaron con una forma estándar de hablar entre ellos, y la Rueda del Aroma se convirtió en la lengua franca del vino en el mundo, que codifica las referencias naturales que se usan en la actualidad. "Pocas personas que leen sobre vinos hoy en día pueden comprender por completo hasta qué grado los escritores o blogueros de vino usan estos términos descriptivos", escribió Roger Boulton, un profesor enólogo, en relación con un reporte sobre las contribuciones de Ann. Una investigación de la Burgundy

School of Business se refiere a Ann como el Moisés moderno: la Rueda del Aroma, dijo, "es como los Diez mandamientos".

Ann, que se retiró de Davis en 2002, abrió la puerta ataviada con unos pantalones deportivos morados. Tenía unas mejillas sonrosadas y sus cortos mechones de cabello gris parecían plumas de pollito. Al entrar en su casa me felicité por haber detectado el olor a perro antes de conocer al pastor alemán de Ann. Se llama Mosel, como la región del vino en Alemania, y sigue los pasos de las mascotas Pinot Noir, Riesling y Zinfandel. "Mosel, tu aliento apesta hoy", anunció Ann. Olfateé un par de veces, esperando detectar el rastro.

Los sommeliers de mis grupos de cata a ciegas viven en un universo léxico creado por Ann, pero pocos alguna vez han oído hablar de ella o de su trabajo. "¿A quién vas a visitar?", me cuestionó un Maestro Sommelier cuando le comenté que me encontraría con Ann. Fue una señal de alarma. Me hizo pensar que los profesionales quizá no se habían detenido a pensar críticamente sobre sus notas de cata. También me reflejaba que habían escuchado a otros y que repetían los mismos malos hábitos. Era como si el vino del mundo estuviera atrapado en un juego gigantesco de teléfono descompuesto y el mensaje se hubiera vuelto un desastre indescifrable.

Cuando decimos que olemos zarzamoras en un vino no estamos oliendo zarzamoras reales. Los vinos que probamos nunca contienen zarzamoras reales —ni frambuesas, piñas o petróleo. (Unos años atrás hubo un escándalo en Austria porque se detectó anticongelante en el vino, que era ilegal, y por supuesto la gente no elogiaba su aroma.) Decir "zarzamora" es, en esencia, una forma de comunicar que se ha percibido un aroma que sabemos que en el pasado *otros* llamaron zarzamora. Existe un código y una consistencia en las notas de cata. A pesar de que algunos Syrah en realidad huelen a tocino y aceitunas, y algunos Tempranillo a cuero, también hay un conjunto de términos estándar que sabemos que están asociados a estas variedades de uva. En los exámenes de la Corte o en las competencias, los jueces quieren asegurarse de que si te presentan un Syrah, o lo que tú *piensas* que es un Syrah, repetirás esas palabras clave para demostrar que has comprendido. Morgan no huele el rotundona, químico que da al Syrah su aroma a pimienta negra. Y, sin embargo, eso no le impide decir que huele a rotundona, si todas las demás señales apuntan a que es un Syrah. No hacerlo le costaría puntos. Intentar traducir las notas a otros idiomas puso de manifiesto lo metafóricos que son los términos. Morgan puede decir que un tinto tiene notas de carne asada, tocino, conserva de zarzamora, ciruela y vainilla. En China, donde a cada uno de estos adjetivos se les ha asignado el equivalente local, un sommelier resaltaría que ese mismo vino presenta un aroma a salchicha china, puerco salado, espino seco, caquis y piñones.

Ann accedió a conducirme a través de su "jardín de niños del olfato". ¿Quién mejor que la persona que lo inventó para refinar mi vocabulario en enología? Quería auditar mi propia terminología en notas de cata para asegurarme de ser capaz de distinguir los aromas que aseguraba encontrar en los vinos. Además, estaba dispuesta a seguir el mismo régimen de entrenamiento olfativo que Ann había enseñado a enólogos profesionales. Basta con pasar un poco de tiempo con Ann para que aprendas que ella nombra los aromas en su entorno como si te presentara a personas. "Huele eso: es la vainilla que obtienes del cartón", dijo abriendo la caja de vinos. Puso en fila una docena de ellos sobre su barra de cocina y comenzó a distribuir mis compras entre ellos. Vertió unas cuantas onzas de cada uno de los tintos o blancos en las copas, y luego añadió los ingredientes individuales, como jugo de espárragos, salsa de soya y cáscara de naranja. Seguía haciendo comentarios sobre el contenido de las copas. "El asunto con los caramelos es que son de vainilla y mantecosos... *¡Oooh!*

Acabo de percibir un aroma *escandaloso* de.... Si no fuera por el toque a azufre, esos chabacanos están mucho mejor que de costumbre... Voy a conservar la copa porque el aroma es fantástico."

"Soy parte de un mundo dominado por los aromas", explicó Ann. "Mi mantra es: 'Escucha a tu nariz'."

El amigo de Ann, Hoby Wedler, de tan sólo veintiocho años y graduado del departamento de química de la Universidad de California en Davis, llegó poco después del almuerzo y como regalo llevó un aroma inusual. Nos pasó una pequeña bolsa de granos del paraíso —granos de pimienta y jengibre que compró en una tienda de especias en Chicago. "Es todo un viaje, ¿no crees?", dijo entusiasmado. Al igual que el esposo de Ann, Hoby es ciego y comparte con ella la pasión por los aromas. "Una de mis actividades favoritas es conducir a través de estos maravillosos caminos que tenemos en los valles de Napa o de Sonoma y bajar las ventanas, dejarlas así por horas y realizar exploraciones aromáticas en el campo", dijo Hoby. "Esos aromas te enloquecen." Me recomendó la autopista 101. La I-5 es "olfativamente aburrida".

"¡No, no, no! Te olvidas de las granjas de engorda", protestó Ann. "Las granjas de engorda te despiertan."

"Es cierto", concedió Hoby.

"Solía ser así cuando secaban alfalfa en Dixon, el viento traía el aroma desde el sur y olía a marihuana."

De niña, Ann hizo lo que muy pocos hemos hecho alguna vez: practicaba etiquetando los aromas que inhalaba. Cuando andaba en bicicleta por su vecindario, señalaba marcas olfativas, no visuales. Ropa recién lavada. Un rosal. Le sigue dando direcciones a la gente diciéndole que dé vuelta a la derecha en donde huele a ahumado. El "jardín de niños del olfato" de Ann se llama así en parte porque corrige nuestra brecha educativa que debió ser cubierta cuando bebíamos jugo de bote y tomábamos la siesta. Aunque por lo regular los padres alientan a sus hijos a que sigan señales visuales y auditivas, como el color azul o el ladrido de un perro, rara vez los objetos olfativos logran tanta atención. Como resultado, la mayoría de nosotros nunca aprende un léxico estandarizado de aromas que nos permita hablar e identificar olores. (Los franceses son una notable excepción: obviamente por considerar un paladar agudo como una habilidad crítica para la vida, junto con la gramática y las matemáticas, en 1990 el gobierno francés creó clases de "educación del sabor" en todas las escuelas primarias del país. Éstas incluyen lecciones de descripción de aromas, olfateo retronasal y degustación de los quesos franceses distintivos.)

"Es como cuando le enseñas a un niño sobre el color: le muestras el rojo y dices: 'Éste es rojo'", dijo Ann. Me acercó una copa de vino blanco mezclada con jugo de espárragos. "Éstos son espárragos", me indicó. Señalé e intenté seguir su consejo de ir más allá de sólo olisquear, e intenté olfatear de verdad. "Al escuchar tu nariz —mi extraña forma de decirlo—, intenta que tu cerebro se enfoque en el aroma", me explicó. "Es como el budismo zen porque pones atención al momento presente... Lo más importante es concentrarse, y concentrarse es volver a estar allí." Me concentré. Cerré los ojos. Traté de bloquear el sonido del reloj de Ann que emitía un trino cada hora. *Ignora la respiración de Mosel y su mal aliento*, me dije. E inhalé de nuevo, hondo, como Jean Claude me había enseñado. Retuve el aire un momento en mis pulmones y exhalé por la nariz. Pensé en la sugerencia de Ann de ponerle palabras al olor, de modo que se grabara más profundamente en mi cerebro. "Si no almacenas la información de una forma que puedas recuperarla, específica", dijo, "es sólo una cosa amorfa que regresa amorfa." El espárrago era como madera. Un poco verde, con moho. Con un muy sutil toque a ajo.

Desarmamos cada uno de los estándares olfativos, uno a la vez, determinando desde el anís y la vainilla hasta la mantequilla y la piña rebanada. Hoby tenía problemas para distinguir entre los espárragos enlatados y los ejotes enlatados.

"No se maltrata a un ejote de ese modo", explicó Ann sosteniendo los espárragos. "Y no tienen este estado enlatado, verde, sulfúrico."

Los lichis, señaló, tienen notas cítricas, vegetales y florales. Pero incluso "floral" es vago. Las llamadas flores frescas, tipo rosa y lavanda, un olor seco, un aroma limpio no penetrante. En contraste, las flores "blancas", como el jazmín y la gardenia, tienen una fragancia pesada y dulce con una mezcla de algo animal y podrido. La naturaleza, la perfumista por excelencia, crea sus fascinantes fragancias con trazas de indol, un químico que, como recordarás, está presente también en las heces fecales y en el vello púbico. Hay algo poético en ello: la belleza eterna surge de la compleja mezcolanza entre lo pútrido y lo divino.

Las personas tenemos un desempeño tan deficiente al nombrar olores, que los científicos han especulado que este talento está más allá de la habilidad humana —el cableado de nuestro cerebro hace que sea imposible. Muestra una fotografía de pasto a una docena de extraños y pídeles que identifiquen el color: te apuesto a que todos dirán verde. Ahora dales unas muestras de olor de pasto verde recién cortado y pregúntales qué aroma es. Aunque lo hayan olido millones de veces, quizá te dirán todo tipo de nombres vagos, desde "alimonado" hasta "recreo de quinto de primaria".

En la revista *Cognition*, un lingüista observó que si las personas tuvieran las mismas dificultades para nombrar las cosas que ven, que las que tienen para nombrar lo que huelen, se les enviaría "ayuda médica". "Es casi como si tuviéramos un déficit neurológico para nombrar los aromas", señaló el neurocientífico Jay Gottfried.

Recientes investigaciones sugieren que sí tenemos la adecuada estructura cerebral para nombrar olores. Más bien, de acuerdo con la misma teoría de Ann sobre los olores en la infancia, nuestro condicionamiento social es lo que está mal. Para investigar si hay que culpar a la naturaleza o a la crianza por nuestro mutismo olfativo, lingüistas en Holanda realizaron un estudio con hablantes de inglés y miembros de Jahai, una tribu de cazadores de Malasia que posee un rico léxico para los aromas. Se les pidió a los participantes que identificaran una serie de olores en laminillas rasca-huele. Los miembros de la tribu, que aprendieron a discutir aromas al igual que los norteamericanos los colores, etiquetaron los aromas rápida, fácil y consistentemente. Necesitaron cerca de dos segundos para nombrar cada olor. Los angloparlantes emplearon en promedio treinta segundos, y a pesar de ello no lograron responder de forma correcta. Se les dio a oler canela (poco exótico) y una persona balbuceó: "No sé cómo decirlo, sí, dulce: lo he probado en el chicle Big Red, o en algo que sabe así, ¿cómo lo digo? No puedo encontrar la palabra, cielos, es como el chicle ese Big Red. ¿Así lo puedo decir? *Okay*, entonces Big Red. Chicle Big Red". "La suposición de que la gente es mala nombrando olores no es universalmente cierta", concluyeron los investigadores. "Los olores son expresables en palabras en tanto que hables el lenguaje correcto. Al parecer los jahai tienen una ventaja porque su lengua incluye más de una docena de términos exclusivos para categorías específicas de olores. Existe la palabra *plʔeŋ*, para el "olor sangriento que atrae tigres", lo que describe el aroma de piojos aplastados o sangre de ardilla. Esto no debe confundirse con *pʔih*, el aroma de la sangre de la carne cruda. *Sʔiŋ* se refiere al olor de la "orina humana", del "suelo de la aldea" y, peor aún, está la palabra *haʔɛ̃t*, el pegajoso tufo de las "heces, la carne podrida y la pasta de langostinos". Los angloparlantes, por el otro lado, podrían aportar sólo algunos términos útiles para olores únicos, como "mohoso" y "fragante". "Apestoso" tiende a ser lo que los jahai dividen en *plʔeŋ, pʔih, sʔiŋ, haʔɛ̃t* y otros términos.

No es verdad que los angloparlantes no poseamos un lenguaje para los aromas. Ann estableció un léxico y yo lo estaba estudiando: treinta y una copas de vino, cada una salpicada con tinto o blanco mezclado con frutas, vegetales, hierbas o especias. Allí estaban la canela, las aceitunas negras, el clavo, la pera, los chabacanos, la mermelada de zarzamora, el cassis y el anís —todas ellas palabras nuevas en mi arsenal. No eran vocablos exclusivos del sentido del olfato, como "apestoso". Pero funcionaban. O al menos lo habían hecho por un tiempo.

Al rastrear la evolución de las notas de cata, me sorprendió saber lo cotidiano que era antes el léxico. Ann había limitado la Rueda del Aroma a cosas que pudieras encontrar en el supermercado. Apropiadamente, nuestro "jardín de niños del olfato" consistía en cosas que cualquier niño conocería. ¿La referencia más esotérica? Froot Loops, para imitar el aroma de las uvas Riesling, Moscato y Gewürztraminer.

Si has comprado vino últimamente, ya conocerás las preciosas descripciones como "*pain grillé*" que hasta hace poco se han colado en su antaño sencillo vocabulario. Un diploma de Le Cordon Bleu resultaría útil para descifrar los sabores publicados por el *Wine Spectator Pick of the Year* como "*pâte de fruit*, salsa Hoisin, ganache tibio y Applewood rostizado". Algunos vinos comienzan a sonar algo dolorosos como el tinto provenzal "salpicado con anís seco y armonizado con notas de enebro", con "un perno de acero... profundamente escondido en el final". Y es difícil imaginar que Robert Parker no estaba bajo los efectos de alguna sustancia controlada cuando celebró un Cabernet de California sin "filos rígidos" que ni más ni menos tenía una "textura de rascacielos" y "da la impresión de un impecable vestido de alta costura de una casa de modas en París".

Orillados a ser innovadores y distinguidos, los profesionales del vino han allanado la cocina étnica, los jardines botánicos, la arquitectura y los botiquines en busca de descripciones extrañas y que suenen a algo lujoso. Adrianne Lehrer, lingüista y autora de *Wine and Conversation,* me contó acerca de un crítico de vinos que la abordó tras una firma de libros. El hombre le confesó que en sus reseñas con frecuencia elogiaba el sutil aroma de los membrillos, no porque hubiera olido el perfume de manzana y pera de esa fruta, sino porque la palabra sonaba sofisticada. "Pensé que nadie podría desafiarme porque nadie sabe qué es el membrillo", admitió. "Pero yo tampoco he olido un membrillo." Estas elaboradas notas de cata corren el riesgo de alejar a los futuros amantes del vino que leen reseñas que prometen "notas de enebro chamuscado", y cuando no logran captar la cornucopia ellos mismos, suponen que el vino o su nariz están mal.

Los prejuicios también se han colado con sigilo. De acuerdo con una investigación presentada en una reunión de la *American Association of Wine Economists*, los reseñistas presentan términos raros y evocadores para los vinos más caros; estas botellas "elegantes" y "ahumadas" evocan "tabaco" y "chocolate", y sueltan un par de palabras burdas para las cosechas más baratas, como "bueno", "limpio" y "jugoso". Hay una cierta lógica en esto: las expresiones floridas ayudan a justificar el pago de una cantidad alta por una botella. ¿Quién querría gastar varios cientos de dólares en "Froot Loops" o "espárragos enlatados"? Un vino con "un toque de ciruela", "cassis ahumado" y *framboise* suena como una experiencia mucho más suntuosa.

Académicos, críticos, sommeliers y fabricantes de vino han propuesto varias formas de devolver algo de disciplina y especificidad a las notas de cata. Matt Kramer señala en su libro *True Taste* que los atributos clave para un vino de calidad se pueden resumir en seis palabras: "armonía", "textura", "capas", "sutileza", "sorpresa" y "matiz". Eric Asimov, crítico de vino de *The New Yorker Times*, supera a Kramer, proponiendo que con sólo dos palabras —"sabor" y "dulzura"— puedes "explicar más sobre la esencia de cualquier botella que lo que han hecho las analogías más floridas y detalladas". Kathy LaTour, una profesora de la Escuela de Administración Hotelera de Cornell, les gana a ambos con su sugerencia de cambiar las notas de cata por diseños de cata. Su investigación muestra que abandonar las palabras, asignando en su lugar al sabor del vino colores, líneas, curvas y garabatos puede ser la mejor forma en que los novatos recuerden nuevos vinos y envuelvan su cerebro con los diferentes estilos sin sufrir los efectos del oscurecimiento verbal.

Pero la gente del vino tiende a ser una raza verbosa, y no está lista para renunciar a sus ricos vocabularios y cambiarlos por un simple puñado de palabras o por un dibujo. En cambio, la última solución para el tema de las notas de cata surge una vez más de los laboratorios científicos.

Programé mi visita con Ann de tal modo que también pudiera encontrarme con Alexandre Schmitt, quien había hecho su peregrinación anual hacia California desde Burdeos. Y, como Alexandre seguro te diría a los pocos minutos de conocerlo, de una vez te cuento que él es un experfumista cuyo entrenamiento en vinos comenzó cuando inició una tutoría con el productor de Chateau Petrus, el afamado Bordalesa, cuyas botellas cuestan uno o dos ojos de la cara. Los dos hombres hicieron un trato: Alexandre, graduado del reconocido Institut Supérieur International du Parfum en Versalles, le enseñaría a Jean-Claude Berrouet de Petrus todo lo que sabía sobre el olfato, a cambio de lo cual Alexandre aprendería todo lo que Jean-Claude conocía sobre vinos. Esto es parecido a que Anna Wintour se ofreciera como mentora de un aprendiz de diseño de modas, y la colaboración con Alexandre tuvo el mismo efecto en su carrera. Desde hacía mucho, la casa de alta costura del mundo del vino —Petrus, Château Margaux, Château Cheval Blanc, Château d'Yquem, Opus One, Harlan, Screaming Eagle— contrató a Alexandre para que asesorara a sus equipos sobre cómo oler y hablar de los olores. "Cuando estoy cerca, les pateo el culo", se jactó Alexandre. Se precia de que puede identificar mil quinientos aromas. Para ponerlo en perspectiva, él estima que la mayoría de los catadores más experimentados son capaces de etiquetar entre ochenta y cien aromas distintos. Ante un conjunto de olores para identificar, la persona promedio puede nombrar apenas unos míseros veinte.

Alexandre imparte "seminarios de olfato" de dos días para grupos de hasta veinte personas, los cuales se agotan; el curso cuesta 800 dólares por persona. Esa semana estaba dando un curso en el Wine Business

Center en St. Helena, donde lo conocí. "Cuando catas un vino es fácil mencionar muchos sabores", explicaba en conferencia a sus alumnos, en su mayoría vinicultores locales. "Pero si no los conoces de verdad, lo haces de una forma lírica o poética. En realidad, no es objetivo. Tampoco racional."

En lugar de los ejotes enlatados que Ann había preparado para mí, el escritorio de Alexandre estaba cubierto con docenas de frascos de vidrio transparentes que contenían esencias aromáticas preparadas industrialmente. Metió tiras delgadas de papel blanco en cada una, y luego las distribuyó por la clase. El menú de olores de la mañana incluía indol y ß-cariofileno, compuesto presente en el aceite de clavo.

La gente como Alexandre quiere ver cómo los profesionales intercambian la poesía de la gastronomía por la precisión de la química. Alexandre nos pidió que asociáramos palabras con los aromas estandarizados en laboratorio, para que todos ancláramos nuestro concepto de "fresa" con la esencia exacta. Para él, confiar en una fresa real, como lo hacía Ann, era impreciso. ¿La fresa era fresca, congelada o en jalea? ¿Era orgánica o cultivada en forma tradicional? ¿Qué variedad de fresa era?

Éste es el primer paso de un movimiento mayor que busca unir notas de cata con la composición química de un vino, al hacer que los catadores nombren los compuestos específicos responsables de los olores en una copa. Es la diferencia entre *huele a* y el olor en sí mismo: un vino hecho de Grüner Veltliner *huele como* a toronja, pero *huele a* tiol, el químico que contribuye al aroma de toronja. De acuerdo con este sistema más científico, los catadores deben describir notas de "vainilla" y "avellana" como "lactonas"; las de "fresa" y "frambuesa" como "ésteres"; y olores de "betabel" y "tierra" como "geosmina". Sin embargo, en muchos casos la jerga química confirma la lógica de comparar el aroma de los vinos con ciertos alimentos. Bajo el esquema de Ann, dirías que un Gewürztraminer huele a lichi y rosa. Bajo el nuevo enfoque deberías referirte a él como "alto en terpenos", una clase de compuestos presentes tanto en el lichi como en la rosa, el cual les otorga su particular aroma.

Con la esperanza de limitar las notas de cata caprichosas y potencialmente confusas, el Gremio de Sommeliers ha dado lineamientos para que los somms adopten términos técnicos, al menos cuando hablan de vinos con otros expertos. (Supuse que por eso Morgan se había preocupado por su anosmia a "rotundona" y no a la "pimienta negra".) Al decir que las notas de cata eran "inútiles e indulgentes en el mejor de los casos", Geoff Kruth, Maestro Sommelier y jefe de operaciones del Gremio, dijo que el nuevo lenguaje estaba destinado a "establecer una conexión entre la comprensión de los factores intrínsecos y objetivos que hay en un vino y las formas de describirlo". El enfoque técnico requiere analizar qué sustancias químicas le dan a un vino su carácter aromático distintivo. Mientras tanto, parte de la tecnología que hacía posible este nuevo lenguaje del vino —iluminando la química del vino— se encontraba en un laboratorio justo debajo del salón de clases de Alexandre.

Después de que Alexandre terminó la clase de ese día —"Okay, estoy cansado de ustedes. Es hora de terminar"— algunos de nosotros fuimos al primer piso a visitar las oficinas de los Laboratorios ETS. Nos colocamos detrás de uno de sus científicos, ante filas de escritorios cubiertos con tubos burbujeantes y balanzas. Por el ruido de alarmas, ventiladores y motores zumbadores parecía una unidad de cuidados intensivos, y muchas de las máquinas en realidad eran equipos hospitalarios muy costosos, que funcionan tanto con muestras de sangre como con un Cabernet.

Diversos enólogos de California, Oregon y Washington envían muestras de sus vinos a ETS para revisiones enológicas, con el fin de asegurarse de que su jugo de uva se esté fermentando adecuadamente o que esté libre de bacterias dañinas. Los técnicos de ETS incluso pueden ayudar a copiar el vino de un competidor. Al medir los niveles de taninos, lactonas de roble y otros compuestos en la botella del rival, ETS puede darles a las bodegas una hoja de ruta sobre cómo fermentar y añejar su propio vino para imitar el de otra persona. "En realidad, algunos enólogos son adictos a eso", dijo nuestro guía con una sonrisa.

Mientras tomaba profundas inhalaciones de indol con olor a heces, con la esperanza de convertirme en detectora fidedigna de aromas, no tenía idea de que las máquinas de ETS ya me habían ganado. Nos detuvimos ante un cromatógrafo de gases con espectrometría de masas o GC-MS, que separa los químicos en una mezcla compleja y los identifica por medio del peso molecular de cada uno. Parecía el hijo ilegítimo de una máquina Xerox y una unidad de aire acondicionado. Desde finales de la década de 1980, los investigadores han utilizado estos dispositivos para analizar cómo es que los compuestos aromáticos en el vino, tal vez varios cientos en total, se unen para crear el buqué. Esta máquina ha ayudado a desarrollar un nuevo léxico químico, al identificar qué componentes contribuyen a los aromas distintivos de los diferentes tipos de vino.

Por ejemplo, nuestro guía alardeó que recientemente su equipo había utilizado el dispositivo para desmitificar qué les daba a ciertos vinos de California un fresco olor a hierba. Antes, las personas que olfateaban los vinos dirían que tenían "algo de frescura" o "cierto toque de menta", explicó. Gracias a la GC-MS, las descripciones ya no serían tan vagas. Será posible identificar la sustancia química exacta que creó el olor: eucaliptol.

Se supone que este lenguaje de química básica propicia que las notas de cata sean más objetivas. Pero cuando consideré este nuevo léxico en el contexto de la larga historia del vino, lo que parecía una ruptura con el lenguaje "estafador" del pasado, me pareció menos excepcional: las notas de cata siempre han dicho tanto sobre las personas que beben el vino como sobre el contenido de la copa, y la versión más reciente no es distinta. Al describir los vinos, nos gusta hablar de nuestro yo ideal. Lo que pretendemos oler en un vino refleja los valores y los prejuicios del momento. A principios y mediados del siglo XX, cuando las jerarquías de clase estaban más definidas, un delicioso Sauternes sería elogiado por su "gran distinción y raza", mientras que un decepcionante Borgoña, que sabía más como un Burdeos, no "se habría aferrado lo suficiente a su propio clan". Bajo los auspicios del rigor científico, la jerga popular de Ann había surgido en un momento en que Estados Unidos estaba obsesionado con la vida sana, y las bondades naturales que se reflejaban en la Rueda del Aroma hacían que el vino pareciera tan nutritivo como una ensalada. "Compuestos por la generosidad de la naturaleza, extraída de las cuatro estaciones, los vinos ofrecen un irresistible atractivo para los viejos *boomers* obsesionados con el bienestar físico", escribe Sean Shesgreen en un ensayo sobre notas de cata para *Chronicle of Higher Education*. La mentalidad de obsesión con el ejercicio en la década de los ochenta trajo consigo una avalancha de nuevas palabras para describir los vinos, de la misma forma ahora nos obsesionamos con nuestra propia mentalidad. Las botellas eran "carnosas", "de hombros anchos", "robustas" o "esbeltas". Más recientemente, nuestros favoritos de cien puntos han convertido las botellas del mercado en una cornucopia de frutas y verduras exóticas que satisfacen la fantasía de las personas con un estilo de vida sencillo, de vuelta a los orígenes. Las referencias a "frijol de cera" y "fresa salvaje" reflejan nuestra pasión actual por lo sencillo y lo orgánico. ¿Y la tendencia a hablar de rotundona? Al parecer eso también satisface al movimiento emergente que dicta que no podemos confiar en nada, a menos que se cuantifique. Queremos datos sobre nuestra forma física, nuestros amantes, nuestro hedonismo.

Esperaba adoptar la precisión de este lenguaje científico. Por fin, el mundo del vino se volvía crítico con sus malos hábitos e intentaba volver a la tierra. Pero mientras meditaba sobre mis reuniones con Ann y Alexandre durante el viaje de regreso a San Francisco, no pude evitar preguntarme si aquello era una mejoría sustancial. La palabra *pirazina* podría ser la más precisa para el olor característico de un Sauvignon Blanc. Sin embargo, tampoco refleja la experiencia completa. Bajo el nuevo sistema de notas de cata, lo que solía ser un Cabernet Sauvignon con capas de pimiento, grosella negra, tierra recién labrada y pimienta negra, se convertiría en un vino con notas de pirazinas, tiol, geosmina y rotundona. ¿Preciso? Sí. ¿Tentador? En realidad, no. Y, además, no necesariamente sabemos cómo se combinan todos estos aromas para crear dicho olor. Combina pirazinas, tiol, geosmina y rotundona en una copa y no te habrás acercado a un Haut-Brion. Para ser justos, mezclar un poco de pimiento en cubitos con grosellas negras, pimienta negra y un puñado de tierra tampoco se acercará a su perfume. Sin embargo, al menos el sistema de Ann no pretende tener ese nivel de especificidad.

Mis descripciones favoritas de mis catas a ciegas con Morgan siempre fueron las que me permitieron internarme en una historia. Eran más escenas que metáforas: fantasías imaginarias e imposibles que, a pesar de su extravagancia (y subjetividad), eran mucho más sugerentes que "vainilla" o "lactona". Eran las notas de cata que nunca se podrían decir a un comensal ni mencionar en un examen, pero reflejaban cómo los sommeliers recuerdan los vinos. A Morgan se le ocurrían las mejores:

"Ese 'Increíble Hulk' acaba de salir de una especie de reactor nuclear": Shiraz australiano.

"Bailarín de ballet": Nebbiolo.

"Central Park Sur", la avenida donde se forman los carruajes tirados por caballos, conocida por su peculiar aroma a mierda de caballo: Burdeos.

"Basurero municipal": Chardonnay de clima malo y caluroso. (Morgan me mandó un correo de cuatrocientas palabras para definir lo anterior. No necesitas conocer los detalles, pero decía algo así como "fruta psicológicamente podrida".)

"Mi lengua golpeada por tacones de aguja y arropada con una manta de cachemira azucarada": Riesling alemán ligeramente dulce.

"Una maldita navaja de afeitar": Riesling austriaco.

Y, lo más memorable y ofensivo de todo, el sommelier que explicó cómo distinguió un Pinotage en una cata a ciegas: "Nuestra versión no oficial, porque realmente no se puede decir en público: es como un collar haitiano, hecho con un neumático mojado en gasolina, que pones alrededor del cuello de alguien y le prendes fuego".

Me reconfortó saber que ya había una tendencia para objetivar las notas de cata antes de que se volvieran aún más desquiciadas. Pero darme cuenta de que existía una forma más objetiva de sumergirse en los aromas del vino, extrañamente me ayudó a hacer las paces con el escandaloso lenguaje del vino. El mejor enfoque fue... todos ellos. Lo quería de todas las maneras posibles. Anhelaba el lenguaje analítico y objetivo que pudiera relacionar con la química real en la copa. Me mantenía honesta al respecto. Evitaría que los críticos hicieran pasar la florida jerga mercadológica como descripciones objetivas. Relacionaba el vino con sus procesos y con las decisiones que lo habían moldeado. Daba una forma más sólida a los recuerdos. Hubo una noche, justo después de una tormenta, en que salí a la calle con Morgan. "Huele a primavera", dije. Él olfateó y guardó silencio un momento. "Huele a petricor", replicó al final. Petricor es el nombre del perfume que desprende la tierra después de una lluvia, del griego *petros*, que significa piedra, e *ichor*, el fluido etéreo que se creía fluir a través de las venas de los dioses. Esa especificidad selló el momento y el aroma en mi mente.

También quería tener licencia para usar adjetivos más creativos. Con el lenguaje de la ciencia, e incluso con la terminología de Ann, casi todas las copas de vino podrían sonar igual. Fruta roja, fruta azul, fruta negra, fruta guisada. Las expresiones salvajes de Morgan despertaron mi apetito por el vino. Y aunque las evocativas notas de degustación eran menos precisas, podrían ser más acertadas. El gusto y el olfato son experiencias subjetivas, y usar la metáfora y la poesía a menudo daba más justicia a mi experiencia personal con los vinos. Técnicamente hablando, un Chenin Blanc a menudo olía a manzana asada, melaza, jengibre y paja húmeda.

En lo personal, siempre lo reconocí porque un olfateo me hizo pensar en una oveja mojada sosteniendo una piña. El olor de un hombre francés sudoroso en el aeropuerto significaba que tal vez estaba olfateando un Burdeos. El aroma de la colonia de mi abuelo —ácido, un poco mentolado— me indicaba un Cabernet Franc. Mi recreo de la infancia, el otoño, las hojas húmedas, la suciedad, era un Pinot Noir.

Las palabras importaban, pero pensé en lo que Ann y Hoby me habían dicho: lo más importante es poner atención. Bajé las ventanillas y dejé que el aire frío golpeara mi rostro. Mi cabello ondeaba de lado a lado.

De regreso a San Francisco y dejando atrás los viñedos, pasé por un bosque con aroma de cedro que me recordó las fogatas que mis compañeros de clase y yo hicimos en nuestros (odiosos y húmedos) campamentos escolares de las montañas de Oregon. Después heno. El área alrededor de Indian Valley estaba nublada. Los olores de la cocina emergieron a medida que desaparecían las tierras de cultivo. San Rafael olía a pollo agridulce; Larkspur a papas horneadas con romero. Las densas sombras de Muir Woods proporcionaban una última explosión de naturaleza: pino y corteza resinosos, musgo, un toque de grasa para zapatos. Incluso antes de ver las señales de la cercanía de San Francisco, percibí el aroma salado del mar mezclado con un fuerte olor a detergente y ajo. Entonces me di cuenta de que había conducido todo el camino sin encender la radio. Tenía otras cosas a las que prestarle atención.

CAPÍTULO NUEVE

La representación

Cuando por fin tuve las palabras correctas para hablar sobre vino, estaba ansiosa por recomendar botellas a otras personas. Pero si crees que es difícil conseguir una reservación en uno de los mejores lugares de Nueva York, peor es intentar que te contraten. Los mejores restaurantes —que casi siempre son los que tienen sommeliers— emplean de acuerdo con una *diabólica paradoja:* para ser contratado en restaurantes de Nueva York debes haber trabajado en restaurantes de Nueva York. "Pero ¿has trabajado *en la ciudad?*", es la inevitable pregunta que sigue. Casi todos los profesionales del servicio que aspiran a superar este callejón sin salida, mienten. Morgan lo hizo para obtener su primer trabajo de somm. "Esto es como matar o morir", razonó. Yo no tenía ningún reparo moral en embellecer mi currículum. Sólo que no había nada que embellecer.

Mi mejor oportunidad de trabajar en el comedor de un restaurante como sommelier —de acuerdo, mi única oportunidad—se redujo a pasar el Examen de Certificación de Sommelier. Al principio, consideré prepararme para el examen como una forma de adoptar los regímenes de

entrenamiento de los sommeliers y ganar credibilidad para intentar in-
filtrarme en su círculo. Y en realidad, presentar el examen me ayudaría a
evaluar si mi entrenamiento me había elevado más allá de mi estado original de ignorancia. Pero cada vez más cifraba mis esperanzas en obtener un diploma de la Corte como trampolín fundamental para ascender a
un nivel superior de comprensión, un medio para lograr un fin, más que un
fin en sí mismo. Morgan y sus amigos no se obsesionaron con la salud de
sus papilas gustativas ni en memorizar las subzonas del Valle de Simil-
kameen River solamente por cultura general; estos ejercicios y privacio-
nes los ayudaban a cuidar de los paladares de los comensales a un nivel
superior. Comencé a pensar que la última prueba de lo que había aprendido sobre el vino y los sentidos se trataba de aplicar ese conocimiento y de
acercar a otras personas al tipo de experiencias que yo había descubierto. Y, además, después de meses de escuchar sobre el estrés, la presión y
las alegrías del trabajo, estaba ansiosa por comenzar.

En unas semanas presentaría el Examen Introductorio de la Corte, una
prueba escrita que es prerrequisito obligatorio para presentar la Certificación. Asumiendo que aprobara el primer nivel, podría obtener el Certificado
sólo unas semanas después. (Dado que los espacios se llenan rápidamente,
con gran optimismo me registré para las dos pruebas de una vez.)

Mi preocupación inmediata con respecto a la certificación era el servicio. En el tiempo que pasó entre TopSomm, mi entrenamiento en Marea
y las horas que dediqué a estudiar videos instructivos sobre el procedimiento de cómo servir el vino en el sitio web del Gremio de Sommeliers,
vi las suficientes veces a muchos somms atravesar las etapas del servicio
para considerar que lo tenía dominado. De todos modos, la primera vez
que sirviera champaña ante una audiencia no podría ser durante el Examen de Certificación. Debido a que pocos restaurantes confían a sus PX
en una escritora, necesitaba otra forma de practicar un servicio formal
con comensales reales y en vivo. Así que decidí preparar mi examen al
igual que lo hacen los sommeliers: participar en una competencia.

Como faltaban dos meses para el examen de Maestro Sommelier, Morgan optó por entrenar participando en Young Sommeliers, el concurso de somms más antiguo de Estados Unidos. Lo organiza cada año Chaîne des Rôtisseurs (Cadena de Asadores), una hermandad internacional de *gourmands* que tiene sus raíces en la Francia del siglo XIII y el Royal Guild of Goose Roasters (Gremio Real de Asadores de Gansos). Esto quizás explique por qué los miembros se presentan a sus eventos festoneados con cintas en el cuello —el color depende del rango— y cargados de medallas, llamándose entre sí con títulos franceses como *confrère* y *bailli.* (Su talento para la pompa y circunstancia da origen a su apelativo ante la Chaîne: la "vieja fraternidad, rica y blanca".) Para los miembros de la Chaîne, que comparten un fuerte apetito por las buenas comidas y un buen servicio, el concurso Young Sommeliers es una forma de mantener altos los estándares en sus lugares preferidos para cenar. Para Morgan, era otra oportunidad de exhibir sus habilidades para servir en el formato de una prueba cronometrada, lleno de adrenalina y que le permitiría cumplir con los estándares de servicio más formales de la Corte. Y eso sonaba justo a lo que yo necesitaba.

Al igual que en TopSomm, Morgan había calificado para las semifinales de la Chaîne mediante un examen en línea. Las preguntas, la mayoría imposibles de responder desde mi punto de vista, iban desde ¿qué es un muselet? (un mussel en miniatura, según yo), hasta ¿quién es Charly Champaña? (¿el alma de la fiesta?). Se me pasó la fecha límite para entrar como competidora oficial, pero le endulcé el oído al Grand Échanson, líder de las actividades de la Chaîne, para que me dejara participar en las semifinales que incluían cata a ciegas, teoría y servicio.

Las semifinales se realizaron en el University Club, un club social privado de más de ciento cincuenta años de antigüedad en Midtown Manhattan, enclavado en un elegante e intimidante edificio palaciego. Ya en el vestíbulo el uso de celulares estaba prohibido. Las mujeres, que fueron admitidas finalmente en 1987, no podían usar la piscina. (A los hombres les gusta nadar desnudos.) El día de la competencia llegué vestida con el mismo saco y el collar que Victoria había avalado para mi prueba en Marea. No me arriesgaría: el Grand Échanson me había advertido que la evaluación comenzaría con la inspección de mi atuendo y uñas. "Es un poco como ser una ostra junto a la morsa y el carpintero", me escribió en un correo. Esto me preocupó ya que, en el poema de Lewis Carroll, la morsa y el carpintero terminan por devorar a todas las ostras.

Los jueces me esperaban en un salón privado que aún conservaba el denso aroma de los puros. Los cuatro llevaban elegantes trajes y corbatas. Si tuvieron alguna objeción con mi atuendo, no la revelaron. Los *confrères*, que fungirían como los comensales en el examen del servicio, se sentaron en torno a una mesa con vasos de agua y formatos de evaluación. El Grand Échanson anunció que podía comenzar.

Aunque no había aprendido a sacar en silencio un corcho de una botella de champaña, supondrás que al menos pude caminar en círculos sin sacudirme espasmódicamente en todas direcciones. Pues te equivocas. Cuando me alejé unos metros de los jueces, me di cuenta de que estaba a punto de girar en sentido contrario a las manecillas del reloj alrededor de la mesa, me desvié hacia la derecha para cambiar de rumbo y luego me tambaleé hacia la izquierda cuando advertí que mi dirección original había sido correcta. Me detuve brevemente junto a un juez —¡No! ¡Error! ¡Él no es el comensal!—, luego di unos pasos hacia el Échanson —mierda, otra vez en sentido contrario a las manecillas del reloj— mientras todas las cabezas giraban, intentando seguirme y pidiéndome si les podría recomendar algo para el maridaje del aperitivo de cangrejo de Dungeness con setas bebé shiitake, hinojo, hoja de mostaza roja y crema de langosta.

"Desde luego", respondí entusiasmada. Traté de sonar emocionada al sugerir una cava española, un vino espumoso de un productor llamado...

llamado... ¿cuál *era* su nombre? "Sólo tendré que consultar nuestra lista de vinos", dije en tono de disculpa. Morgan me había dicho que a la Chaîne le gustan los somms que se enfocan en la venta. Tuve que haber dicho algo del delicado *pétillance*, de la tercera generación de vinicultores, bla, bla, bla. En lugar de eso dije: "Es algo fresco, pero también los sabores autolíticos que se obtienen del brioche combinan con la langosta".

"Autolítico: ¿es algo relacionado con la mecánica de autos?", preguntó uno de los jueces.

Sí, señor, sueno como una imbécil, quise decir. Era el ejemplo perfecto de qué tipo de lenguaje técnico no se debe de usar ante los comensales. "Ésos son los sabores que se obtienen de la levadura muerta", expliqué. Los comensales hicieron muecas. Yo hice muecas. ¿Levadura muerta? ¿En serio, Bianca?

"Aghhhh", dijo uno de los hombres.

"Aghhhh", pensé yo también.

No dejaban de hacer preguntas. *No inventes cosas,* me había advertido Morgan. Contesté con una selección de sonidos que querían decir: "No tengo ni la más remota idea", en un elegante lenguaje de somm. "No quisiera equivocarme, pero creo que el Monte Bello es una mezcla de Burdeos". Y: "Me encantaría consultar con nuestro gerente de bebidas". O bien: "¿Sabe?, ésa es una gran pregunta. Si me da un minuto para revisar nuestros textos de referencia, con gusto le responderé". Cuando no tenía conocimiento real de los vinos que ordenaban, usaba el vocablo *umami,* una de las palabras favoritas de Morgan para cuando no tenía idea de qué decir. "Ese Pinot Noir de Borgoña tendrá una profundidad de umami para complementar la calidad de la carne, pero con el risotto con piñones también tendrá una buena calidad de umami, así que, ¿Chardonnay?" No sonaba bien. Olvidé pulir las copas y presentar el corcho. Derramé champaña sobre la mesa. Hablé durante el brindis. Me quedé en blanco ante preguntas básicas como: "¿Fue 1982 un buen año para Burdeos?", lo que equivale a preguntar: "¿Alguien fue elegido presidente en 2008?".

"Yo creo que ella está pensando: '*Mierda*, ¿en qué me metí?'", escuché decir a uno de los jueces cuando me di la vuelta. Al parecer ellos pensaban lo mismo que yo.

Para la tarea final, debía decantar una botella añeja de vino tinto en la mesa. Como Morgan sugirió, había memorizado una lista imaginaria de vinos para tener botellas que recomendar junto con datos interesantísimos sobre cada uno de los productores. Había tenido poco tiempo y en mi lista inventada sólo había un productor francés. Era un Château Gruaud-Larose, una de las sesenta y un Cosechas Clasificadas de Burdeos.

¿Y qué le gustaría al caballero como botella final? El Grand Échanson pidió una Château Gruaud-Larose 1986.

No podía creer que tuviera tanta suerte. Finalmente, las cosas comenzaron a mejorar. Reuní todos los materiales que necesitaba para decantar y los dispuse en el gueridón, una pequeña mesa con ruedas que detuve justo a la derecha del Grand Échanson. Había una vela y la encendí; el decantador, dos servilletas, tres portavasos, y desde luego la botella de vino recostada sobre una canasta de plata, envuelta con cuidado en una servilleta de tela. Listo, listo, listo.

"¿De dónde es el Gruaud-Larose?", preguntó uno de los jueces, representando a un comensal curioso.

"De Saint-Julien", respondí. Sin titubear. Parecía sorprendido.

Mientras me preparaba para abrir la botella, comencé a entretejer datos a lo largo de una pequeña historia sobre ese vino. Les hablé de que era de Segunda Cosecha, uno de los mejores productores de Burdeos. Un hermoso viñedo del mismo propietario del Château Haut-Bages-Libéral. ¡Una de las pocas propiedades en la región con un cañón granífugo! Todos parecieron relajarse.

Saqué mi sacacorchos y me coloqué junto a la botella que seguía recostada. Tiré la hoja del cuchillo una vez, dos veces, y resbaló rápido alrededor de la corona. Hermoso. Joe Campanale estaría orgulloso. Puse el sacacorchos en el corcho. Justo en el centro. Maravilloso. Me sentía con confianza. Conversaban. Por primera vez, parecía que en realidad lo estaban disfrutando. Magnífico.

Estabilicé el borde metálico del punto de apoyo del sacacorchos contra el labio de la botella para empujar el corcho hacia arriba y sacarlo, y, mientras, charlaba animadamente sobre el agarre tánico de las mezclas de Cabernet Sauvignon. No pensé demasiado en la succión húmeda del corcho. Luego hubo un chasquido húmedo.

Mi primer pensamiento fue que me habían disparado. Mi segundo pensamiento fue: ¡ojalá me hubieran disparado!

El vino explotó, regando el Cabernet sobre los jueces. El vino goteaba de la mesa, me chorreaba por la cara y bajaba por los lados de las copas. Los manteles blancos estaban manchados de rojo. La alfombra, roja. Yo había sido el escudo humano del Grand Échanson y mi camisa blanca estaba salpicada de rojo. Estaba empapada. Parecía que la sangre brotaba de mi pecho.

No tenía sentido disimular la verdad y los jueces no lo intentaron. Uno de los cuatro, un Maestro Vinícola, sugirió que el sistema de calificación de críticos para el vino ofrecía la medida más útil para mi desempeño.

"En el mundo de la competencia del vino, tenemos muchas definiciones de calidad", dijo. "Damos medallas de oro y plata y medallas de bronce. Y bajo los no premiados hay una categoría familiar para todos los jueces de competencias de vinos. Se llama NLMEMB. ¿Sabes lo que eso significa?" Negué con la cabeza. "Significa: 'No lo metas en mi boca'." Ésa soy yo, me di cuenta. Soy el equivalente humano de "no meterlo en la boca".

Aunque mi comportamiento en la mesa provocaba que la gente perdiera el apetito, mis habilidades de cata a ciegas eran por mucho de grandes ligas. Los jueces de Chaîne descubrieron que en ese frente mi actuación había sido avanzada. "Me sorprendió que no fueras tan buena, tan refinada, porque me impresionó lo que hiciste aquí en la cata a ciegas", me dijo un juez después de que todo concluyó.

Yo, por otro lado, estaba menos sorprendida por estos resultados. Me había sentido fascinada, sobre todo, por los aspectos sensoriales del oficio de los sommeliers, y mis habilidades de servicio se reflejaron en buena medida. Me costaba motivarme para dominar un complejo conjunto de rituales que parecían existir con el único propósito de que los sommeliers dominaran un complejo conjunto de rituales.

Aun así, debía pasar una prueba, por lo que seguí diligentemente los consejos de los sommeliers para redoblar mis esfuerzos en la práctica de los pasos de servicio en casa. Como el demente anfitrión de una reunión de té, me tambaleaba alrededor de la mesa de la cocina sosteniendo una tabla para picar (lo más parecido a una bandeja que tenía), sirviendo Prosecco barato y fingiendo responder a las preguntas de sillas vacías sobre ingredientes de coctel o viñedos de Champaña. Una ronda tras otra iba, venía, pulía, presentaba, llenaba, derramaba, salpicaba la mesa y el pegajoso piso. "Cuánto lo siento", me disculpaba con la silla. "Yo me haré cargo de la nota de la tintorería." Cuando Matt llegaba a casa fingía ser un comensal. Pronto me di cuenta de que prefería las sillas, que no me retaban y sólo hacían preguntas que podía responder. "Este vino tiene notas de nuez", le dije a Matt, mientras le ofrecía una botella. Puso los ojos en blanco. "Y *tú* tienes notas de locura."

Pero sentía que esta práctica era incompleta. Estaba desarrollando parte de la memoria muscular para servir, pero sin ninguna inteligencia emocional. Actuar como juez en TopSomm, donde había presenciado el servicio de primera clase en acción, y luego en Marea, lo que me abrió los ojos a las presiones de la vida real, había revelado el "cómo" del servicio. El "porqué" fue más elusivo. Mientras sirviera el vino, ¿en realidad a alguien le importaba que lo hiciera del lado derecho y no del izquierdo? Quería entender la parte racional detrás de lo sacramental de un servicio de restaurante formal. Como dirían los actores: ¿cuál es mi motivación? ¿Por qué estos rituales eran importantes?

Cuando Morgan se enteró del desastre en la Chaîne, intentó conseguirme un *stage* a su lado en Aureole. Se estaba preparando para su propia prueba de servicio —una de las dos secciones del Examen de Maestro Sommelier que aún debía aprobar— y supongo que pensó que al prepararme repasaría sus conocimientos. Como fuera, yo estaba agradecida. Me concedieron una semana para seguirlo en el comedor del restaurante durante sus turnos de almuerzo y cena. Al permitirme que abriera botellas y las sirviera, la práctica en el Aureole prometió ser más útil que mi tiempo en el Marea. Además, ahí donde Victoria veía el negocio, Morgan tenía una visión filosófica. Si alguien podía dar cuenta de las tradiciones del servicio, era él. Como me había dicho en nuestro primer intercambio de correos electrónicos: "He pensado y escrito mucho al respecto para mí mismo, para descubrir por qué lo que hago tiene importancia social y cultural".

Cuando nos encontramos el primer día, Morgan estaba nervioso. "Necesito ocuparme de esta situación del agua", anunció. "La emergencia inmediata es que no hay agua."

Alguien no había pedido el agua Pellegrino, y Morgan estaba horrorizado porque a la hora de la cena esperaban a ochenta y seis celebridades. Lo seguí por una empinada escalera hacia la cava de tres secciones del Aureole, conservada a 12 °C, temperatura que se duplicaba en la oficina del equipo de vinos. Detrás de uno de los escritorios, colgada en la pared, había una impresión borrosa del rostro de un hombre. Por un momento pensé que era un cartel de "Se busca". "El crítico de restaurantes de *The New York Times*, Pete Wells", decía la leyenda. El personal estaba en alerta máxima ante posibles reseñistas. Una docena más de carteles estaban colgados dos pisos más abajo en la entrada de la cocina, junto con la lista de los caprichos culinarios de cada persona. Jeffrey Steingarten de *Vogue*: "Le gustan: papas fritas. No le gustan: anchoas, postres en restaurantes indios, comida azul (excepto arándanos), kimchi". Traté de imaginar un escenario en que la cocina del Aureole, progresista, que sirve faisán, cortes de carnes y langostas de Maine, ofendiera al señor Steingarten sirviéndole un postre de restaurante indio. Supongo que la vigilancia es la mejor defensa.

Al igual que los humanos de la misma edad, el Aureole, de treinta años, comenzaba a preocuparse menos por la frescura o las modas que por la estabilidad y un sólido ingreso. Siete años antes, el restaurante se había mudado de una casa adosada del Upper East Side a un espacio cavernoso en Times Square. Ahora es un pilar en el distrito de los teatros, atrae a los abogados con tarjetas corporativas de las firmas que están en la torre de oficinas en la parte superior, así como a las parejas que vienen de fuera y derrochan dinero al pasar una gran noche en la Gran Manzana. Los menús y las sillas son de cuero, el menú de degustación comienza en 125 dólares por cabeza, y el smooth jazz suena a un volumen de buen gusto. Los vinos de California, Borgoña y Burdeos ocupan una parte considerable de la lista, y se puede pedir el *foie gras* durante todo el año. La última reseña del *Times*, publicada justo después de la reubicación del restaurante, declaró a Aureole como "un restaurante estilo Las Vegas transportado en avión hasta Manhattan".

Morgan y yo subimos corriendo las escaleras para buscar botellas de la bodega a fin de reabastecer el bar. Tomé una por el cuello. Morgan parecía que estaba sufriendo. "Maneja la mercancía con respeto en el comedor", suplicó. Puso la botella en el hueco de mi brazo, así que la acuné como un bebé.

El servicio de comida comenzó con un almuerzo de negocios en el comedor privado. Morgan entró para ver cómo iniciaba la comida. Conté los asientos para saber cuántas personas no tenían vino.

"No señales con el dedo", susurró.

Crucé mis brazos sobre el pecho.

"¡No te cruces de brazos!", puse las palmas sobre la estación de servicio detrás de mí y me recargué.

"¡No te recargues!"

Morgan me explicó las razones detrás del protocolo del sommelier mientras yo llevaba y servía las botellas que habíamos conseguido. Algunos rituales todavía me parecían arbitrarios. Nunca debía "dar un revés" a los comensales —es decir que el dorso de la mano no debía mirar a la mejilla de la persona mientras servía—, sino que la palma abierta debía estar dirigida hacia el rostro. ¿Por qué? "Es algo bíblico", insistió Morgan. "Es un acto de confianza. No muestras el dorso de la mano porque no escondes nada en la palma de la mano."

Otros pasos de servicio eran bastante lógicos. Cuando abrimos una botella de champaña, Morgan cortó y quitó con cuidado la lámina, como con cualquier vino, luego colocó una servilleta doblada sobre la parte superior. Hizo que doblara mi mano izquierda alrededor de la servilleta y el cuello de la botella, de modo tal que lo sostenía con la palma y mi pulgar presionaba la parte superior del corcho. Con mi mano derecha me hizo girar el alambre de metal sobre la rejilla que cubre el corcho —¡*así que eso es un muselet!*—, exactamente seis veces para deshacerlo. Me advirtió que, desde ese momento, mi pulgar izquierdo nunca podría dejar el muselet. Ése sería un error automático en mi examen de la corte. En la vida real, sería una amenaza para la vida y la integridad física de todos los que me rodean. Resulta que los corchos de champaña son un riesgo para la sociedad. Emergen de las botellas a cuarenta kilómetros por hora y los transeúntes han sido magullados, golpeados e incluso cegados por corchos voladores. (Un artículo de investigación sobre estas "lesiones de ojo a causa del corcho" —término oficial para cuando un corcho golpea en la órbita de un ojo— establece, sin aparente ironía, que "parecen ser más frecuentes en fin de año".) Esta rutina oficial avalada por la Corte se ha desarrollado para garantizar que nadie quede mutilado. Como dije, tiene lógica. Para sacar el corcho con seguridad, sostuve la base de la botella en mi mano derecha, con una ligera inclinación, y luego giré de abajo hacia arriba para aflojar el corcho que sujetaba con la mano izquierda.

Todo empezaba a tener más sentido. Hacer que todos caminen en el sentido de las manecillas del reloj evita que el personal choque en la sala. Poner portavasos en la mesa indica que se ha ordenado una botella. Poner botellas en los portavasos evita que los goteos manchen la mantelería. Poner corchos en los portavasos evita que la mesa se moje con los corchos húmedos, los cuales a algunos invitados les gusta inspeccionar para ver cómo ha envejecido la botella. (Un corcho frágil, o uno húmedo hasta la parte superior, podría significar que el oxígeno se ha filtrado y estropeado el vino.) Las copas van a la derecha del plato, ya que la mayoría de las personas son diestras. No debe tocarse nada excepto el tallo de la copa, ya que hacerlo podría dejar huellas dactilares y calentar el recipiente de vidrio que contendrá el vino. Los sommeliers limpian el borde de la botella antes y después de quitar el corcho, sólo para asegurarse de que ninguna suciedad o moho en el exterior de la botella contamine el vino. Limpian el fondo de una botella que ha estado en hielo, para que el agua no gotee sobre los comensales. Ponen los vinos más viejos en una canasta de decantación, la cual mantiene las botellas en la misma posición horizontal en la que se han almacenado, evitando así que se agiten los sedimentos que podrían terminar en la copa de alguien. Después de la decantación, apagan la vela cortando el pabilo, en lugar de soplar, para que el humo no contamine la fragancia del vino.

Pero esas consideraciones prácticas explicaban sólo una parte de los esfuerzos de Morgan, y noté nuevos rituales de servicio cuyo propósito aún no comprendía. Morgan se mantuvo firme en el protocolo y el turno de noche se desarrolló en medio de una recitación continua de cosas que él notó que "no estaban a la altura del servicio". La Heineken que le sirvieron al caballero de la mesa 30 antes de que le sirvieran el vino a su acompañante. La falta de consistencia en qué tipo de copas usar para el Syrah. Los meseros que preguntaban: "¿Ya terminó?", en lugar de decir: "¿Podemos retirar sus platos?", o bien ofreciendo los "especiales" *in lieu* de las "sugerencias adicionales del menú". Le molestaba la costumbre del Aureole de dejar copas de vino en una mesa después de que los comensales pidieran un coctel —táctica destinada a sugerir la compra de una botella. Se estremeció cuando en una mesa no sirvieron las entradas de forma sincronizada. La cantidad de mesas que habían dispuesto en el comedor. Toda la orientación del comedor, que lo obligaba a dar la espalda a los comensales. No era la primera vez que lo escuchaba murmurar que eso nunca hubiera sucedido en el Jean-Georges.

Para Morgan, eran fallas de calidad similares a intercambiar tu alma por la condenación eterna. "Es una situación fáustica", protestó cuando se vio obligado a "mostrar el revés de la mano" a dos de los seis comensales en un gabinete de la esquina mientras recogían sus platos. "Quiero mostrar la palma de la mano, pero debo atravesarme. No puedo pasar otro plato a mi mano izquierda, pero primero debo despejar la parte interna."

Más allá vi a su jefa, Carrie, hablando con unos clientes habituales. Tenía una rodilla apoyada en un banco, un brazo caía sobre él, y estaba recargada sobre el respaldo de cuero. Decidí no hacérselo notar a Morgan.

En cada mesa, Morgan colocaba su torso y sus miembros con un cuidado deliberado. No había movimientos erráticos. Cuando tenía que extender el brazo para atender a alguien, siempre lo hacía en un ángulo elegante y seguro. Caminaba con la barbilla levantada y los hombros hacia atrás, vestigios del Jean-Georges. Antes del servicio de cada noche, el capitán de Morgan corregía la postura del personal. Bajar los hombros y sacar el pecho tenía la intención de transmitir un aura de confianza, la cual los gerentes pensaban que inconscientemente convencería a los invitados de gastar más. De pronto me di cuenta de lo inquieta que estaba: agitaba las manos, tocaba mi cabello, me mecía hacia atrás. Recordé que Morgan me había indicado hacer yoga para lograr un mayor grado de "nitidez y atención física" a cada movimiento. Me había asegurado de que me ayudaría a "estar presente con alguien y presente en mi propio cuerpo".

Algunos de los descuidos del servicio que irritaban a Morgan iban en contra de los estándares de Aureole. La mayoría se trataba de violaciones del propio código de conducta personal de Morgan, de las que estaba muy bien informado por las pautas de la Corte, pero que él llevaba mucho más lejos con una mayor exigencia. Por ejemplo, Morgan respondió con demasiada elocuencia a la pregunta de cortesía de un cliente: "¿Cómo está?". Morgan dijo: "Estoy maravillosamente bien esta noche, gracias". Pensaba que si ponía cuidado en ofrecer una respuesta que no sonara acartonada provocaría que el comensal se sensibilizara por la humanidad que compartían y con ello fomentar una mejor entrega al momento. "Te convierte en una persona real y no en un robot", dijo. "¿Cuándo fue la última vez en su vida que alguien dijo: 'Ah, sólo vamos a ir tropezando por nuestras vidas'?".

Morgan tiene ideas nobles acerca del uso del vino para unirse con sus semejantes. La noche siguiente, durante la formación previa al servicio, quedó claro que la prioridad de Morgan no era compartida por el resto del personal del Aureole.

Carrie, directora de vinos del Aureole, dio un discurso sobre algunos recordatorios en cuanto al protocolo de servicio básico. Cosas que Morgan jamás descuidaría. Ella imploraba al personal que siempre "acogiera" a los invitados y nunca les diera la espalda. "Queremos actuar como si fuéramos los brazos de los comensales para que ellos no lo hagan."

Después de algunos recordatorios para que *por favor* sirvieran los platos en los lugares correctos, la siguiente media hora se enfocó en las ventas. Carrie interrogó a los meseros sobre los vinos que el Aureole ofrecía

por copeo, y les hizo recitar notas de cata como si hablaran con un comensal. Estaba satisfecha con un adjetivo simple o dos, como "flores secas" o "acidez media". Pero Morgan intervino después de cada vino para
exponer sus matices. El Massolino "realmente está marcado por este tipo
de aroma floral salado". El J. M. Boillot tenía "un sabor un poco más tos-
tado, de fogata, avellana tostada, con un toque de castaña asada. Es im-
portado por las mismas personas que poseen los Vineyard Brands, lo que
creo que siempre es interesante notar", dijo Morgan. Nadie en la sala parecía compartir su definición de "interesante".

"¿Alguien sabe por qué pregunté por estos vinos en particular?", preguntó Carrie, intentando retomar la conversación hacia donde quería
conducirla. "Porque no los *vendemos*", dijo en tono de regaño.

Morgan la interrumpió. Tenía sus propias ideas al respecto. "Chicos,
para cualquiera una copa de vino de entre 30 y 50 dólares es cara, así que
creo que la pregunta que deben responder es: ¿por qué alguien la pediría?",
dijo. "Éste es un vino de once años. Hay un lujo, una opulencia, una intensidad en esos vinos, que ningún otro vino de la lista les ofrece. ¿Y acaso
no todo el mundo quiere tener una experiencia lujosa, opulenta e intensa? Ciertamente yo sí. No siempre me lo puedo permitir... pero cuando me
quiero consentir, gasto mi dinero de esa forma."

Carrie retomó donde se había quedado, como si no lo hubiera escuchado. "Y en cuanto al vino de postres, aun cuando no pidan postre, deben decir: '¿Le gustaría ordenar una copa de vino en lugar de postre?'."

Les anunció una competencia para ver quién acumulaba la mayor
cantidad de comandas perfectas. Una mesa perfecta ordenaría un coctel ("Un *aperitif*", dijo Morgan), una botella de vino y un vino de postre.
El ganador obtendría una botella magnum de champaña. "Es tu venta, es
tu dinero. Presionas para lograr la venta y obtienes el dinero", dijo Carrie. Casi esperaba que siguiera con el discurso de *Glengarry Glen Ross*:
"Al segundo lugar, un set de cuchillos para carne. Al tercer lugar: estás
despedido".

Desde hace mucho los comensales han sospechado que el personal del restaurante hace precisamente este tipo de maquinaciones. La paranoia y el estereotipo de que los sommeliers —en especial— están dispuestos a exprimir las carteras de sus clientes han existido al menos desde los primeros días de la electricidad, alimentando el miedo y la desconfianza ante personas como Morgan. En una reseña de un restaurante de 1887, un crítico gastronómico de *The New York Times* se indignó porque si bien había "muchas críticas por hacer" sobre un restaurante parisino particular, "por encima de todas" debía colocarse la necesidad de "limitar el privilegio del que disfruta el sommelier para recomendar ciertos vinos por los cuales, se puede suponer, recibe una comisión". En 1921, un periodista se puso tan nervioso por la posible propagación de sommeliers en Estados Unidos, incluso durante la época de la Prohibición, que publicó en el *Times* una cruzada para alertar a sus compatriotas sobre esta raza peligrosa:

> Este artículo... está escrito con la deliberada y despiadada esperanza de eliminar una clase completa de asalariados. Está escrito con la firme convicción de que, a menos que sean expulsados de su actual estilo de vida y forzados a buscar otros medios para ganarse la vida, su pernicioso ejemplo se extenderá desde Europa hasta América y colocará nuevos y fantásticos obstáculos en el camino de la gran masa de estadunidenses que intenta salir adelante con sus gastos esenciales. Los asalariados en cuestión son esos empleados extraños que infestan los mejores restaurantes de París, conocidos como "sommeliers".

El escritor fracasó en su intento de detener la infestación. Pero no estaba equivocado en el sentido de que Morgan de hecho se reporta ante dos jefes cuando se presenta en el comedor cada día: el Aureole y los clientes del Aureole. Él espera que ambos se vayan contentos a casa. Sin embargo, como lo presencié en el Marea, en el Aureole no les importa quitar a sus clientes tanto dinero como sea posible en el proceso, lo cual no es el

objetivo primario de alguien cuando sale a comer. Por más que hable sobre los hallazgos de los vinos que les dan a las personas un lugar en el
universo, Morgan también tiene que considerar su deber hacia el restaurante —el cual es lograr un mayor margen de ganancia en la bebida que
en la comida— y con su personal —cuyas propinas se calculan a partir de
la cuenta total. Los capitanes de meseros del Aureole ganan entre 62,000
y 66,000 dólares al año, los meseros entre 52,000 y 58,000 dólares y los
ayudantes de mesero entre 32,000 y 36,000 dólares al año: todo ello una
combinación del salario mínimo que ganan por hora, más propinas, que
eran más altas que en los demás restaurantes por los precios que maneja
el Aureole. Morgan, que recibe una tajada mayor de la propina, gana alrededor de 70,000 dólares al año, bastante menos de lo que ganaba en el
Jean-Georges, que llegaba a ser una cantidad de seis cifras.

Morgan confía en la calidad en el servicio para cerrar la brecha entre
estos dos amos. Él nunca presionaría a un cliente más allá de su presupuesto. Pero tampoco estafaría al Aureole. Para que los bebedores estén
de humor para tomar una bebida especial y lograr que se sientan especiales, hace todo lo posible por tratar a cada mesa de una manera excepcional. Si él vestía la noche con su pulido comportamiento, los comensales
a los que servía podrían decidir adornarla también. Tal vez pedirían una
botella, en lugar de una copa. O se decantarían por un Chianti Classico
Gran Selezione en lugar de un Chianti regular.

Gracias a nuestra estructura multisensorial, el cuidado extra de Morgan incluso podía mejorar el sabor del vino. Sabemos que esto es cierto
de forma instintiva, pero los laboratorios también han medido sus efectos:
en un estudio de la Universidad de Oxford, coescrito por Charles Spence, se sirvió a las personas una ensalada colocada de manera ordenada
al centro de sus platos y otra versión artísticamente arreglada, diseñada para parecerse a un lienzo de Kandinsky, con hongos yuxtapuestos en
ángulo recto con zanahorias ralladas y salpicados asimétricos de adere-
zo de naranja. Los comensales calificaron el segundo plato como mucho

más delicioso y estaban dispuestos a pagar más por él. Morgan tenía poder sobre el sabor de una botella. Tal vez era más enólogo de que lo que
él mismo creía.

La primera noche de mi trabajo no me había dado cuenta hasta qué punto
Morgan analizaba el comportamiento de los comensales tan minuciosamente como el suyo y el del resto del personal, y los mantenía en el mismo alto estándar. Parecía que le dolía cuando las personas no acogían el
decoro de comer con elegancia al nivel que él consideraba apropiado. "Ese
tipo tiene en la boca una gran bola de chicle. Una gran manera de comenzar su comida", dijo con sarcasmo. "En la mesa ciento catorce por allá",
me susurró. "está el clásico ejemplo de cómo usan el plato base como portavasos." Gimió al verlo de nuevo y se lamentó por cómo unas personas
tomaban cocteles "¡con un maridaje incorrecto!" durante toda una comida. Le inquietaba la gente que agitaba la mano para llamar a los meseros,
y quienes entraban al comedor con sus abrigos. Parafraseó a Daniel Boulud sobre la importancia de los guardarropas: "Tenemos un guardarropa
para los abrigos, no porque queramos robárselos sino tal vez porque no se
debe entrar con abrigo al comedor". Se exasperó por los hombres que se
quitaron el saco. "En el Jean-Georges, te *pedirían* que te pongas de nuevo
tu saco." Observó horrorizado cómo un hombre bebía un pesado Syrah,
un "vino fuerte, negro, de roble", con pescado crudo.

"Éste es el infierno de Morgan", dijo. "Tienes algo que sabe a malteada negra con cecina. Ay, Dios mío, y beben eso con pescado. Hay un séptimo círculo en el infierno de Morgan Harris donde la gente siempre hace
esas cosas: mezcla PlumpJack Syrah con atún crudo."

En la mente de Morgan hay una forma correcta de hacer las cosas. Un
código de servicio para un sommelier, y un código de conducta para un

comensal. Los principios mandan sobre los caprichos personales. Del mismo modo, la personalización y la comodidad no deben estar a expensas de la corrección. En particular en la mesa, todo debe hacerse de manera correcta, de acuerdo con la ética particular del comedor. Un restaurante es un tipo especial de institución cultural. No es tan sólo un comedero donde la gente viene a alimentarse. Así que no actúen como si lo fuera.

"Tengo ideas románticas sobre los restaurantes", admite Morgan. "Me gusta la experiencia completa: el viejo modo de hacer las cosas, donde todo es impecable. Es un lujo con el que no nos sentimos cómodos." Lamentó la proliferación del estilo casual californiano, que los tenis sustituyan a los zapatos de piel. ("Por favor, déjenme conservar siempre el respeto por mí mismo, y si uso un traje, no me pondré tenis", vi que tuiteó más tarde.) Morgan podía usar sudaderas con capucha para asistir a nuestras catas a ciegas, pero en el comedor pone especial cuidado en su apariencia. Esa noche, llevaba puestos zapatos de cuero color marrón pulido y un traje gris ajustado, con un pañuelo a lunares en su bolsillo que hacía juego con los calcetines y la corbata.

Morgan tiene su visión de lo que podría o debería ser la mejor experiencia culinaria y siente que les falla a sus comensales cuando no lo logra. A veces se interponen en su camino. Niega con la cabeza cuando las personas tratan de limpiar sus propios platos, o cuando le pasan el plato base al camarero. Quiere que los comensales se dejen servir. "El servicio está diseñado para servirte."

En otras ocasiones, los comensales se interponen en su camino. "Me siento como uno de esos robots de máquinas expendedoras", refunfuña cuando la gente ordena un vino, apuntando a un nombre en una página sin pedirle ayuda. Quizás algunos de los comensales sabían con exactitud lo que querían. Pero otros parecían sentirse culpables o incómodos por tener a alguien que los atendiera. Irónicamente, la gente que no confiaba en Morgan y no le hacía preguntas era la que más le molestaba. "¡Estoy incluido en el costo de tu comida!", protestó, apenas estuvo fuera del alcance del oído de una joven pareja que había seleccionado, sin consultarlo, lo que él consideraba una terrible botella de Sauvignon Blanc. Podría haberles ofrecido un vino mucho más barato y delicioso...

Me di cuenta de que al salir a comer con sommeliers, por muy enciclopédicos que fueran sus conocimientos, por lo general se ponen por completo en las manos del somm del restaurante, si lo hay. A menos que vean una botella que se mueran por probar, darán sólo dos datos: 1) cuánto quieren gastar y 2) qué estilo de vino quieren tomar. (Eso podría ser tan amplio como "del viejo mundo, sin refinar, sabroso" o tan quisquilloso como "probé la semana pasada un Grüner de Schloss Gobelsburg y me encantó, ¿tienes algo como eso?".) Permiten que el somm, que conoce la lista de su restaurante más íntimamente, los guíe.

Morgan y yo estábamos en un comedor de un restaurante con estrellas Michelin donde la cena para dos tenía un costo de al menos 200 dólares, sin incluir vino, impuestos ni propinas. Ocupa Wall Street echaría un vistazo a la gente del lugar y pensaría: "Cóbrales a estos imbéciles". Sin embargo, como Morgan lo ve, el restaurante es la institución más democrática del mundo. El mejor servicio, atención y cuidado están disponibles para cualquier persona, siempre y cuando pueda pagar la factura; y cuando el servicio no es impecable, siente que ha engañado a sus comensales. Se les arrebató el trato de primera clase que era legítimamente suyo. Y él perdería la oportunidad de elevar su experiencia, tal vez incluso de cambiar la forma en la que los comensales ven el vino.

"Hay algo igualitario en los restaurantes. Sólo importa si puedes pagar la cuenta. Todos reciben el mismo gran servicio. Todos son bienvenidos... No es un servicio sólo para los ricos. No tienes que dar propina", dijo Morgan. "Para mí hay algo sagrado y poderoso en el hecho de que alguien ponga esa experiencia en tus manos. Les costará 200 dólares cenar aquí esta noche, y serán tratados como una persona que gastó 4,000."

Esto sonaba un poco idealista. Y debido a lo que había visto en el Marea, no sonaba muy cierto. Todos los clientes son iguales, pero en un sistema de PX y PPX del vino, algunos invitados son más iguales que otros. Cuando un inversionista potencial vino al Aureole a cenar una noche, vi que cada plato era servido por el propio chef Charlie Palmer.

Pero al leer sobre la historia del restaurante, me sorprendió saber que, en cierto modo, Morgan estaba en lo cierto al pregonar la naturaleza igualitaria de una cena con estrellas Michelin, costosa y fuera del alcance de todos.

El restaurante como lo conocemos ahora es un fenómeno relativamente reciente. Surgió por primera vez en Francia dos décadas antes de que los aristócratas de ese país terminaran en las guillotinas. Antes de eso, un *restaurant* (por supuesto, la palabra es de origen francés) estaba hecho de médula de ternera, algo de cebolla y tal vez algunas rebanadas de jamón o nabos. Era un tipo de consomé, un "alimento o remedio que tiene la propiedad de devolver la fuerza perdida a una persona enferma o cansada", según el *Dictionnaire Universel* de 1708. Los parisinos podían visitar restaurantes para pedir su especialidad homónima y alguna otra cosa además del caldo. Los vendedores de alimentos de Francia pertenecían entonces a uno de los veinticinco gremios que restringían a sus miembros a una sola especialidad culinaria. Durante cientos de años, los sibaritas hambrientos tuvieron que visitar un *restaurant* para pedir sopa, al *rôtisseur* para carnes asadas, al *charcutier* para productos de cerdo, al *poulailler* para pollo y al *traiteur* para una abundante comida de trabajo con cualquier cosa que el cocinero decidiera preparar ese día. (Para vislumbrar cómo era disfrutar de todas estas exquisiteces, y además servidas todas juntas, la gente podía obtener entradas para ver a la familia real disfrutar sus comidas ante una audiencia de espectadores en el Palacio de Versalles, parte de una tradición centenaria conocida como el *grand couvert*.) La estricta separación entre proveedores de sopas, cadáveres de pollo y comidas completas comenzó a relajarse incluso antes de que los revolucionarios tomaran la Bastilla. Pero la caída del *Ancien régime* derribó a los gremios, y los chefs fueron liberados de las cocinas privadas de los nobles al mercado público. En los albores del siglo XIX, las experiencias culinarias que una vez habían sido privilegio de la alta nobleza, ahora estaban disponibles para cualquiera por unos pocos francos. Los restaurantes representaban "una forma de democratización cultural", recuerda Paul Lukacs en *Inventing Wine*, señalando que lo era sobre todo para el vino, porque las botellas que antes estaban reservadas para la aristocracia ahora se canalizaban a las bodegas de los restaurantes. Allí, todos podían participar. En su *Fisiología del gusto* de 1825, Jean-Anthelme Brillat-Savarin, uno de los hedonistas más comprometidos de Francia, afirma que el inventor del restaurante fue, en su humilde opinión, nada menos que un "genio". "Cualquiera que tuviera quince o veinte *pistoles* a su disposición, se podía sentar a la mesa de un restaurantero de primera clase: ese hombre comía tan bien y mejor que si estuviera en la mesa de un príncipe", escribe maravillado. *Esto es lo que he tratado de decirle a la gente*, me podría imaginar a Morgan diciendo. Brillat-Savarin sin duda habría aplaudido el espíritu igualitario de Morgan. Hoy, siempre y cuando puedas conseguir una reservación y pagarla, Morgan está allí para atenderte, con la misma atención, sin importar qué nivel de contribuyente seas. Se esfuerza por asegurarse de que el tipo que está en la mesa 114, sea quien sea, coma tan bien y hasta mejor que si estuviera en la mesa de un príncipe.

La atención escrupulosa de Morgan hacia el lenguaje y los modales podría hacerlo parecer anacrónico, como alguien que se educó al lado de Carson, el mayordomo de *Downton Abbey*. La mayoría de las personas de veintinueve años no van por ahí lamentándose por el "asombroso número de maneras en que '*foie gras*' se pronuncia mal en este país" o por el uso inadecuado de los platos de base. Pero su obsesión con el decoro tenía una razón de ser: los rituales de servicio *sí* importan, y no sólo para garantizar que nada gotee sobre la mantelería. Los historiadores y antropólogos que estudian la evolución de la etiqueta en la mesa han documentado cambios en el estilo de servicio que repercuten culturalmente e inciden mucho más allá de una comida.

Ningún momento fue más dramático que el cambio del *service à la française* al *service à la russe* a mediados del siglo XIX. Aquí, de nuevo, los franceses lideraron el camino. Las fiestas elegantes en Francia, Gran Bretaña y América se habían servido tradicionalmente al estilo "francés". Los invitados se sentaban a la mesa para encontrarla repleta de platos comunales, que los meseros reemplazarían —aunque con mínimas interrupciones— por los segundos platos, permitiendo que los comensales se pasaran los platos entre ellos. (Si has salido a comer recientemente, tal vez conozcas una de estas variantes con el nuevo nombre de "platillos para compartir".) La comida era una especie primitiva de teatro con cena: se presentaba como un impresionante retablo de bandejas, soperas, suflés, *gelées* apiladas, frutas talladas, cálices, candelabros y jarrones. Pero, por lo regular, cuando la gente comenzaba a comer los alimentos ya estaban fríos. Y, como un chef francés se quejó en 1856, los platillos a menudo "perdían algo de sus cualidades esenciales". Por el motivo que fuera, los franceses se convencieron de que habían llegado al límite con un cordero asado tibio, y hacia la década de 1880 el servicio *à la française* se volvió obsoleto y fue reemplazado por el servicio *à la russe*. Con este cambio, el sabor tuvo prioridad sobre el estilo. Los meseros traen cada platillo en porciones individuales previamente distribuidas, ofrecidas una después de la otra en un orden determinado por el chef. Otros países pronto siguieron el ejemplo. El *service à la russe* es la razón detrás de todo lo que sale de la cocina en el Aureole.

Con el estilo de servicio ruso, los chefs tienen un mayor control sobre los menús, los meseros asumen una mayor presencia en el comedor y los

comensales pierden algo de la socialización que se generaba con una simple charla como: "Por favor, pásame la ensalada". Este cambio en el servicio, en apariencia menor, reformula la estructura y la función social de la
comida: los historiadores argumentan que fue un punto de inflexión desde el comedor como centro de comunión social hasta el comedor como es-
caparate culinario. El chef, recién empoderado en su facultad para dictar
el orden, el tiempo y la composición de los platillos, se convirtió en la estrella de la comida.

Mientras trabajaba en mi último turno con Morgan en el Aureole, sentí que presenciaba otro estilo de servicio en acción. Servicio *à la russe*, sí.
Pero también algo así como *service à l'esprit*. Morgan, al igual que Victoria en el Marea, era muy consciente de ofrecer satisfacción física y
psíquica. Esa idea surgió en mis conversaciones con Paul Grieco cuando
hablamos sobre la forma salvaje en que el Terroir trataba a sus clientes.
Paul argumentó que el servicio es sólo una parte de la ecuación: durante
su mandato trabajando con Danny Meyer, como residente del restaurante Whisperer en Nueva York, Paul llegó a apreciar la necesidad del servicio *y* de la hospitalidad. Son cosas diferentes. Y ambas son vitales en
el comedor. "El servicio es la entrega técnica de un producto. La hospitalidad es la forma en que la entrega de ese producto hace *sentir* al des-
tinatario", escribe Meyer en su libro de memorias, *Setting the Table*. "La
hospitalidad está presente cuando algo sucede *para ti*. Está ausente cuando algo *te* sucede."

Hospitalidad era el término correcto para la consideración que im-
buía las acciones de Morgan. Mientras que los capitanes, ayudantes de
meseros, corredores de alimentos y meseros del Aureole parecían más
centrados en la entrega de los platillos, sentí que Morgan buscaba crear
un estado mental, una atmósfera. Tal vez debido a su vida anterior como
actor, o a la avalancha de clientes del Aureole que se apresuraban a comer antes de entrar a la función de teatro. Como fuera, Morgan presentaba un espectáculo para sus invitados. El buen servicio y la hospitalidad

eran una representación, un tipo de teatro que marcaba la pauta de la experiencia. Con los chefs escondidos en la cocina y los meseros presionados por el tiempo, el sommelier se daba el lujo de proporcionar el toque humano que elevaba la comida.

Ser exigente con sus toallitas y trapos y cómo servía era la manera en que Morgan mostraba respeto por sus comensales. En cierto modo, evocaba los pasos altamente coreografiados de una ceremonia japonesa de té, una forma de arte que los maestros perfeccionan a lo largo de toda su vida. El punto no es sólo darle una taza de té a alguien para beber; es una forma de honrar a un invitado. Al igual que con el servicio de vino, cada acción tiene importancia: una vez que se ha hecho el té, el anfitrión gira el cuenco en dos movimientos cuidadosos en el sentido de las manecillas del reloj, para que la parte delantera del cuenco —la cara más vistosa— quede frente al comensal. Incluso si alguien no conoce la importancia de la orientación del cuenco o las supuestas raíces bíblicas de la orientación de la palma de la mano de Morgan, es imposible no valorar el esfuerzo deliberado que una persona se toma en cada respiración y en cada giro de la muñeca. La sensación del servicio de Morgan podría, al igual que la buena música, trascender el conocimiento explícito de la etiqueta del servicio para brindar placer a alguien. A través de su elección de las palabras, su lenguaje corporal y la precisión con la que colocaba un vaso, un comensal sentía el cuidado que se tenía en complacerlo.

Morgan creía que la suma de estas acciones, la sensación que era capaz de crear para su audiencia en el Aureole, no era diferente de la que podría haber logrado en el escenario.

"El restaurante, como el teatro, puede ser un lugar donde las personas sanan, se reconstituyen y se dan cuenta de su lugar en el planeta y de que son humanos. Y al ser humanos, son especiales y particulares y existen como ningún otro individuo", dijo.

"Vamos a restaurantes porque nos gusta que nos cuiden", agregó. "Todos deben ser atendidos." "Todos somos mucho más frágiles y delicados de lo que pensamos." Los primeros restaurantes se anunciaron a los transeúntes parisinos con el lema: "Yo he de restaurarte". Lo que Morgan prometía a sus mesas no era tan diferente.

Morgan tenía un don para la poesía —se refería a su madre como "apolínea" y a su padre como "dionisiaco"— y dudaba que todos los sommeliers asumieran su papel con la misma seriedad que él. Sin embargo, si trabajas en el comedor día tras día, durante catorce horas seguidas, deberías tener una idea de por qué es importante y qué lo hace importante. Los comensales de la mesa 112 tal vez no consideren que podrían "volver a estar completos" esta noche gracias a su bacalao negro. Pero nunca sucedería a menos que Morgan lo creyera.

Ahora era mi turno de ver si yo podía ser custodia de los sentidos y de los espíritus de los comensales. O más bien, si sería capaz de convencer a la Corte de que era capaz de ello.

CAPÍTULO DIEZ

La prueba

Cuando mis amigos me preguntaban sobre alguna prueba para sommelier u otro examen para el que me estuviera preparando, argumentaba que no me importaba aprobar o no. Les aseguraba que tan sólo con la preparación para el Examen de Sommelier Certificado había tenido una experiencia muy enriquecedora. "Lo que importa es el proceso", les decía en un tono más calmado que lo que sentía en realidad.

De hecho, estaba empeñada en aprobar. Llevaba casi un año inmersa en todos los aspectos de la profesión y el estilo de vida de un sommelier y muy lejos de desempeñarme como uno. No podía detenerme. Además, la afición por el mundo de los somms había resultado contagiosa. Mi obsesión original por darle sentido a sus maneras obsesivas se había transformado en una obsesión por las cosas por las que ellos se obsesionaban. La acidez elevada del Riesling, los irrigadores nasales, el perejil rizado, los elegantes portavasos, el Beaujolais de cosecha biodinámica y enfriado a punto. Una por una, las adopté todas. Estaba determinada a intentarlo, sobre todo después de ver a Morgan en acción y de comprender la filosofía del servicio.

Poco después de mi estancia en el Aureole, presenté el Examen Introductorio, una prueba escrita de setenta preguntas. Lo pasé, y eso significaba que podía avanzar al siguiente nivel y optar por la Certificación. Debía ser motivante. Pero no lo era.

Siempre supe que sería una batalla cuesta arriba pasar un examen dirigido a profesionales con al menos tres años en la industria del vino o en algún sector de servicio. Sobre todo, considerando que tendría menos de un año para prepararme y había empezado como una civil cualquiera. La victoria se veía cada vez más improbable a medida que se acercaba la fecha de la Certificación. No sólo mi desempeño en la competencia Young Sommeliers había sido desastrosa, sino que la retroalimentación recibida en las semanas previas había sido desalentadora. Todos con quienes hablaba ya habían intentado pasar la prueba al menos dos veces. Muchos de mis amigos acababan de reprobar la Certificación; uno de ellos no pasó, a pesar de su sólida posición en el restaurante de Danny Meyer, donde se ofrecían clases de vino a los empleados —un buen empujón debido a que no existían cursos preparatorios para la Certificación. Un día pasé por su restaurante para ver cómo le había ido en el examen. "Tu debilidad es que no tienes experiencia en el trato directo con las personas. He pasado suficiente tiempo sirviendo, y el músculo de la memoria es el que se hace cargo. Ésa va a ser tu dificultad", me dijo. Fui con Morgan, llena de pánico. Me aseguró que todo saldría bien si memorizaba ochenta por ciento de la información en las guías de estudio del Gremio de Sommeliers. De acuerdo, eso es fácil. Excepto que, para ponerlo en perspectiva, el Gremio tiene seis guías diferentes sólo en Francia, cada una de ellas mucho más larga que la Constitución de los Estados Unidos. Uno de los datos más "obvios" para recordar: RM significa *récoltant manipulant,* que es que la champaña fue elaborada por un enólogo que también cosechó las uvas, noventa y cinco por ciento de las cuales se originaron en un viñedo de su propiedad. (Ah, y SR es *société de récoltants,* CM es *coopeéerative manipulation,* ND es *négociant distributer,*

MA es *marque d'acheteur*, y NM es *négociant manipulant*. Debía aprender todo esto también.)

La parte teórica del examen sería de datos duros sobre el vino. Había elaborado alrededor de mil notas de estudio y las tenía almacenadas en mi teléfono para que pudiera repasar y memorizar en cualquier lugar esta arbitraria pero esencial trivia del vino. Por ejemplo: los embotellados de grado *normale* de Brunello di Montalcino no pueden ser distribuidos hasta el primero de enero del quinto año después de la cosecha; los *Riserva* Brunellos, hasta el sexto año. Por supuesto, practicaba cada vez que había oportunidad. "De hecho, ese Riesling está completamente *trocken*, o sea, seco", corregí a mi suegra durante la cena, "porque, aunque es un *Spätlese* —o cosecha tardía—, tiene menos de nueve gramos de azúcar residual por litro, y al menos siete gramos de ácido." Matt me miró horrorizado. Empezaba a sonar como Morgan.

Para la sección del servicio, debía abrir y servir vino mientras sorteaba preguntas sobre cocteles (¿qué contiene un Sidecar?), aperitivos, (¿con qué se prepara un Lillet?) y digestivos (estamos indecisos entre un whiskey escocés y un irlandés: ¿cuál es la diferencia?). Y, por supuesto, me preguntarían qué vinos maridar con el platillo que mis comensales ficticios comerían durante el examen. Necesitaba una amplia gama de vinos específicos para sugerir al momento, incluyendo su nombre, precio, productor, variedad de uva, cosecha y estilo. Así que, básicamente, debía memorizar una selección de entre cincuenta y setenta opciones. La situación se parecía a una extraña mezcla de un juego de trivia, una competencia de bailes de salón y una cita a ciegas. Incluso mi personalidad estaría en tela de juicio. Debido a que los somms, a diferencia de los chefs, interactúan de manera personal con los comensales, debía mostrar a la Corte que sabía lo que hacía y que era una persona agradable *y* que podía ganarme la confianza de un extraño. Un folleto de la Corte para el correcto "Comportamiento de un Sommelier Profesional", indicaba que había que tener una "discreta confianza sin ser arrogante". *¿Soy discreta o arrogante?*, me preguntaba temerosa. Tenía muchas preguntas. Tenía muchas dudas. Me preguntaba si era necesario tomar una clase de actuación.

Incluso la cata a ciegas, la cual consideraba mi fortaleza, ahora me provocaba incertidumbre. Algunas semanas antes de presentar el examen, la Corte dio a conocer un formato completamente nuevo para la prueba de cata a ciegas: una tabla para registrar nuestras impresiones del vino y que sería utilizada para calificarnos. (Los candidatos a Maestro hacen una cata a ciegas de seis vinos, a manera de examen oral; los candidatos a la Certificación hacen un análisis escrito de dos vinos.) El formato tenía secciones separadas para cada aspecto del vino que era necesario analizar —su aroma, la variedad de la uva, etcétera—; debíamos completar la tabla durante la cata a ciegas y luego entregársela a los jueces, todos ellos Maestros Sommeliers, para su calificación. Todo estaba bien, excepto que en el rediseño del formato la Corte había incluido secciones adicionales, reelaborando los parámetros de puntaje, como nuevas variedades de uva, y planteando nuevos atributos que calificar. Los somms estaban en crisis nerviosa en las redes sociales. "Me imagino que entiendes mi momento de pánico cuando vi algo completamente nuevo", escribió un hombre de Baltimore que había pasado dieciséis años trabajando en restaurantes. "Perdí la confianza en mí mismo que tenía para el examen." Yo habría dicho lo mismo si alguna vez hubiera tenido esa confianza.

Las catas que había realizado con Morgan y los otros somms me habían preparado para el formato más desafiante de la cata a ciegas de Maestro Sommelier, lo cual significaba que había probado un rango mucho mayor de vinos —y los había analizado con más profundidad— de lo que se requería para una certificación. Pero había escuchado historias de horror de cómo los nervios del día del examen habían destruido la delicada armonía de los paladares de las personas, por lo que no daba nada por sentado. Mi rutina matutina de ejercicio ahora consistía no sólo en repasar los más de cincuenta aromas en mi estuche de Le Nez du Vin, sino también en hacer catas a ciegas, yo sola, en la cocina, antes del desayuno.

Para fortalecer mi sensibilidad a las minúsculas variaciones en los niveles de alcohol, acidez y azúcar —el secreto para asimilar la estructura del vino— me sometí a un régimen para refinar el paladar diseñado por científicos de la Universidad de California en Davis, para entrenar a jueces de vino profesionales. A partir de sus instrucciones, ordené suficientes matraces, escalas de precisión y químicos en polvo como para aparecer en la lista de sospechosos del FBI. A continuación, le pedí a Matt que me hiciera una cata a ciegas con soluciones de ácido cítrico, ácido acético, sacarosa y whiskey mientras yo procuraba acertar el nivel exacto de la concentración de cada preparación —alrededor de cuatro concentraciones distintas por químico, y que yo probaba en tandas de treinta. Repetí esta prueba de sabor varias docenas de veces (lo siento, Matt) hasta que estuve segura de distinguir un nivel de acidez medio de uno ligeramente más alto que medio, y diferenciar doce por ciento de alcohol de un trece y catorce por ciento. En un intento desesperado por internalizar el sabor del Chablis, un vino con el que casi siempre me equivocaba, convencí a Matt de ayudarme con el ejercicio de aprendizaje asociativo propuesto por Johan Lundström, el neurocientífico que conocí en Dresde. "Uno de los mejores maridajes", me había aconsejado Johan, "es hacer algo mientras tienes sexo." Algunas palabras de sabiduría: nada mata más la excitación que toser y escupir Chablis por la nariz.

Al menos los sommeliers de mi grupo de cata de EMP compartían mi desesperación. Con su examen para Maestro a la vuelta de la esquina estaban al borde del colapso. Las peleas no se hicieron esperar. Yannick Benjamin, el somm que tomaría el examen por novena y última vez, explotó con su socio por arruinar una cata en una de las pruebas finales antes del examen. "¡Maldición! ¡Eres tan desesperante! ¡Dame retroalimentación! ¡El examen es en una semana!", gritó Yannick. Ese mismo día, Morgan, que por lo regular se mostraba inmutable, se quedó sin tiempo en su cata. Era un error de principiante y era la primera vez que lo presenciaba. La ansiedad también hacía surgir al filósofo interno de Morgan.

Su cuenta de Twitter se había convertido en una ristra de aforismos mo-
tivacionales, como: "Los resultados son para los perdedores. El proceso
correcto es para reyes y dioses".

Ascender un nivel en la Corte podía significar un considerable aumento para Morgan y el resto de los somms. De acuerdo con una encuesta
del Gremio de Sommeliers, un Maestro Sommelier ganaba, en promedio, 150,000 dólares anuales, que era casi el doble de lo que obtenía un
somm Certificado (55,000). En Nueva York, un somm con experiencia
podía ganar entre 60,000 a 140,000 dólares anuales, la mayoría en propinas, lo cual significaba estar a merced de la generosidad de los clientes y la popularidad del restaurante. La paga para un Maestro Sommelier
en comedor ascendía a 150,000 dólares, aunque podía lograr más si ofrecía catas de vino para grupos grandes en restaurantes o si se convertía
en consultor o distribuidor. Muchos se retiran, agotados por el desgaste
de la vida nocturna, con poca seguridad laboral, flexibilidad o beneficios
laborales. Algunos restaurantes ofrecen un seguro médico o un plan de
retiro. Pero a la mayoría los guía la ambición y mantienen a sus trabajadores a base de propinas, en lugar de impulsar el esquema de pagos de
un salario. Lo último exigiría que el restaurante se responsabilice por el
sueldo mensual. (Esto ha desencadenado demandas judiciales —como lo
señaló un somm: "No hay manera de administrar bien un restaurante a
menos que sea ligeramente ilegal".) Los sommeliers en la generación de
Morgan han empezado a trabajar desde más jóvenes que sus predeceso-
res; me han dicho que, en parte, es porque cada vez más somms se han
criado cerca del vino y durante una época de renacimiento de la comida,
por la mala economía de la primera década del milenio y lo barato de la
industria.

"La edad promedio de un sommelier está más cercana ahora de los
veintisiete que de los cuarenta y siete", dijo Levi Dalton, un exsomm
anfitrión del podcast *I'll Drink to That*. "La industria ha dicho: 'Queremos incentivar a los jóvenes' pero lo que en realidad dicen es 'Queremos

incentivar más mano de obra barata... Quisiéramos no tener una clase media. Queremos que esto sea realmente accesible para los jóvenes que trabajarán ochenta o noventa horas semanales, no se quejarán por ganar tan poco porque estarán aprendiendo sobre vino, y cuando ya no estén conformes alguien más estará dispuesto a hacerlo'. En pocas palabras, ésta ha sido la jugada. Éste ha sido el círculo vicioso de toda una generación de sommeliers."

Y a pesar de esto, muchos Maestros Sommeliers insisten en que no buscaron su diploma por dinero. "Por el calibre de la experiencia y el conocimiento que tenemos a este nivel —piensa en cualquier otra industria: bancos, finanzas, leyes, medicina— ganamos una fracción de lo que percibe un empleado de alto nivel", me dijo Laura Williamson, una Maestra Sommelier. "Se trata de un proceso personal y un camino guiado por la inspiración." No es que el dinero sea rechazado como motivación. El ego sí lo es. He escuchado quejas de una generación anterior de sommeliers que sospecha que hay demasiados jóvenes prometedores, incluyendo a Morgan, que se dedican a esto por la fama y la gloria. Ése es *el* pecado cardinal entre los profesionales del servicio, de quienes se espera que rechacen los reflectores.

Ya sea por fama, fortuna o el puro afán de conocimiento y experiencia, la Corte se saturó de gente que quería tomar los exámenes. En Nueva York, el cupo para el Examen de Certificación se llenó de inmediato, así que tuve que registrarme en la ciudad más cercana que ofrecía el examen de acuerdo con mi calendario: Virginia Beach, en Virginia, una franja artificial de arena a tres horas al sur de Washington, D. C. Un grupo de científicos alguna vez la nombró su Playa del Mes por estar "prácticamente carente de cualquiera de los procesos naturales de una playa".

Al principio me molesté. La sequedad del avión destruiría mi nariz y generaría un caos en mi sistema inmunológico —lo último que quería era resfriarme. Sin embargo, me hice a la idea poco a poco y me dio cierta ilusión visitar una comunidad de sommeliers fuera de las mecas enófilas, como San Francisco o Nueva York. Esperando conocer algunos somms locales, publiqué un mensaje en el sitio de internet del Gremio de Sommeliers. Annie Truhlar, que había trabajado casi dos décadas en los restaurantes de Virginia Beach, también presentaría el Examen de Certificación y me dijo que la llamara el sábado de la semana previa. Colgó casi tan pronto como contestó el teléfono. Estaba estudiando. Tuve que volverle a llamar diez minutos después. Cero interrupciones.

Cuando por fin hablamos, Annie se ofreció para pasar por mí al aeropuerto. Y como siempre es una buena idea subirte al auto de un completo extraño que conociste en internet, le dije que la vería el siguiente lunes por la tarde, en la terminal de llegadas.

Annie me saludó desde el asiento del piloto de su camioneta Yukon color carbón, que tenía el parabrisas roto.

"No he tomado un avión desde que tenía doce", me anunció mientras me subía a su auto. Annie tenía treinta y cinco años, el rostro redondo y ligeramente bronceado, y hablaba con un ligero acento sureño (y aunque su habilidad para servir estaba "a punto", ella esperaba que la Corte no la sancionara por arrastrar las sílabas). Creció en las afueras de Winston-Salem, donde sus abuelos eran dueños de dos granjas, algunas casas que rentaban y un terreno para casas rodantes. Jamás había viajado más allá de Maryland, y ese viaje había sucedido hacía apenas unos meses cuando fue a presentar el Examen de Certificación por segunda ocasión.

"La vez pasada, en Baltimore, estudié sin descanso por dos semanas y tomé Adderall como si fueran dulces. Y me enojé *tanto* cuando reprobé", dijo. Decidió intentarlo de nuevo. "Tenía algunos ahorros y pensé: 'Al diablo todo. Lo intentaré de nuevo'... Mi tercera maldita vez... ¡He pagado miles de dólares! ¡En el nivel dos! Dios mío."

En ese entonces la cuota era de 325 dólares, una inversión considerable para alguien que gana, en palabras de Annie, "una porquería" —4.50 dólares la hora más propinas, para ser precisos. Chuck, el esposo de Annie, era plomero y no estaba muy contento con el uso que ella daba a sus ahorros, sobre todo por los cuatro niños que había en casa. Pero Annie le había explicado que obtener el Certificado de la Corte implicaría un aumento considerable. Mucho mayor que el diploma de hospitalidad que obtendría del Instituto de Educación Superior de su localidad, el Tidewater Community College. Además, cada vez más restaurantes estaban contratando gente que aprobara el examen.

"A veces vivimos al día", dijo Annie mientras avanzábamos por la autopista. "La Certificación de Sommelier es la posibilidad de incrementar mis ingresos en el sector del servicio. Es sustancial. De tener un ingreso a base de propinas ganaría un salario base de hasta 60,000 dólares."

El estruendo ocasional de los jets ahogaba el final de sus frases. "¡ES LA BASE AÉREA OCEANA!", gritó Annie a manera de explicación. El hogar de la flota de aviones de combate estaba a quince minutos del Zoës, el restaurante de mar y tierra donde presentaríamos el examen, y las oscuras siluetas cruzaban el cielo de un lado a otro. "La gente lo llama 'el sonido de la libertad'", exclamó Annie. "Verás estampas en las defensas de los automóviles que dicen: 'Si no te gusta el sonido, regresa por donde viniste'."

Hablando de la milicia, el hijo de diecisiete años de Annie en ese momento se encontraba en Richmond haciendo su juramento en la marina, lo cual no era muy distinto al plan que ella urdía cuando tenía esa edad. Me platicó fragmentos de su historia familiar en nuestro camino a Virginia Beach. El padrastro de Annie había estado en la Banda de la Armada de Estados Unidos, y Annie, que también tocaba instrumentos de viento desde la secundaria, había considerado la carrera militar. Eso fue así, hasta que se embarazó en su último año de preparatoria, a los diecisiete. Ella y Chuck se mudaron a una casa rodante y Annie entró a trabajar en la industria de alimentos y servicios, como su mamá, que era mesera en

un Olive Garden en Carolina del Norte. Annie dio a luz una semana antes de cumplir dieciocho años. Desde entonces, había trabajado en prácticamente cada uno de los puestos de atención directa al público y en
algunos tras bambalinas. Mientras atravesábamos la Avenida Atlantic,
la principal del pueblo, señaló un hotel Best Western donde ella había
sido recepcionista. El hotel compartía la calle con establecimientos como
Nightmare Mansion, Top Gun Mini Golf, Oh Fudge, Forbes Salt Water
Taffy y Sunsations, este último exhibía en sus grandes ventanales tablas
de surf, bloqueadores de sol, un letrero de cangrejos ermitaños y camisetas fosforescentes en las que se leía SÓLO MENÉALO. Un local de tatuajes
anunciaba "Perforaciones estériles".

Annie llegó al mundo del vino por una sencilla razón: "La cantidad de
dinero que se puede ganar". Antes, cuando trabajaba como mesera en el
Cavalier Golf & Yacht Club, un lugar exclusivo para socios fundado por
las viejas familias de Virginia, una vez atendió una mesa en donde pidieron una botella de Montrachet de 550 dólares. "No sabía qué hacía que
esa botella costara eso. Sólo sabía que la había vendido y añadido a la
cuenta. El costo de la comida era de 300 dólares, así que ahora tenía una
mesa de 1,000. ¡Una cuenta de 1,000! ¡Y eso significaba 200 dólares para
mí! ¿En una hora y media de mi vida? No me molestaría nada un salario
de 100 dólares la hora. No sucede todo el tiempo, pero yo pensaba: '¿Qué
tiene esta botella que cuesta 500?', y empecé a hacer preguntas y a fasci-
narme con el tema."

Para Morgan y otros sommeliers que había conocido, el vino era un
llamado. Habían hecho a un lado las licenciaturas en neurobiología y literatura inglesa por una vida en la cava porque era su pasión. Habían
pasado fines de semana sumergidos en conocer las sutilezas de las cosechas del Riesling austriaco por considerarlo "gratificante", ese estado
tan codiciado y que las clases medias y altas consideraban un lujo. Para
Annie, una carrera en la industria del vino significaba que Chuck y sus
hijos podrían vivir con más holgura. No se trataba de una alternativa

más satisfactoria a un trabajo de oficina: era, de hecho, la única opción para ella. Había encontrado a la antítesis de Morgan. En él, la fijación enófila rayaba en la irracionalidad, mientras que en ella era práctica, incluso pragmática.

El Cavalier había despedido a Annie cuando estaba a punto de tomar su primer Examen de Certificación. Su jefe afirmaba que ella había cargado una propina a una tarjeta de crédito de manera fraudulenta. "No fue así", dijo Annie. Le tomó dos meses entrar a trabajar en el Cypress Point Country Club, pero se dio cuenta, aunque muy tarde, de que si el Cavalier era un Montrachet, el Cypress Point era un Franzia. Servía pocas cosas además del vino de Canyon Road, de alrededor de 5.99 dólares la botella en la licorería de la esquina y que quizás estaba cargado de concentrados de jugo como Mega Purple. "Era descorazonador", dijo Annie. "Subí cuarenta kilos en dos años." El Cypress Point no tenía comensales interesados en vino, lo cual era deprimente para Annie, pero era usual en Virginia Beach. El pueblo prefería cantidad a calidad. Pasamos a un lado de locales que ofrecían bufets de mariscos de "todo lo que pueda comer", un complejo temático, estilo Little Italy de Manhattan, llamado "Big Italy", y hoteles altos que bloqueaban la vista del mar por las calles aledañas.

Annie decidió que les enseñaría a sus clientes a amar el vino. Después de que su primer jefe se fue y antes que el siguiente iniciara, dejó de pedir el Canyon Road y compró cerveza artesanal, nuevos vinos y algunos espumosos. Elaboró una carta de bebidas, inauguró los "miércoles de vino" ofreciendo botellas con descuento por 15 dólares, diversas opciones de sangría y paquetes de vino espumoso para todas las novias del Cypress Point. Poco a poco se ganó el título de sommelier. "Mi jefe ni siquiera sabía lo que eso significaba", me comentó. "Tuvo que buscar la definición y dijo: 'Pues básicamente tú eres nuestra sommelier aquí'."

Eso fue hace un año. Ahora Annie se sentía estancada. Treinta dólares por una botella era pedirle demasiado a la clientela del club campestre. "Finalmente introduje champaña, dos botellas, pero nadie quiere pagar 50 dólares por ellas", se quejó mientras dábamos la vuelta en la avenida principal. "No siento que esté dando mi máximo potencial." No se entendía con el resto del equipo del Cypress Point. "Tienen esa actitud conmigo de: 'Ay, Annie, ella es una sommelier, cree que su rollo es la gran cosa'." Al menos en eso se parecían Virginia y Nueva York.

Annie se estacionó en uno de los tres hoteles Hilton de Virginia Beach, cerca del Salacia, un restaurante de cortes de carne que consideraba uno de los mejores de la zona. Era uno de los únicos de los alrededores que podía estar al nivel de servicio de la Corte, me dijo. Miró el local fijamente, sin manejar su camioneta con atención. "Es ahí donde yo debería estar. Lo siento desde el fondo de mi ser: yo podría administrar muy bien un restaurante como ése."

Contaba con que cenaría sola, frente a mi computadora, mientras revisaba las leyes chilenas del vino, pero Annie me pidió que hiciera una cata a ciegas con ella, así que terminamos en el bar de otro de los hoteles Hilton.

Annie y yo nos pusimos pequeñas pruebas la una a la otra y discutimos sobre nuestros paladares. Ella estaba inquieta porque su nariz estaba congestionada por un resfriado o quizá por alergias, así que ordenó un plato de alitas con salsa picante con la esperanza de que eso la aliviaría. Mi hamburguesa llegó con la cebolla cruda. ¡Cebolla *cruda*! ¿Nadie se da cuenta de la magnitud de la contaminación que la *cebolla cruda* provoca en las papilas gustativas? La retiré con un cuchillo, sin arriesgarme a tocarla —mis dedos podían seguir apestando al día siguiente.

La confianza en nosotras mismas disminuía con cada hora que pasaba al grado de que Annie daba por hecho que tendría que ir a Raleigh en unos cuantos meses para presentar el examen por cuarta vez. Yo pensaba que me uniría a ella.

"He leído durante tres años", se lamentó. "He estudiado durante tres años, y *aún* hay cosas que no sé de memoria. Hay preguntas ante las que me quedo en blanco. ¿Cómo te explico? Por poco olvido mi nombre."

Morgan era mi hada madrina del vino. Annie estaba sola en ese sentido. Había un grupo local de catas al que había querido unirse, pero se reunía los jueves por la tarde, cuando ella trabajaba. Acceder a las guías de estudio del Gremio era un problema ya que sólo estaban en línea y Annie no tenía computadora. Y aunque la hubiera tenido, no habría querido usarlas. Su antiguo jefe en el Cavalier era un Sommelier Certificado, pero en el Cypress Point, no había nadie a quién pedirle opinión o consejo. Básicamente ella había aprendido durante el examen la manera correcta de escanciar, caminar, hablar, vestir y doblar. Y las maneras formales del sistema de la Corte no tenían nada en común con las actitudes relajadas del Cypress Point. La primera vez que Annie tomó el Examen de Certificación se presentó vestida con blusa blanca, corbata y delantal negros —su uniforme habitual—, ignorante del hecho de que la Corte exigía traje *riguroso.*

Puse en perspectiva hasta qué punto mi entrenamiento había sido una verdadera cornucopia. Me había apoyado en científicos sensoriales especializados, Maestros Sommeliers, aspirantes a Maestro Sommelier, e incluso Maestros Perfumistas, para elaborar complejas rutinas de cata y entrenarme en mi capacidad de oler. Algunos coleccionistas me abrieron sus cavas para que yo probara vinos que jamás habría podido pagar. Además, tuve acceso a todo el vino que pude beber, gratis, de los cientos de distribuidores que llegan en bandadas a Nueva York, el mercado de vino más diverso del mundo. Annie hacía todo por su cuenta y no tenía plan B.

Esa noche se me dificultó conciliar el sueño, veía fichas de estudio cada vez que cerraba los ojos. Morgan me había mandado un correo: "¡Asegúrate de dormir suficiente y estar bien hidratada el día anterior! ¡Fallar en la preparación es lo mismo que prepararse para fallar!". Es más fácil decirlo que hacerlo cuando por el estruendo de los jets militares sientes que aterrizarán en el estacionamiento del hotel. *Es sólo un tonto examen*, me repetía para calmarme mientras revolvía el baño en busca de unos tapones para los oídos. Me di cuenta de que no sólo estaba nerviosa por mí, sino también por Annie. Si yo reprobaba, la vida seguiría su curso. Tomaría el siguiente examen. Nadie dependía de mí. Para Annie, pasar el examen podía modificar radicalmente la vida de su familia. Para nada era sólo un tonto examen.

Las dos estábamos en mal estado cuando Annie pasó por mí la mañana siguiente. Se sentía demasiado insegura con su traje. No había podido decidir si lavarse o no los dientes y ahora se reprochaba haber usado pasta. El café también había sido todo un asunto. ¿Caliente, helado o nada? Eligió tomarlo helado, pero ¿había hecho lo correcto?

Yo no había dormido mucho gracias al sonido de la libertad. Me levanté al alba para planchar mi saco, revisar mis notas y lavarme los dientes en el momento adecuado con el fin de darle a mi lengua el tiempo suficiente para recobrarse. La cata a ciegas sería durante la primera parte del día, y quería tener apetito y un paladar neutral para arrancar. Todo marchaba de acuerdo con el plan hasta el instante en que me quemé la punta de la lengua. *Maldito té.* Intenté encontrar un vino para hacer gárgaras, sólo para adaptarme a este nuevo y terrible estado de normalidad, pero el minibar no sirvió de nada y cuando llamé al servicio a la habitación para ordenar una copa de Chardonnay, la mujer que contestó hizo una larga pausa antes de decir que era demasiado temprano para servir vino y debía consultar con el gerente. Mi sacacorchos había sido confiscado en el puesto de seguridad del aeropuerto. El nuevo no era tan bueno y eso me desconcertaba. Sentía como si no me conociera: ¿quién era esta persona que perdía su serenidad por un *sacacorchos*? Mientras nos dirigíamos al examen, Annie señaló un edificio de departamentos de ladrillo detrás del Birdneck Food Mart, donde recientemente había chocado uno de los jets. Parecía un mal presagio.

Cuando llegamos a Zoës, una edificación con fachada de madera detrás del estacionamiento de unas oficinas, fue como si hubiéramos llegado a una convención de funerales.

Hombres y mujeres sombríos en trajes negros deambulaban por el estacionamiento. La mayoría estaba en sus veinte. Cuando tomé el Examen Introductorio de la Corte me senté junto a un instructor de pilates y un ingeniero de instrumental médico. Aquí, casi todos los examinados trabajaban en restaurantes. Alex, un rubio de veinticuatro años, vendía vino en un restaurante en los suburbios de Nueva Jersey. Devin servía en el TAO, restaurante que era la meca para los modelos en Nueva York. Sean, un cantinero superhípster que traía mocasines vintage Gucci y que no llevaba calcetines, venía de Richmond con su prometida, una chica muy parecida a Miley Cyrus que administraba tres restaurantes. Se refería a ella misma y a Sean como "el poderoso dúo restaurantero". Algunas mujeres trabajaban en el Zoës. "Me llené de Flonase esta mañana", presumió una de ellas. Era una chica civil solitaria llamada JJ, repostera novata de unos cuarenta años que había diseñado satélites de investigación para la NASA.

A las ocho, Annie y yo nos sentamos, una frente a otra, en uno de los gabinetes color marrón del Zoës. Me sentí instantáneamente preocupada por la iluminación (oscura) y el color de los tapices (rojo). No eran las condiciones ideales para una cata.

Detente, me dije. *Los nervios destruyen la seguridad y necesitas confianza total para sintonizarte con estos sabores y aromas.* Cerré los ojos mientras esperaba a que los demás se sentaran. *Respiraaaaaa. Pon tu mente en blanco.*

Morgan había citado la sabiduría del legendario maestro de las artes marciales, Bruce Lee, para aconsejarme sobre cómo encarar las catas a ciegas. "Vacía tu mente", comenzaba el correo electrónico de Morgan, citando a Lee. "Sin forma, sin figura, como el agua. Si pones agua en un vaso, se convierte en el vaso... Conviértete en agua, amiga mía." Se dice que los maestros de artes marciales avanzadas entran en un estado de claridad mental total, o "conciencia inconsciente", llamada *mushin,* que significa "sin mente". Se desprenden de sus pensamientos, emociones, miedos y ego para así recibir con pureza y sin interferencia la experiencia frente a ellos. En este estado de "perfecta vulnerabilidad", se encuentran totalmente alertas, atestiguan y reaccionan. *Mushin* es asociado con frecuencia al estado *mizu no kokoro,* o "mente como el agua", en el que la mente se aquieta, como la superficie de un estanque, para reflejar con exactitud lo que se le muestra. Los nervios y los sentimientos crean ondas. "En última instancia", señalaba Morgan en su correo, "la cata no tiene que ver con el vino. Tiene que ver contigo y cómo has pulido tu habilidad para detectar la verdad."

Aunque la primera vez que Morgan mencionó esta analogía de las artes marciales quedé perpleja (y algo escéptica), admito que hay paralelismos con la cata a ciegas. Aunque suene tan disparatado, me había ayudado pensar en la cata a partir de un estado mental zen. La cata a ciegas exige que "vacíes tu mente" para estar completamente receptivo y alerta. Debes deshacerte de dudas, miedos y sentimientos para absorber los más mínimos detalles del presente. Debes clausurar esa parte de tu cabeza tentada a tomar atajos, como las marcas del vino, los errores cometidos en el pasado o si te servirán dos Viognier seguidos. Mucho de lo que enfrentamos en lo cotidiano confronta nuestros prejuicios cognitivos. Sólo si te deshaces de ellos puedes tener éxito en una cata. Debes adentrarte en la verdadera experiencia, sin la mediación de las preconcepciones o el filtro del ego. Para mí es renovador hacer un esfuerzo consciente para contemplar el mundo tal cual es y no como lo imaginé.

Uno de los Maestros Sommeliers se levantó para hacer una breve introducción. Teníamos cuarenta y cinco minutos para las primeras dos partes del examen. Haríamos una cata a ciegas de un par de vinos, luego responderíamos cuarenta preguntas escritas. "Si piensan demasiado, estarán pensando mal", dijo. Y comenzamos.

Levanté mi copa de vino y, sin agitarla, inhalé profundo para capturar los aromas que se habían acumulado sobre la superficie del vino en reposo. La esencia era sutil. Cítrica, más salada que dulce. Marina. Como agua de mar coronada con crema ácida. Empecé a llenar las celdas del formato que nos habían entregado. Color paja. Toronja, limón, pera, estragón. Dudé en la categoría de "flores aromáticas". Marqué "ligera/ninguna", luego taché eso y elegí "dominante". Olí de nuevo la copa. Taché "dominante" y de nuevo subrayé "ligera/ninguna". *Si piensan demasiado, estarán pensando mal. No. No dudes de ti misma. Experimenta y toma nota. No razones.* El cansancio olfativo empezaba a interferir. Olfateé el vino tinto para sacudir mi nariz y ponerla en acción de nuevo. Luego regresé al vino blanco.

Había —y todavía siento escalofríos al recordarlo— algo mineral en el vino. ¿Podría ser... podría? Di un sorbo. Definitivamente seco. No era joven. Acidez moderada o un poco menos que moderada, alcohol moderado, algo de amargor fenólico. Más agrio que un afrutado maduro al final; un aliento del Viejo Mundo por encima de Nuevo Mundo. *Sssorbí-sssorbí-sssorbí* el vino junto con el resto de las bocas a mi alrededor. Sonaba como si un centenar de drenajes se vaciaran al mismo tiempo.

La conclusión inicial: clima templado o moderado (debido al grado bajo de alcohol, la alta acidez), Chardonnay (por la pera, las notas cítricas y las fragancias de intensidad moderada), Viejo Mundo (por su dominancia mineral, final agrio y un atributo herbal y pétreo). *Sssssssorbí* de nuevo. Conclusión: no podía creer lo que estaba a punto de anotar. Pero debía ser así. Borgoña, escribí. Chablis, de uno a tres años de edad. Le agradecí en silencio a Johan Lundström y continué.

Aspiré el aroma del vino tinto y exhalé con un suspiro profundo y lleno de alivio. Lo tenía. No podía ser otro. Color rubí. Frambuesa madura, fresa, zarzamora, ciruela, mora azul, grosella negra con características estilo jalea. Un toque de, sí, pirazinas. Vainilla, canela, especias para hornear y taninos que secaban el espacio entre mi labio y mi encía —definitivamente algo de añejamiento en roble. Me salté la categoría de "caza, sangre, carne curada, cuero", la cual sonaba repulsiva y no venía al caso. Seco, con taninos dulces, alcohol moderado a medio, acidez moderada. Conclusión: Cabernet Sauvignon, California, uno a tres años de edad.

Le di la vuelta a mi formato de cata para iniciar el examen teórico y noté que Annie estaba pálida y resuelta, resolviendo las preguntas. Una parte del examen era de opción múltiple, la mayoría eran preguntas cortas y obvias. Una de las preguntas enlistaba productores —Château Rayas, Giacomo Conterno, Dr. Loosen— y las instrucciones para nombrar la variedad de uva primaria utilizada en sus vinos. Nombra dos subregiones de Chianti. Ordena de norte a sur estas áreas vinicultoras de California, en Estados Unidos. ¿Cuál es la variedad de uva más importante en Suiza? "Chasselas", anoté, agradecida con Annie por haber repasado ese tema la tarde anterior. ¿Cuántos viñedos puedes relacionar al nombre Premier Cru Chablis? Si compras un vino de 20 dólares y sirves cinco porciones por botella, ¿cuál debe ser el precio de venta por copa para obtener una ganancia del veinticinco por ciento? ¿Qué río se encuentra cerca del Hermitage? ¿Tengo alguna probabilidad de aprobar?

Annie y yo fuimos las últimas en entregar los exámenes. Volvimos al estacionamiento donde todos intentaban reconstruir el contenido de cada copa.

Las posibles respuestas variaban. Para el tinto mencionaron Shiraz australiano, Syrah francés, Nebbiolo, Tempranillo, Malbec, Cabernet Sauvignon —"Muchos dijeron Cabernet", dijo Devin, quien fue de los primeros que terminó y generó una encuesta más detallada. Para los blancos, había escuchado Pinot Grigio, Chenin Blanc, Sauvignon Blanc, Chardonnay. Encontré a otros tres que se decidieron por Chardonnay después de considerar Chablis, incluyendo a Alex, el chico de Nueva Jersey. Annie también lo había considerado, antes de decidirse por Chenin.

Cada uno de nosotros tenía una hora asignada para regresar al Zoës para el examen de servicio, pero nos aferramos unos a otros sin alejarnos de la entrada del restaurante. En parte, queríamos darnos apoyo moral. También esperábamos que quienes salían del examen nos dieran detalles de lo que sucedía adentro.

Se puso feo. De cuatro en cuatro entraban al Zoës. Y de cuatro en cuatro salían pasmados, como si hubieran esquivado una golpiza.

"Pen-pensé que iba a llorar", dijo Aaron, quien trabajaba en el restaurante de un hotel en Washington D.C. Estaba completamente pálido.

Annie me dijo después que había visto a JJ, la diseñadora de satélites de la NASA, salir corriendo, aguantándose las lágrimas. "Alergias", insistió JJ.

Entre cuotas, libros, viajes y prácticas, quienes toman el examen han invertido alrededor de 3,000 dólares cada vez que se preparan. Les molestaba que todo ese dinero estuviera en juego, y se sentían frustrados al pensar que perderían un ascenso o una oportunidad de trabajo. "De verdad necesito esto", dijo Annie, más para ella que para mí. Ella y otros habían pasado la mayor parte de sus vidas en trabajos en comedor. Pero el examen de servicio tenía un nivel más alto de lo que cualquiera hubiera visto antes.

"¡Nadie hace ese tipo de preguntas! Nadie *nunca* pregunta eso. Y eso que me han preguntado cosas muy raras sobre el vino", exclamó alguien. "Esta porquería está arreglada."

La *doppelgänger* de Miley Cyrus estuvo de acuerdo. La champaña que su juez había ordenado la había confundido por completo.

Annie se alarmó. "No tengo mucha experiencia en productores de champaña porque no la tengo en mis manos muy a menudo", me susurró.

Tenía razón en estar preocupada. A nuestro nivel, lo más probable era que los jueces examinaran nuestro conocimiento de las más importantes casas productoras de champaña de Francia, los pesos pesados que producían casi todo el vino espumoso más codiciado. Más específicamente, debíamos conocer los nombres de la *tête de cuvée* ("cabeza del viñedo", traducido toscamente) de cada productor. Estos vinos son lo más elevado y valioso de los productores, y sólo se distribuyen los años de las cosechas sobresalientes. Puedes comprar una botella de Moët & Chandon para alguien que aprecias. Pero sólo puedes comprar una botella de la *tête de cuvée* de Moët, Dom Perignon, para alguien que amas. Un Dom Perignon de 1996 cuesta 650 dólares en el Marea, más de diez veces el precio del más caro de los espumosos del Cypress Point.

Annie nunca había probado o servido esos vinos, ni siquiera había estado en la misma habitación que ellos. No era que no supiera qué era la champaña, sino que en el Cypress Point no había clientela para el Dom. Apenas unos minutos antes, Annie había dado una disertación sobre el vino espumoso, Blanc de Bleu, que había sido un gran éxito con las novias del Cypress Point desde que lo añadiera a su lista. Si La Grande Dame del Veuve Clicquot es la reina Isabel de las champañas, entonces el Blanc de Bleu es una princesa de Disney. El vino es turquesa, saborizado con extracto de moras azules y de aspecto tan caricaturizado que la compañía debe aclarar en la etiqueta que la fruta —"uva premium"— fue utilizada en la elaboración de la bebida.

Debido a su trabajo, Annie no tenía razón alguna para conocer estos *cuvées*. No tenía memoria sensorial para asociar con su sabor, ninguna noción de lo que los nombres franceses significaban y tampoco tenía la seguridad de cómo pronunciarlos. Para ella sólo eran sonidos que memorizar y repetir.

De inmediato dejé de repasar la coctelería y puse a Annie a prueba.

"¿Cuál es el *cuvée* de Laurent-Perrier?"

Silencio. "No lo sé. Déjame ver. Grande, ¿cómo lo pronuncias? ¿*Sic?*"

Grand Siècle. Intentamos un par más. "Taittinger elabora Comtes de Champagne. Moët & Chandon elabora Dom Perignon. Laurent-Perrier..."

"¡Vaya! Laurent-Perrier. Mmm. *Sicle*."

"Grand Siècle", completé. "Significa 'Gran siglo'." Le pregunté si conocía a alguien que se llamara Lauren. Quizá podría inventar una historia que le permitiera recordar el vino.

"Conozco un Lauren." Annie reflexionó un momento, "Laurent-Perrier... Laurent-Perrier... Laurent-Perrier... Mi amiga Lauren tiene un gran trasero." Rio por primera vez ese día. "De acuerdo, entonces, ¡el gran culo del siglo! Laurent-Perrier. Grand Siècle."

Nos detuvimos cuando llegó mi turno del servicio. Annie me dio un abrazo.

"Sé una misma con la charola", me dijo con gravedad.

El supervisor me detuvo en la entrada del Zoës. Me informó que yo debía servir al Maestro Keith y dirigirme a él como Maestro Keith. Él tomaría un *cuvée* Sir Winston Churchill 2002.

Sentí un nudo en el estómago. Todo hasta ese momento me había orillado a creer que debería abrir y escanciar una botella de vino espumoso. Y, sin embargo, hasta ese momento había existido una probabilidad —pequeña y casi imperceptible probabilidad, que casi era una esperanza— de que la Corte me pediría hacer algo que no fuera abrir una botella de vino espumoso.

Claro, el servicio del vino espumoso era un examen certificado y estandarizado. Pero debido a todos los cambios en los formatos de catas, a los estándares más estrictos y a las modificaciones de este tipo, yo esperaba que la Corte los mezclaría. La vez que derramé el vino tinto en la competencia Young Sommeliers había sido mala. Pero mi historial al abrir vino espumoso era peor.

Las semanas de práctica sólo habían revelado todas las diferentes maneras en que las cosas podían salir mal desde el momento en que aflojara la rejilla que cubría el corcho hasta cuando vertiera el espumoso en la copa. Estaba el recuerdo del corcho que salió disparado hacia el techo rozando mi frente. La botella de Prosecco derramada al instante de abrirla. La botella que disparó el corcho y rozó mi frente y derramó el Prosecco al instante de abrirla. Las dos botellas que no pude abrir en absoluto. "No estás certificada para servir a la gente porque puedes matarla", dijo Mia, la sommelier amiga de Morgan, después de observar mi técnica.

Después de rezar para que el Maestro Keith tuviera un buen seguro de accidentes, entré en el comedor.

El Maestro Keith estaba sentado solo en una mesa para cuatro. Dos de los platos estaban cubiertos con impresos en los que se leía DAMA. El Maestro Keith dijo que él y su hermano estaban acompañados por sus esposas.

"¿Cómo estás?", preguntó el Maestro Keith. Era delgado, con el pelo negro engomado hacia atrás y las sienes entrecanas.

Respondí con una voz tan aguda que apenas la escuché. "Estoy de maravilla. ¿Cómo está usted?" Seguí el consejo de Morgan: contesta la pregunta ampliamente. Deseé que el Maestro Keith percibiera nuestra humanidad común.

El Maestro Keith repitió su orden del *cuvée* Sir Winston Churchill 2002. "¿Quién lo elabora?", fingió no saber.

"Pol Roger, señor." Primera prueba superada. Caminé en contra de las manecillas del reloj, alrededor de la mesa, doblé dos servilletas de tela en mi estación de servicio, coloqué las copas en la mesa, traje una cubeta de hielo y presenté el vino, mencionando su cosecha, *cuvée* y productor. La botella que sostenía era de utilería, de alguna cava barata que servía para los propósitos del examen, pues la Corte no descorcharía para este evento unas cuantas docenas de *tête de cuvée*. Traté de aparentar calma mientras acercaba el arma cargada hasta mi pecho. Rodeé con una mano el cuello de la botella y puse la otra alrededor del cuerpo.

El Maestro Keith observaba. Giré y recé. Con un hermoso y suave soplo, la botella entregó su corcho.

Mientras servía el vino —primero a las mujeres, después al hermano del Maestro Keith y finalmente al Maestro—, él me formuló algunas preguntas. ¿Cuáles eran otros buenos viñedos de champaña? ¿Podía sugerirle algunos whiskies irlandeses? Iba a comer el salmón a la parrilla. ¿Con qué lo podría acompañar? ¿Qué más tenía de esa parte de California? Mmm. ¿Qué tal un vino australiano del mismo varietal de uva?

Algo extraño e inesperado sucedía. Todo iba bien.

Yo atinaba a las preguntas justo en el blanco. Nunca me sentí tan dueña de mí misma. Me paraba con firmeza y me movía con seguridad. Sin duda me mostraba encantadora. Le di recomendaciones de vino blanco de Santa Bárbara, Sonoma y el Valle de Yarra mientras él me retaba para ver qué tan profundo era mi conocimiento. Mientras yo arreglaba la botella en la cubeta de hielo, conversamos sobre lo que podría comer en sus siguientes visitas a Nueva York. Ya que el Maestro Keith obviamente disfrutaba la champaña de calidad, al igual que esta adorable botella de Sir Winston Churchill, quizá disfrutaría el Marta, un lugar muy concurrido por los sommeliers y apreciado por los precios razonables de sus champañas. Él sonreía. Yo sonreía.

Aunque mi experiencia en comedor se había limitado al Aureole y al Marea —además de la mesa de mi cocina y la competencia del Chaîne, si es que eso contaba—, algún músculo de mi memoria tomó el mando. Era como aprender pasos de baile. Las primeras treinta y dos veces tienes que pensar dónde pondrás tus pies. Luego, en el trigésimo tercer ensayo, sucede. Tu cuerpo se mueve. No me había sucedido hasta ese momento. Y justo a tiempo, todo fluyó.

Contesté un par de preguntas más sobre recetas de cocteles y opciones de aperitivos. Después, igual que un comensal en una mesa de un restaurante, el Maestro Keith me agradeció. Dijo que lo pensaría.

Mientras esperaba a que Annie terminara su ronda de servicio, me senté afuera, cerca de un hombre de unos cuarenta años, distribuidor de vinos y tan nervioso por el examen que sus manos temblaban.

El día me había dejado con un mal sabor de boca, que no provenía de los vinos de la mañana. Podría haberme sentido más confiada de mi desempeño, pero no estaba segura de la Corte.

La Corte de Maestros Sommeliers se enorgullece de mantener estándares elevados entre los profesionales del vino. Exige deliberadamente un servicio formal de etiqueta, asumiendo que una vez que el examinado domine sus más elevados protocolos, podrá aligerarlos. Bien. No tenía quejas en ese sentido. Amo los estándares igual que el resto de las personas, si no es que más.

Lo que me generaba conflicto era la completa desconexión de la visión de la Corte con el servicio en el mundo real. Éramos como miembros de una tribu báquica olvidada, preparándose para una utopía vinícola, donde sólo la gente adinerada podía darse el lujo de entrar, en la que los discursos sobre la tierra de cuarcita eran excitantes y donde todos tenían su propia cubeta de hielo. ¿Cuántos restaurantes de Nueva York desde la época de Nelson Rockefeller —excepto quizás el Eleven Madison Park o lugares de ese calibre— les habían dado a las mesas su propia cubeta de hielos? ¿Quién quería eliminar las mesas de servicio y poner un pedestal con agua helada o que los miembros del equipo fueran a revisarlas durante el servicio? Annie, Devin, Alex, yo, incluso Morgan: todos nosotros nos entrenábamos para mantener una serie de estándares que en su mayor parte eran absolutamente irreales en los comedores modernos. Y Annie había descubierto a lo largo de tres años y al menos 1,000 dólares, que no había una forma natural y orgánica de aprender todas estas reglas. Lo que sucedía en el examen de servicio no se parecía en nada a lo que la mayoría enfrentaba en los restaurantes. Es cierto que quizás éstos deberían parecerse más a la Corte. Pero ¿acaso la Corte no debía ser más como los restaurantes?

En medio de toda la discusión de elevar la calidad del servicio en el mundo del vino, no podía evitar imaginar si en la práctica la Corte recompensaba a las personas justo por aquello contra lo que se supone debíamos luchar: paladares perezosos. Para pasar el examen, a Annie y a mí, igual que al resto de la gente de Virginia Beack, nos habían exigido memorizar las champañas *tête de cuvée* que calificaban entre los mejores vinos del mundo, según nos indicaron. No necesitábamos saber *por qué* estas botellas —u otras del mismo tenor— eran las mejores. Nunca las habíamos probado, así que no podíamos decidir a título personal si eran buenas o no. Eran las mejores por el simple hecho de que nos habían dicho que lo eran.

En otras disciplinas, como la historia del arte o la poesía moderna, los estudiantes también deben conocer los clásicos. Pero tienen, de hecho, la oportunidad de experimentar las obras de primera mano. Analizan las pinceladas de Picasso y las comparan con las de Botticelli, o los versos de Eliot con los de Yeats, y así elaboran una teoría propia acerca de si la obra es genial y por qué.

Nosotros los *vineros* tan sólo repetimos el argumento. Continuamos inflando el canon sin conocimiento de primera mano de estas botellas, que se supone son milagrosas. Algunas personas darán un paso adelante, probarán estos vinos y formarán su propia opinión. Pero con esos precios, la mayoría no podemos hacerlo. Recomendaremos estos vinos porque otros nos los recomendaron. Ésta no era la manera de formar a los sommeliers como verdaderos meseros especializados en vino. Es la manera de perpetuar los estereotipos del vino y las viejas ideas.

Pensé en lo que dijo Paul Grieco cuando nos conocimos en Terroir. Despotricó en contra de la manera en la que se sirve el vino en la actualidad. Más sommeliers, más libros, más títulos sofisticados. Y, sin embargo, no se servía más vino. Me pregunté si era momento de un nuevo enfoque.

Annie era un desastre total cuando salió del examen.

"No fui lo bastante buena. No creo que me haya ido bien", dijo. Necesitaba alejarse de ese lugar, así que nos subimos a su camioneta y fuimos a dar una vuelta. Me llevó al lugar en la playa donde ella y Chuck se casaron. Sus dos hijos más pequeños habían sido quienes llevaban el anillo y las flores. Le llamó a Chuck. "Vaya, hombre. Sólo necesito ser más rápida con esas recomendaciones", dijo al teléfono. Él dijo algo que la dejó contrariada incluso mucho después de colgar. "*Maldito* Louis Jadot", dijo, y golpeó el volante. Se le había borrado por completo el nombre cuando debió ofrecer un maridaje. "Es luchar o huir. Y hui. Estaba como si *toooooooooda* la información hubiera abandonado mi cerebro." Pasamos la fachada de ladrillo del hotel Cavalier, una lujosa propiedad en remodelación. "Quisiera una oportunidad para el puesto que se abrirá en el nuevo local en abril, cuando se inaugure", dijo, esperando lo peor. "MALDITO Louis Jadot." Pasamos por un bar humeante cerca de la playa, y luego dimos vuelta para regresar al Zoës. "Por el amor de Dios y todo lo que es sagrado en el nombre de Jesús, ojalá apruebe", dijo Annie mientras estacionaba el coche. "¿Por qué no pensé en un vino? Escribí la maldita lista. Côte de Beaune. ¡Côte de Beaune! Maldito-Louis-Jadot. Debí optar por el maldito-Louis-Jadot."

Nos juntamos todos en la parte trasera del comedor del Zoës a escuchar los resultados. Alguien del restaurante repartía vino espumoso, pero todos estábamos muy nerviosos como para beberlo.

El Maestro Keith se paró al frente. Nos lo dijo sin rodeos. "Las estadísticas se dispararon." Muchos reprobamos.

Las catas y la teoría habían sido muy buenas. Debíamos trabajar más en el servicio. En resumen, éramos demasiado amigables, demasiado ordinarios, demasiado casuales. No se presenten a menos que se les solicite, nos recordó. No ignoren las preferencias de su comensal —si le gustan los vinos sofisticados y está dispuesto a derrochar, no se lo impidan ofreciéndole vinos pedestres. "Cuando un comensal está tomando una champaña *tête de cuvée* que costará 300, 200 dólares en su lista de vinos, ¿por qué le venden una botella de 20, 30, 40 dólares? Es como decir: 'iAh, tienen dinero! Gastemos y divirtámonos con ellos'." No tengan la vulgaridad de mencionar el precio a menos que les pregunten. "Nunca mencionarías el precio frente a la reina de corazones. Pensaría: '¿Qué? ¿Tienes idea de cuánto dinero tengo? iQue le corten la cabeza!'."

Empezaron a leer los nombres de los que habían aprobado. Alex de Nueva Jersey había aprobado. La mesera que se llenó de Flonase. Annie Truhlar.

"¿Yo?", Annie se veía sorprendida.

"¿Eres Annie?", preguntó el Maestro Jared, revisando su nombre en el papel.

"Ay, Dios mío." Tomó su certificado. "Ay, Dios mío." Estrechó la mano del Maestro Keith, luego la de la Maestra Cathy, luego la del Maestro Jared. "Es mi tercera vez. Muchas gracias. Ay, Dios mío." Me abrazó. Tenía los ojos anegados de lágrimas. Observó su certificado con detenimiento. "Ay, Dios mío. No puedo creerlo."

"Angelo Perez."

"Santo Cielo", dijo Annie, aún examinando el pliego de papel.

"Sean Raposa."

"Ay. Dios. Mío", dijo Annie, tocando con sus dedos su nombre.

"Bianca Bosker."

"iOH, DIOS MÍO!" Annie levantó la mirada y me abrazó. "iSí! iSí!"

Nuestros Maestros entregaron broches morados con el blasón de la Corte, símbolo de nuestro estatus como Sommeliers Certificados. Los prendimos a nuestros sacos. Le mandé un mensaje de texto a Morgan con la foto de mi nuevo accesorio.

"iBienvenida al club!", respondió de inmediato. "O sea, a la mejor profesión del mundo."

Después de llamar a Chuck y gritar por el teléfono llena de alegría, Annie nos trepó a Alex, Devin, JJ y a mí en su camioneta Yukon y nos llevó por un trago.

Ni Devin ni JJ habían aprobado. El Maestro Jared pensó que el descorche del vino espumoso de JJ había sido demasiado sonoro. "No era como un pedo de la reina Isabel, era como uno de una civil", refunfuñó JJ, quien pensó que la habían reprobado porque trabajaba en la NASA y no en un restaurante. El juez de Alex había escrito "*apenas, apenas pasa*" en la parte superior de su hoja de retroalimentación, pero Alex de todas formas estaba eufórico por haber pasado. Había equivocado por completo su vino tinto, y lo definió como Nebbiolo, y sólo aprobó porque le atinó al vino blanco. Lo definió como Chardonnay, de Chablis. La Corte nunca revela los vinos de los exámenes, pero para entonces yo estaba segura de que había nombrado los vinos correctos.

Los broches morados emanaban cierto grado de autoridad, y Annie, Alex y yo presumíamos nuestro nuevo estatus con seguridad y un poco de arrogancia.

"Sólo lo desecharía la mitad del tiempo", dijo Alex cuando surgió el tema del vino sudafricano.

Ordenó un vino elaborado por un productor en Charlottesville y sorbió. "Es bebible", decidió.

Annie lo corrigió cuando Alex confundió "meritage" con "hermitage". "Hermitage está en el Ródano", le recordó. Luego le pidió al mesero que le preguntara al cantinero cuándo había abierto la botella de Merlot Devin que había ordenado por copa. Sabía oxidado, como si hubiera sido abierto hacía tiempo. El mesero confirmó que se había descorchado hacía tres días. Annie recibió con placer esta noticia. Bombardearon al mesero con preguntas sobre los tipos de whiskey irlandés que había en el menú

—virtualmente las mismas preguntas, idénticas, que el Maestro Keith les había hecho en el examen.

Annie estaba cautivada con la idea de un posible aumento de sueldo.

"Me pagan o me voy. Me van a tener que *pagar*", nos informó, brindando con un mojito. Pero no dejaría que su nuevo estatus de Sommelier Certificado la cambiara.

"Voy a mantener mi linda personalidad", decidió. "No me volveré una perra."

Alex sacudió la cabeza. "Ay", dijo. "Yo voy a ser *toda* una perra. No tienen idea."

CAPÍTULO ONCE

El comedor

Un ofrecimiento de trabajo de Paul Grieco era más un reto que una propuesta.

Durante seis meses, me había estado reuniendo con el genio loco y creador del Terroir cada dos semanas. Nos sentábamos en su guarida en el sótano del Terroir Tribeca y debatíamos de todo, desde una lista de vinos hasta la orgía que es La Paulée. Me gustaba su mirada sin censura sobre el vino. Algunas tardes podía hablar sin parar sobre el "jugo esotérico". Otras, sobre el primer milagro de Jesús al convertir el agua en vino, lo cual Paul consideraba un milagro bastante desafortunado en lo que respecta a los milagros. "Hizo que todo el asunto pareciera fácil."

Ahora que había aprobado mi Examen de Certificación, planeaba traer a colación la idea de unirme a él en el Terroir. Se me adelantó. Paul me escribió un correo electrónico diciéndome que, aunque pasar el examen y escribir sobre vino era genial, ¿acaso no quería "provocar un cambio en el lugar mismo, de una manera real y fundamental"? "¿No querías cambiar el mundo cuando eras joven?", me preguntó.

Ésa era la técnica del Grieco: subir al máximo su encanto, endulzar tu ánimo hasta un falso nivel de complacencia, y finalmente aturdirte para lograr tu cooperación.

Lo había observado hacer eso en el Terroir. Un miércoles por la tarde, después de una de nuestras conversaciones, entró en el salón del restaurante para ayudar a atender a los clientes. Una mesa de veintitantos le respondió el saludo con una inclinación de cabeza. Paul les sonrió y ellos devolvieron la sonrisa. Pero quedaron boquiabiertos cuando Paul empezó a gritar. "¡*Ése* es todo un maldito viaje!", exclamó mientras aguijoneaba la lista de vinos con el dedo índice. "¡Todo un maldito viaje! ¡Pero!", y aquí bajó el volumen de su voz y se inclinó, como si les ofreciera un trato especial y no quisiera que nadie más escuchara, "los llevaré a ese viaje. ¿Quieren ir a un viaje endemoniado?"

Por supuesto que querían, y también los de la mesa de junto, que habían escuchado todo. Una animada rubia me tocó el hombro.

"Sólo queremos saber: ¿cuál es ese vino?"

Yo también quería unirme a ese maldito viaje. Así que, naturalmente, quería trabajar para Paul.

Desde que ingresé en el mundo del vino, me involucré con grupos de catas, competencias, cenas con distribuidores, retiros de entrenamiento intensivo para Maestros Sommeliers, sociedades de vino, clubes de vino, subastas de vino y grupos de estudio sobre el vino. Diseccioné cabezas de cadáveres, arrastré cajas escaleras abajo, comí tierra y, tal vez, causé un daño irreparable al esmalte de mis dientes. Me ha impulsado el deseo de comprender qué hace vibrar a los cork dorks, qué resulta de llevar una existencia más consciente de lo sensorial, qué hace que el vino sea infinitamente fascinante y qué aspectos son significativos de una industria que tiende a la pedantería. Con todas estas preguntas resueltas, el desafío restante era tomar lo aprendido y usarlo en el comedor de un restaurante.

Cuando inicié mi camino enológico, tenía la aspiración de unirme a uno de los importantes templos del vino —lugares como Eleven Madison

Park, donde los sommeliers mantenían el código de conducta de la Corte en comedores engalanados con lino y cristal. Fastidié a Morgan y a Victoria para que me permitieran verlos trabajar en el Aureole y en el Marea, en parte porque así podría aprobar el Examen de Certificación, y en parte porque esperaba que eso me ayudara a conseguir un puesto en una de las gemas Michelin de la ciudad. Ahora esa puerta estaba abierta gracias al trabajo y los contactos que había hecho.

Pero cuando volví de Virginia Beach y consideré mis opciones, me di cuenta de que estos restaurantes habían perdido su atractivo original. Mi experiencia con la Corte, con Annie y Paul, había modificado mi punto de vista. Me frustraban las políticas estrictas y las respuestas reglamentadas de la Corte. Parecían deslizarse por encima de las complejas realidades del vino y sus bebedores. Annie había encontrado múltiples maneras, más allá del libreto formal de la Corte, de deleitar a la gente con vino, las cuales funcionaban en el mundo real. Yo sabía que las bacanales de los asiduos a Le Paulée y los PX del vino continuarían salpicándome, y eso estaba bien para mí. En los comedores exclusivos yo les predicaría a los ya convertidos. Quería buscar a los escépticos, a los enófobos, a los que ponían los ojos en blanco cuando escuchaban "sabor a tierra de bosque" al alabar un Pinot Noir, como alguna vez yo lo había hecho.

Desde nuestra constitución multisensorial hasta la elusiva naturaleza de la calidad, todo lo que había visto sugería que el enfoque formal de la Corte con respecto al servicio apropiado era demasiado estrecho. Lo correcto no era necesariamente lo *bueno*. El vino ya era muy intimidante. Colocarlo en un pedestal no ayudaría en nada. En el Terroir, casi cualquier cosa era válida. Ahí sería capaz de poner en orden todo lo que había descubierto sobre las personas y el vino, para darle a los demás el tipo de experiencia transformadora que yo había tenido.

Paul adoptó un acercamiento radical, casi demente, con el que esperaba atraer clientes hacia su amado "jugo de uvas con alcohol". Si el Marea era el santuario del vino en la ciudad sagrada donde los sommelier monásticos se retiraban a meditar sobre los misterios de un buen Borgoña, Paul era el pastor evangélico y fervoroso que hablaba en lenguas y bautizaba a cielo abierto. Literalmente. Durante un viaje por carretera unos veranos atrás, Paul se vistió con un hábito, instaló una fuente bautismal afuera de una iglesia en Carolina del Norte, y con botella en mano bautizó a la gente haciéndola parte de su Iglesia del Riesling (después de purificarla de sus pecados de Chardonnay). Mitad maniaco, mitad profeta, Paul trataba sus bares de vino Terroir como si fueran, en las certeras palabras de la revista *New York*, sus "celdas acolchadas y laboratorios".

Los misioneros no son una rareza en el mundo del vino. Joe Campanale, del L'Apicio, también había casado una filosofía con su lista: quería introducir a los neoyorquinos a los vinos orgánicos de productores artesanales. Pero Joe, como la mayoría de las personas, administraba el restaurante como un ser racional. Paul estaba dispuesto a hacer enojar a su socio, alienar a sus clientes y enfrentar un motín del personal sólo para impulsar al mundo hacia los vinos en los que él creía. Prefería cerrar sus restaurantes a ceder. Se negaba a vender vinos que no lo conmovían, aunque los "jugos de *cougar*" vendieran muy bien. Prohibió el vino rosado hasta que uno de sus somms le rogó que lo reconsiderara, advirtiéndole que las mamás de Tribeca lo lincharían si no estaba en la lista de vinos antes de mayo. Por la época en que conocí a Paul, acababa de separarse de su socio, y la cadena de bares de vino de Terroir se había reducido de cinco a dos.

Eso no importó. Paul elucubraba sin descanso formas para expandir su rebaño. Asociarse con Amazon para promover vinos curados por Terroir o, ¿por qué no?, con Starbucks. Escribir un libro; de hecho, dieciséis, con dieciséis capítulos cada uno, publicados durante dieciséis años para que al final, "todo encajara para crear una gran obra de arte". *Six-packs* de vino marca Terroir. Camisetas estampadas con retratos de productores de vino. Al diablo con la noche de Madeira, hagamos el *mes* de Madeira. ¡Traigan a la reina de los vinos alemanes como somm invitada!

Y no puedes ignorar al Grieco. Dedica todo su ser en asegurarse de que la gente le preste atención. Te gritará desde el momento en que pongas un pie en el Terroir: ¡CÓMO ESTÁS, BIENVENIDO!, y antes de irte: ¡BUENAS NOCHES, GRACIAS, HASTA LUEGO! Hace años fue a espiar el Gramercy Tavern, restaurante de Danny Meyer, vestido con un traje de cuadros que, aunque no lo he visto con mis propios ojos, me han asegurado que era "abominable". (La filosofía de Paul en cuanto a la moda es: "Si después del primer acercamiento lo miras y te confronta, entonces he alcanzado mi meta".) El Manual de Empleados del Terroir prohíbe el "lenguaje profano". A Paul no le importa un carajo. En lugar de "gracias", dice "rock n' roll". "Sí" es "maldito rock n' roll". Una compañía consultora rentó el salón trasero del Terroir para celebrar que habían remplazado la *i* en su nombre por un s!gno de adm!rac!ón, y el organizador cometió el error de preguntarle a Paul si podía moderar sus obscenidades. "Bueno, eso va a ser fácil como un carajo", reaccionó Paul cuando el hombre se alejó. Irradia carisma, es incansablemente social y se las arregla, de manera sorprendente, para ser guapo, incluso con su extraña barba.

Los tradicionalistas que han dedicado su vida a mantener las reglas del vino ponen en duda los motivos de Paul. Consideran que es un provocador. En el chismerío del mundo del vino, se murmura que él *en realidad* no ama el vino: "Sólo quiere usarlo como medio para comunicarse", se quejó con cizaña un sommelier.

¿Y qué tiene de malo? Paul se comunica bien. Quiere que la gente beba vino, no que lo convierta en un fetiche. Y la lista de vinos de Paul, el Libro, hace que el lector desee saciar su sed con sus botellas. Un joven somm me dijo que el Libro era lo que lo convenció de trabajar en el mundo del vino. Y por si vale de algo, es la única lista de vinos que me ha hecho reír. La única que he continuado leyendo más allá de lo estrictamente necesario y que *de hecho* he deseado continuar leyendo. Hay fotos de Putin sin camiseta, extensas diatribas sobre ferias callejeras, chistes locales, homenajes a vinicultores, saludos a Lou Reed, críticas a Trump, citas de Nietzsche, datos sobre el jerez, y frases como "el Pinot Noir es la Lindsay Lohan de las uvas", todo dispuesto para parecer un número de la revista *i-D* de 1984. Algunos extractos seleccionados:

Si Jesús y Satanás tuvieran un hijo (supongo que la primera pregunta sería: ¿en qué estado del país se casarían Jesús y Satanás?), se llamaría Serge Hochar... Él es mi salvador y mi verdugo... Elabora jugo de uva celestial que a menudo es inapropiado para el consumo humano. Una hora en compañía de Serge es como un paseo por el Nirvana o una semana en las regaderas comunales de la isla de Rikers. Baste decir que estoy enamorado de Serge Hochar.

Decir que el Riesling es genial es tan obvio como decir que Vladimir Putin es el Michael Corleone de Rusia... Balance... incluso Philippe Petit se asombraría... Longevidad... incluso Moisés sería considerado un jovenzuelo entre estos vinos. Sensualidad... bueno, sólo digamos que Eva habría olvidado la Manzana si hubiera encontrado una botella de Riesling.

Barack Obama necesita una copa de Riesling. ¿Por qué?... Porque el Riesling te dará claridad, la cual necesitas a montones... Porque emoción no es lo que queremos. Queremos liderazgo. Y el liderazgo exige tomar riesgos. Y los riesgos exigen una columna vertebral firme. Y parecería que ahora tienes las agallas para un Chardonnay de California: hueco, muerto, sin carácter.

Grecia entera necesita una copa de Riesling. ¿Por qué?... Porque se requiere un giro de 180 grados para impulsar al país a la era moderna de la política económica exitosa y sólo una copa de Riesling te sacará de tu sopor mediterráneo inducido por demasiado bronceador y la añoranza de la grandeza de tiempos pasados ... Porque Estados Unidos te está castigando por alcanzar un déficit de 10.7% del PIB en 2009... y nada alivia el dolor como una fresca copa de néctar de Riesling... Porque pagarle a Estados Unidos y al FMI los 110 mil millones de euros, requerirá ahorrar unos cuantos dracmas, y nada te da más por tu dinero que una copa de Riesling.

El Libro pasa por los clásicos Burdeos a los extraños rosados libaneses. La filosofía vinícola de Paul no puede resumirse fácilmente llamándolo el campeón de los vinos naturales, de las vinaterías pequeñas o de los productores alternativos. El Evangelio según Paul: Bienaventuradas las botellas humildes. ("Yo crecí en un mundo en el que amaba a los parias. Amaba a los marginados. Amaba las cosas que no eran la norma", me dijo.) Bienaventurados los vinos honestos, pues serán servidos. ("Cada vez que pruebo un vino que encaja en esa definición de sabrosura —es honesto en cuanto a su lugar de origen, a sus uvas y frente al ser humano— ese vino me lleva de regreso a un sitio muy muy conmovedor.") Bienaventurados aquellos que trascienden e iluminan, pues serán ellos los que se convertirán en Terroiristas, tal como se les conoce a los acólitos de Paul. ("Queremos que sostengan un objeto que nuestros clientes quieran alcanzar, para que cuando se vayan de aquí... hayan aprendido algo.") Bienaventurados los tímidos y ocultos —la uva desamparada de Croacia, la poco convencional de Grecia que necesita ser explicada. ("Quiero ser un narrador de historias, no un sacacorchos.")

Terroir, el Libro, los gustos de Paul, su actitud: todo ha resultado un éxito. Aparte del reconocimiento que Paul recibió por su sobresaliente servicio, el James Beard Award for Outstanding Wine Service, el Terroir fue nombrado el Mejor Bar de Vinos del Mundo por el *The World of Fine Wine*, la versión enófila del *New York Review of Books*. Una rotación constante de sommeliers, distribuidores, críticos y escritores de vino ha pasado por las puertas metálicas del Terroir para una dosis de Paul y de lo que sea que esté escanciando. Es el terreno de entrenamiento de los somms ambiciosos que creen en un tipo diferente de servicio: más humano, menos robótico. Conocí a un sommelier que decía que ver a Paul con un enorme tatuaje (temporal) de RIESLING en el brazo, había cambiado todo. "Pensé: 'Este tipo es jodidamente asombroso'", dijo. "Y fue la primera vez que me di cuenta: '¡Uf! Puedes ser punk y amar el vino'." El equipo de Paul provenía de los restaurantes más célebres de Nueva York —Per Se, Gramercy Tavern, Union Square Cafe— para seguir el Camino Verdadero en el "elitista bar de vinos para todos" del Grieco. Y ahora yo era una de ellos.

Si vieras la estética punk-rock de Paul no lo adivinarías, pero se formó en uno de los restaurantes más antiguos y tradicionales, donde era obligatorio que los meseros usaran trajes y contaran con una mesita para flamear los alimentos frente a los comensales. Uno de sus más viejos recuerdos es cuando pulía las copas y los cubiertos en La Scala, el primer restaurante formal italiano en Toronto, creación del patriarca Grieco, abuelo de Paul. (Quizás él le haya heredado a Paul su espíritu rebelde: se dice que traficaba licor por la frontera de Estados Unidos durante la era de la Prohibición.)

Paul no tenía ningún interés en trabajar en el negocio familiar. Él deseaba ser un jugador de futbol soccer profesional y de preferencia jugar para un equipo italiano como centro delantero —"Debo tener el control"— y llegó tan lejos como para calificar en las finales para el Equipo Olímpico de Estados Unidos, pero obviamente fue rechazado por ser canadiense, y eran *las Olimpiadas*. Asistió a St. Michael's, un colegio católico en la Universidad de Toronto, donde se enfocó en la hospitalidad: practicándola, no estudiándola. Era uno de los integrantes de un dúo que usaba falda escocesa, llamado Torments, que pasaba de lunes a jueves planeando un épico festival de baile de British New Wave. Los viernes daban una función, los sábados devolvían la utilería y los domingos descansaban. Quizá no fue una sorpresa que más tarde lo expulsaran. Se las arregló para acumular tan pocos créditos en cuatro años que, si quería reingresar a una universidad para terminar una carrera, necesitaría cursar dos años completos para obtener un grado académico. "Sí, era un desastre total", dijo. "Pero me divertí."

Después de ser expulsado de la escuela, Paul no tuvo más remedio que trabajar en el negocio familiar, le interesara o no. Pasó un verano en La Scala, y luego su padre lo mandó a Italia a aprender de vinos relacionándose y viviendo con las primeras familias del *vino* italiano. Paul dejó el hogar siendo un ignorante y con una actitud cínica con respecto al vino. Regresó convertido en un "genio relativo". Había encontrado lo suyo: el vino combinaba el arte, la historia, la religión, la cultura de la comida y la mesa. "Pensé: 'He aquí. Al estudiar sobre vino haré todo lo demás que amo hacer'." Después de un periodo corto en La Scala, se mudó a Nueva York. Y ahí se quedó. Aprendió los ritos del vino en los sitios icónicos culinarios: Remi, Gotham, Gramercy Tavern y, brevemente, Bouley. En el Bouley, el engalanado local del chef francés David Bouley, sobrevivió veintiocho días y un ataque de pánico gracias al "completo idiota" que tenían como gerente general, quien se tomó como misión personal humillar al increíblemente pedante Paul. Fue, dice Paul, "la peor experiencia de mi vida".

En 2004 volvió a ofrecer sus propias fiestas. Con Paul a cargo del vino y el chef Marco Canora en la cocina, el par inauguró el Hearth, un restaurante toscano muy acogedor. Luego vino el Terroir E.Vil (por su locación en el East Village) y cuatro bares de vino más. Después de doce años se separaron. Ahora, cada día entre semana, entre nueve de la mañana y más o menos doce de la noche, puedes encontrar a Paul, de cincuenta y un años, en un clóset disfrazado de oficina, en el sótano del Terroir Tribeca, a un lado de un monito hecho con un calcetín, varias botellas

acorchadas esperando que el distribuidor pase por ellas, y una repisa repleta de curitas de un azul brillante para que no se pierdan si caen en la
comida. Continúa siendo un hombre con una misión. Poseído. En palabras del Grieco: "Éste no es un hobby, carajo".

Me entregaron una camiseta del Terroir para usarla durante mi turno.
Lejos quedaron las faldas largas y ajustadas y los sacos del Aureole y el
Marea. Lo primero que necesitaba era familiarizarme con las ofertas por
copeo del Terroir. Una tarde Paul me sentó en la barra del bar y me dio a
probar setenta y siete vinos de jalón. Y luego me dejó libre.

La mayoría de las noches había hasta tres empleados en el comedor,
además del encargado de llenar las copas de agua de los comensales, ata-
viar las mesas y servir los platos. El Terroir Tribeca tiene setenta y cinco
cubiertos y, con tan poco personal, todos hacíamos más de una cosa. En
cualquier otro restaurante, habríamos sido sommeliers. Aquí éramos
somms, anfitriones, garroteros, meseros, todo al mismo tiempo, aunque
nuestro trabajo principal era servir vino. Nuestra sección por copeo era
más grande que la mayoría de las listas de vino enteras de otros restaurantes, por lo que cada vez que alguien ordenaba una copa de vino era
como ayudarlos a elegir una botella.

Cada uno de nosotros había sido seducido por el fervor de Paul y su
desdén por las convenciones. Justine, que había trabajado con Morgan en
uno de sus primeros trabajos como somm en la ciudad, amaba hablar a
las personas como ella —jóvenes, a la moda, amantes de la buena cocina—
a su nivel, con palabras reales y sin pretensiones. Jason, un ingeniero
mecánico aeroespacial convertido en arquitecto convertido en fotógra-
fo convertido en aspirante de programador, clamaba que Paul era "el mejor". Casi todas las noches aleccionaba a Sabrina, nuestra garrotera: los

otros profesionales del vino son "una porquería". Ella había ayudado con el marketing del Terroir, pero tras unos años de conocer a Paul, había sentido la necesidad de adentrarse en el mundo del vino.

El Terroir era poco ortodoxo, pero mientras Paul respirara jamás sería desorganizado. El tono de mis conversaciones con Paul cambió dramáticamente en cuanto empecé a trabajar para él. Ascendía del sótano en noches caóticas para ayudar codo a codo con los del servicio y gritarnos por cualquier cosa que hiciéramos mal. Hacía de la jerarquía del Terroir algo evidente: nosotros éramos los marineros y él, el capitán pirata: o te alineabas o te lanzaba por la borda. Algunas de las estrictas reglas de servicio se conservaban. Recibí una lección de veinte minutos sobre la manera correcta de colocar la servilleta y levantar los platos. "¡RESPETEN EL QUESO!", rugió una noche antes del servicio, señalando una porción machacada de requesón. Cuando Jason levantó dos tenedores y los puso al lado del plato del comensal, Paul lo tomó por las muñecas con ambas manos y las apretó. "*No* llevamos los cubiertos en las manos", siseó. Jason había cometido el error crítico de cargar los cubiertos con las manos en lugar de colocarlos sobre un plato. Paul se paseaba por el comedor haciéndonos preguntas cuya única respuesta satisfactoria era: "Porque soy un maldito idiota incompetente, señor". "¿Por qué se tardan tanto en llevarle el vino a la mesa veinte?" "¿Por qué no te diste cuenta de que las servilletas de tu estación estaban en el piso?" Hubo un mes entero en el que sólo se dirigió a mí a gritos.

El Paul calmado y a fuego lento era peor. Todavía se me hace un nudo el estómago cuando recuerdo la noche en que le dije que el esquema de las partes de la lengua que había dibujado para dos mujeres en el bar estaba basado en un concepto científico ya superado. Al finalizar mi turno me confrontó en su oficina, y fue cuando aprendí que "temblando de rabia" es una descripción bastante literal y no una metáfora. Me habló con lentitud para asegurarse de que no malinterpretaría su instrucción. "Nunca... *nunca*... NUN-CA me contradigas enfrente de un cliente", dijo, con lo que alcancé a detectar como el trasfondo de un destello maligno al pensar cuán fuerte me aplastaría si desobedecía sus órdenes. "Si lo vuelves a hacer, tú y yo *nunca...* volveremos... a... hablarnos."

Era estresante trabajar en el comedor. Ahora, todo recaía en mí. No había Morgan ni Victoria que me ayudaran a sacar un corcho desmoronado de una botella mientras una mesa se molestaba, o que me aconsejaran qué tipo de copa usar para un Borgoña blanco. Malabareaba varias mesas, lenguas y egos al mismo tiempo, equilibrando el servicio, la hospitalidad y la salud mental.

No siempre tenía éxito. Una de mis primeras noches, Justine se molestó conmigo por haber desperdiciado siete imperdonables minutos atendiendo con paciencia a dos personas en la mesa 70, que no sabían nada de vino, pero estaban ansiosas de aprender. Pensando que las orientaría hacia lo clásico y luego las mandaría a casa con una buena historia, les di todo un discurso sobre Burdeos. La clasificación de 1855, la diferencia entre la orilla derecha y la izquierda, el sabor equino, la mezcla de uvas. Las dejé relamiéndose los bigotes por probar la botella que les había vendido y me topé con Justine cuando iba por el vino. Estaba parada con las manos en las caderas, bloqueando mi camino hacia el bar, donde guardábamos los vinos. "¿Qué crees que estás haciendo?", demandó. "¡No puedes desperdiciar todo ese tiempo en una sola mesa! ¡No puedes darles tanta información! ¡No son capaces de *procesar* toda esa información! Te paras ahí usando palabras que ellos ni siquiera comprenden y no admitirán que no te entienden. ¡Y mientras tanto todas las demás mesas están en *llamas*! EN LLAMAS. Debes entrar y salir."

Gracias a que observé a Morgan cuando ordenaba y tomaba órdenes de botellas, sabía que para hacer mi trabajo necesitaba conocer sólo dos factores: tu presupuesto y tus gustos. A partir de ahí podía hacerla de casamentera, como Amazon o Netflix cuando te sugieren libros o películas. Si te gusta el Sauvignon Blanc del Loira, *adorarás* el Frascati de Pallavicini del Lazio. "¿Qué se le antoja esta noche?", le preguntaría a un cliente.

La pregunta puede intimidar a alguien que no sepa de vinos. Si dudaba, reelaboraría la pregunta como opción múltiple: ¿Viejo Mundo o Nuevo Mundo? ¿Afrutado o terroso? ¿Zarzamora o mierda de vaca? Y si todavía tenía problemas en contestar, preguntaría: ¿cuál es tu grupo favorito?

Aprendí eso de Paul. Él creía en maridar vinos con cualquier cosa, porque sabía que podía convencerte de disfrutar casi cualquier botella. "Escucha, estamos tratando con una de las cosas más volubles que existen: el sabor", me aleccionó Paul durante una de nuestras reuniones. Si te gusta Depeche Mode, *amarás* nuestro vino Depeche Mode. Fingía estar frente a un comensal: "'Ah, tengo el vino Depeche Mode perfecto para ti'. Y tú te quedas pensando: '¿De qué diablos habla?'. Entonces yo te traigo una maldita botella —la que sea dependiendo de mi humor—, pero todo encaja con Depeche Mode", decía. "Puedo hacer que *cualquier* vino de la maldita lista encaje con Depeche Mode."

Una tarde, durante un servicio especialmente desastroso, comprendí al instante la importancia de moldear las papilas gustativas de nuestros comensales. Un grupo de seis hombres de traje y cuello almidonado llegó a la mesa 25. El anfitrión, un hombre en sus cuarenta, quería un Cabernet de California por menos de 100 dólares. Algo como Jordan Cabernet. En otras palabras, "jugo de *cougar*".

"Quiero algo poderoso. Grande y poderoso", dijo el hombre calvo y bajo.

Su asombro, que rayaba en la indignación, al ver botellas de 300 dólares en nuestra lista, me indicó que lo más seguro era que el hombre no sabía nada de vinos. Conocía suficiente como para saber que el Cabernet de California implicaba opulencia y que sabía a opulencia.

No teníamos Cabernet de California de su presupuesto. Tampoco teníamos mucho que supiera como el Cabernet de California clásico. Paul tendía a tener en existencia vinos tintos tan directos y eficientes como él mismo, y por ese precio sólo podía pensar en un vino tan untuoso como el que quería el hombre. Lo que tenía que ofrecerle: el Tzora, de (qué vergüenza) Israel. No sonaba tan bonito como "el Valle de Napa".

Traje la botella y le serví una prueba junto con otros dos vinos que sabía que odiaría —un truco que Justine me había enseñado para hacer que la gente "elija el vino que yo necesito que elija". Le serví Merino, un Syrah de Argentina.

Hizo un gesto. "No es lo suficientemente poderoso."

Le serví el Tzora, la mezcla de Cabernet Sauvignon, de Israel.

"Éste está, ah, *bueno*."

Y el Fronsac, un vino de Burdeos con bastante Merlot.

Frunció el ceño. "Ah, odio éste. Éste es terrible. En definitiva, este último no."

Decidió que no quería ninguno de los tres. No tenía nada más que ofrecerle. Después de un par de incómodas conversaciones y un largo tiempo esperando a ver si Paul tenía alguna sugerencia, el hombre, cansado y con razón irritado, dijo *al carajo*. Pidió el vino israelí. Como sea. Había esperado quince minutos por algo de beber.

Paul estaba aún más enojado que los comensales. Me pidió que me quedara después de mi turno.

"*Tú* manejas el vehículo. No el cliente. El cliente *piensa* que lo maneja. Pero *tú* lo manejas", dijo echando chispas. "Si estoy con un grupo de personas y digo que me gusta el Cabs de California, es una afirmación profunda. Estoy presumiendo enfrente de mis invitados. Y de pronto, ¿tú te presentas con un vino israelí? Es como '¿Qué carajos? ¿Qué es esto? ¡No quiero esto!'. *Por supuesto* que van a decir que no... Pienso que el Tzora era una elección genial... Yo habría traído el Tzora y habría dicho: 'Señor, *no estamos* en California. *Estamos* en Israel. Jordan es de cuerpo medio, muy untuoso, de sabor intenso. Intensamente afrutado y de taninos suaves. Éste va a tener *exactamente* lo que quieren'. Y lo habría convencido. Y ahí hay un elemento de charlatanería", concedió Paul. "Yo habría manipulado la mente del caballero para que diga, de acuerdo, no es Cab de California. Pero será algo cercano. Tienes que hacerlos sentir bien con su decisión."

Recordé La Paulée y el poder de enaltecer algo. Por supuesto creemos lo que nos dicen, *especialmente* con el sabor. Especialmente con el vino. Hazlo bueno y será bueno. Las palabras que pronunciamos convocan los sabores de tu lengua.

El punto no era engañar a la gente. Queríamos persuadirla con suavidad de hacer a un lado cualquier prejuicio que obstaculizara el placer de los nuevos sabores. Concedo que un vino israelí no tiene la fuerza del estrellato de un Cabernet de California. Si fueras Don Grande y Poderoso, podrías sentir que te sirvieron kebab cuando tú ordenaste un rib-eye añejado. Pero si le dabas una oportunidad, el Tzora era delicioso, y los fanáticos de Napa que lo probaban por lo regular se convertían y brindaban "*L'chaim!*" por los vinos de Tierra Santa. Para que esas epifanías sucedieran se requería una mente abierta, además de algo de astucia de nuestra parte.

Como los civiles asumían que todos los Riesling eran dulces y que los vinos dulces eran corrientes, yo podía tapar con la mano la etiqueta de un Riesling a la hora de servirlo, olvidando a propósito mencionar la variedad, sólo para que una mesa lo probara.

Entendía por qué incluso un sommelier conocedor se ponía a veces por entero en manos de otros somms cuando salía a tomar un trago. Mis compañeros Terroiristas y yo conocíamos cada una de las botellas de nuestra lista como si fueran personas: quiénes eran los que más pedían, los menos exitosos, los misteriosos, los trabalenguas, los inspiradores. Era emocionante emparejar a alguien con un vino cuyo sabor provocaba que le brillaran los ojos. Y aunque a veces sí empujábamos a las personas hacia algo más caro, no sólo lo hacíamos como artimaña para aumentar tres dólares a la cuenta, sino para ofrecerles una botella muy superior. Solía pensar que Morgan y Victoria me mentían cuando decían que a veces valoraban más el placer que las ganancias. Ya no.

El vino había empapado todas las partes de mi vida cotidiana a tal grado que no alcanzaba a registrar cuánto había cambiado hasta que empecé a trabajar en el Terroir, casi un año después de mi primera reunión con Morgan. La primera vez que él y yo hablamos fue en el Terroir. Ahora yo servía vino a la gente que se sentaba en esos mismos asientos.

Mientras contestaba preguntas sobre la lista y guiaba a las personas a través del Libro, me di cuenta de que toda mi forma de ver el vino —y la comida— había evolucionado. Me importaba lo que yo bebía, pero además me importaba lo que *tú* bebías.

Vi el potencial de una copa de líquido como el portal de una experiencia que te lleva a un lugar y te revela algo sin haber abandonado tu asiento. Que simplemente te gustara un vino era una condición necesaria pero no suficiente para sentirse satisfecho. Un vino sobresaliente requería tiempo para entenderlo. No era posible comprenderlo de jalón. Plantaba una pregunta en tu mente o te transportaba a otro lugar. *¿Éste de dónde es? ¿Son... agujas de pino lo que estoy probando? ¿Cómo lo hicieron? ¿Por qué de pronto siento nostalgia por mi amiga del colegio y nuestros paseos por los bosques de Pine Barrens?* Una copa alcanzaba su máximo potencial cuando te dejaba con una historia. Podía ser una sobre el vino mismo y la *hippie* alemana que lo elaboró usando los métodos de sus bisabuelos. O podía ser una historia sobre la noche que bebiste ese vino, con el dulce aroma del Riesling elevándote el espíritu al instante para que te quedaras despierto más tarde de lo planeado, carcajeándote tan fuerte que el dueño del bar —ese tipo con barba rara— vino a callarte. O podía ser una historia sobre ti, ya que estabas pasmado tras haber descubierto la dimensión intelectual desencadenada por los sentidos que creías que sólo utilizabas para la supervivencia básica. La comida también podía provocar esos sentimientos. Pero esa experiencia de ser llevado a un lugar donde te preguntas sobre el mundo y tu lugar en él podía alcanzarse con más facilidad, menor precio y mayor seguridad, a través del vino.

Los Terroiristas nos sentíamos destrozados cuando la gente ordenaba cualquier cosa que reconocía en el Libro. "Es una pena. En la lista hay vinos mucho mejores", me susurraba uno de mis colegas en el comedor, cuando me veía tomar un Chardonnay para un par de comensales. No hace mucho yo habría supuesto que eso era una pedantería. Pero en verdad nos desilusionaba no provocar que te conmovieras, al menos un poco. Quizá mostrar una nueva perspectiva, o al menos preguntarte sobre lo que creías conocer acerca del sabor. Paul les pedía a los civiles de sus clases que prometieran nunca beber el mismo vino dos veces. Yo lo mencionaba en mis mesas para ver si seducía a las personas hacia territorios inexplorados.

No me malinterpretes: por supuesto que te traería un Chardonnay o una sidra y estaría contenta si tú estuvieras contento. Sin embargo, en el fondo pensaría qué *podría* haberte dado, la sidra es aburrida, ¡aguada! El Cornouaille es una mezcla de queso azul, vinagre de sidra y pony Shetland apestoso; es *fenomenal* y extrañamente desconcertante. El Riesling Château Belá es como el bebé de Schubert y Grace Kelly y todo lo sorprendente que conlleva dicha descripción. Y espera a probar un Tempranillo, que es como lamer una montura vieja de una forma maravillosa. En lugar de otra excursión por el país del vino de California, podrías inhalar los aromas de Líbano, Austria, Grecia, Israel, Eslovenia. Hablo sólo de una probada de vino y ni siquiera debes aceptarlo ni pagarlo. Sólo tienes que probarlo.

Y, aun así, hay quienes no lo harán. Había momentos en que los clientes no estaban de humor. Habían tenido un mal día en el trabajo y todo lo que querían, como decía Paul, era una maldita copa de jugo de uva. En esos casos, me contentaba con dar un paso atrás y traerles el alcohol.

Pero había mucha, *mucha* gente que no nos permitía conducirla al siguiente nivel porque estaba asustada: del vino, de sentirse tonta, de equivocarse, de no percibir la diferencia, de hacer preguntas estúpidas, de obtener respuestas kilométricas con términos como "aldehídica", y de poner algo desconocido en su boca. Había observado adultos regresar copas de vino y hacer muecas como un niñito al que se le ha pedido que coma brócoli. Es verdad que el sabor y el aroma son los sentidos más íntimos e invasivos. Estamos dejando que entren cosas a nuestro cuerpo. Pero estas personas actuaban como si tratáramos de envenenarlas, como si fuera físicamente doloroso o peligroso sorber estos vinos. "¿Qué es esto?", chilló una vez una mujer de mediana edad. Algunos lo tomaban personal. "Tienen cosas muy raras", nos dijo otro cliente, acusándonos. "Este vino es raro. ¿Por qué es tan raro?" Cuando se trata de sabores y olores, si no son familiares, si son desconocidos y nuevos, el instinto los rechaza. ¿Ponerlos en mi cuerpo? No, gracias. Para nada.

Me había embarcado en una aventura sensorial. Y cada noche en el Terroir tenía la oportunidad de llevar a los demás a un viaje. El truco era convencerlos de acompañarme.

Supongamos que vienes a visitarnos al Terroir. Abres la puerta y piensas que es un lugar casual y relajado. Todos estamos vestidos con jeans y camisetas. Hay mesas de madera, bancos de metal, una barra bastante maltratada y una pequeñísima cocina abierta. Hay un pizarrón al frente que dice ¡ALÓCATE CON NOSOTROS! No hay menús forrados en cuero, ni manteles, ni un anfitrión que te reciba en la entrada. No hay trajes ni arreglos de flores elaborados. En una pantalla al fondo se proyectan películas viejas: *Pumping Iron, Top Gun, La novicia rebelde.* Olvida el smooth jazz. Suena Bowie o Chuck Berry a un volumen un poco alto.

Uno de nosotros grita ¡hola! cuando entras —quizá Paul, quien siempre es el primero en avistar a un cliente, incluso si yo estoy al frente. BIENVENIDO AL TERROIR, QUÉ BIEN. La lista de vinos es una carpeta engargolada con arillo metálico y cubierta de estampas y etiquetas ("Si tanto amas la manzanilla, cásate con ella"). Dice: "No estamos aislados del mundo, también vivimos en él. Es vino, pero no debes tomarlo tan en serio. Rock n' roll".

Y luego ves los vinos. *No* sabes lo que sucede. ¿Qué es Epanomi? ¿Malagou-qué? ¿Qué es todo eso de "TA, RS" junto a los Riesling? ¿Por qué la sección de copeo es de *seis* páginas? ¿Dónde está el Malbec? ¿No hay Sancerre? ¿En serio?

A roncanrrolear, carajo.

Paul quiere inducir este tipo de crisis porque las crisis provocan conversaciones. Desea provocar que te rindas y cierres el Libro. De hecho, su sueño es que no haya Libro. "Pero aquí en Nueva York, una ciudad llena de gente controladora, no todo mundo quiere soltar las malditas riendas." Y Paul menos que nadie. Por fortuna, al no saber hacia dónde vas permitirás que seamos tu guía.

Mientras echas un ojo al entorno, ligeramente asustado, o mientras hojeas el Libro por tercera vez buscando a qué aferrarte, yo llegaré a tu mesa. Dependiendo en dónde estés sentado, me acomodaré a un lado de la mesa 26 para monitorear el comedor mientras hablamos: ¿La 21 o la 23 necesitan agua? ¿Cómo va la 25 con su botella? Si estás en la 27, me acomodaré en la esquina para vigilar la puerta: "BIENVENIDOS AL TERROIR, TOMEN ASIENTO".

Te habré visto incluso antes de atenderte, tratando de descubrir quién eres y qué vas a querer. Las enseñanzas de Victoria sobre la mejor manera de estereotipar están dando frutos. Estamos cerca de Wall Street, así que tal vez te dedicas a las finanzas. Los hombres de camisa y zapatos de vestir quizá prefieren cantidad que calidad, hasta que la hora feliz termine a las seis. Las economistas con puestos altos, faldas de corte en A y bolsas finas se consienten. Tengo un delicioso Pinot de Oregon para ti, 18 dólares la copa. Podrías ser un artista de Tribeca, uno de los pocos que quedan en el barrio, y probablemente has estado aquí antes. Resaltaré las novedades. Puedes ser un iniciado como yo, y en ese caso te sugeriré algo especial. Si estás en una primera cita —y tal vez así sea porque vienen muchos en su primera cita— serás tacaño y querrás que entretenga tu velada. (Morgan entendía esto. ¡Que comience el espectáculo!) Te sentirás extraño con tu acompañante y querrás un vino con historia que te ayude a iniciar una conversación. Te ofreceré el Chateau Musar del virtuoso Serge Hochar, que usaba su sótano como refugio antibombas durante los quince años de guerra civil en Líbano —¿y cuándo fue la última vez que probaste un vino libanés? Las terceras citas —parejas que ya se sienten cómodas, pero no demasiado— llevarán las cosas al límite, ansiosas de tener sexo. Si eres un cliente frecuente que trae a una nueva chica cada semana —siempre pretendiendo que es tu primera vez aquí, siempre pagando con tu tarjeta corporativa, siempre emborrachándola con el estómago vacío para poder besarla después— voy a insistir mucho en el plato de quesos, para que la chica pueda combinarlo con su Syrah. Pero te lo advierto: no eres anónimo y somos muy buenos leyéndote.

Vendré a tu mesa y te daré algún pretexto para que empieces a hablar. No preguntas de sí/no. "¿Qué pasa?", preguntaré, o bien: "¿En qué estás pensando?". Me robé estas líneas de entrada de Twitter y Facebook, porque si alguien sabe cómo hacer que la gente confiese todo, son ellos. Entre más aprendo sobre ti, te persuadiré mejor y podré guiarte hacia un vino específico.

Evaluaré qué versión de mí prefieres. ¿Quieres mi conversación? ¿Sólo necesitas una copa de vino? ¿Quieres que te admire? ¿Qué te enseñe? Soy diferente en cada mesa.

Seas quien seas, trataré de caerte bien para que confíes en mí y me permitas traerte algo nuevo. Hombre o mujer, cliente frecuente o nuevo, esta seducción debe suceder con rapidez. Quizá máximo en treinta segundos. Has llegado ahí para estar con tu amigo o tu novia o tus colegas. Y yo debo atender dos mesas, ofrecer algo más de vino, entregar una cuenta, pulir copas, rellenar en la 21, bajar al sótano y esquivar a Paul, que está echando humo en una esquina.

Una vez que entiendo lo que quieres, debo venderte la idea de que el vino que te ofrezco será divertido. Y entonces las cosas se ponen interesantes.

Mi estrategia cambia cada vez. Improviso en cada mesa, sondeo la situación. Morgan y Victoria tenían poca libertad para salirse del libreto del sommelier: *Es una buena cosecha... ha sido muy solicitado...* En el Terroir, tenemos total libertad artística.

Usaré todo lo que he aprendido para convencerte de venir conmigo en el viaje de esta noche. El arte de saborear diversas notas, la influencia de las expectativas, la forma de catar a ciegas, la ciencia del olfato. Incluso los datos de las leyes vinícolas en la Toscana o los métodos para hacer champaña.

Si eres un conocedor te hablaré con la jerga clásica. Deseo mostrarte que conozco el idioma para que confíes en mí. El Jurtschitsch es un clásico Grüner austriaco, algo cítrico, con un toque de acidez elevada, y notas de rábano y pimienta blanca. Si eres un novato curioso, te interesaré en una historia que inspirará tu imaginación. El Quenard viene de una zona de Francia justo a un lado de la frontera con Suiza, y combina el romance del francés con la precisión del suizo. Si quieres coquetear conmigo, te enseñaré a tantear la acidez y el alcohol en tu lengua. Si no sabes nada de nada, te ahorraré toda la perorata sobre vino y procuraré intrigarte con asociaciones libres de poesía y cultura pop, el tipo de cosas que Morgan balbuceaba mientras acechábamos las mesas en las catas de los distribuidores. Este Viognier es un total Gwyneth Paltrow: floral, fresco, algo untuoso. Este dulce y aduraznado Riesling es los Beatles cuando lanzaron "Love Me Do"; este otro es *El sargento Pimienta y su club de los corazones solitarios:* funky y ácido hasta el cielo. Te venderé vinos que son espectáculos grandes y atrevidos al estilo Kim Kardashian, o magros tipo Hemingway, o como un seductor envuelto en una bata de terciopelo. A veces exageraré: "Este vino es como la chica que conocías en la secundaria que iba muy bien vestida y sacaba calificaciones perfectas, aunque todos sabían que fumaba marihuana a escondidas en los baños", le dije a un cliente. "No tengo ni idea de qué estás hablando", me contestó llanamente. Pero lo más común es que te interese. "Tomaré eso que describiste como el vino de T. S. Eliot", podrás decir, más cautivado por la comparación que por el hecho de que proviene del norte del Ródano.

No abandonaré mi conducta de la Corte por completo: bromearé sobre las tradiciones vinícolas para dejar claro que las conozco. Te presentaré la botella, recitando la etiqueta de principio a fin y sosteniéndola de manera que la puedas ver, como lo hice con el Maestro Keith. Luego haré una broma: "Se ve como un vino, ¿no es así?", una pequeña broma sobre las convenciones que sigo con tanto cuidado. Llevo una servilleta, escancio desde la derecha con generosidad y limpio el borde de la botella con cuidado porque sé, aunque tú no lo sepas, que al conducirme de la forma correcta te muestro respeto. Morgan estaría orgulloso.

Los mejores momentos de la noche llegan cuando la gente entiende: prueba algo, un interruptor se enciende y comprende: *Esto es de lo que me he estado perdiendo.* Un sabor le provoca curiosidad. Quiere más. Se encuentra de pronto insatisfecha con el "bien y ya".

Intentamos compartir las herramientas para lograrlo. Dale a un hombre una nota de sabor y estará satisfecho por una hora; enséñale a saborear y, bueno, le cambia la vida. Si dices: "Trae una copa de lo que sea porque en realidad no sé distinguir la diferencia", regresaré con dos vinos de polos opuestos: uno, de Borgoña, que es un charco de lodo mezclado con jugo de arándanos; otro de Argentina, una combinación masa-de-brownie-piña-colada. "¿Te das cuenta de la diferencia?", preguntaré, explicando el Viejo Mundo contra el Nuevo Mundo, el clima templado contra el cálido. Verás que puedes notar la diferencia. Que ésta es la primera de muchas historias que te narrarán tu comida y tu bebida.

Si las cosas avanzan con lentitud, me detendré un poco más en tu mesa, traeré algunos vinos poco similares y te haré un pequeño examen sobre qué tanta saliva tienes en la boca después de cada sorbo. ¿Mucha?

Es por la acidez. Respira como si estuvieras revisando tu aliento. ¿Cuánto dura su calidez? Ésa es la forma en que calibras el alcohol. Yo veía a Paul dibujar diagramas de la lengua mientras enseñaba a las personas cómo evaluar la estructura.

"De acuerdo, ahora dime: ¿te cosquillea la punta de la lengua?", preguntaría. "Reaviva las cosas, ¿no es así? A roncanrrolear, carajo."

En el Terroir, siempre intentaba llevar a un cliente a algún punto con esa copa o botella de vino, con distintos grados de éxito.

A veces ella (o él) me daría pistas sutiles de que sentía ese brío extra. Podría llamarme para decirme que lamentaba molestarme, pero ¿cuál era el nombre de la botella? ¿Y sería posible tomarle una fotografía a la etiqueta?

A veces vaciaría felizmente la primera copa y me pediría que le recomendara otra de un vino distinto. Se pondría en mis manos una segunda vez y me dejaría que le diera vuelta a su mundo. Llevé a dos amigos a un recorrido que empezó relativamente seguro: un Shiraz de mucho cuerpo, y luego un Pinot Noir de Oregon, luego Francia, luego de regreso a un Riesling alemán semiseco.

A veces un cliente iba directo al grano y me decía lo mucho que amaba el vino. Cada vez que regresaba a su mesa, hacía una nueva observación. Entraba en mi juego de adivinar las notas de sabor, y entonces me daba cuenta de que en realidad había pensado mucho sobre la copa. Una mesa ordenó una cata de tres Cabernet Francs. Declararon uno como Taylor Swift; otro como Alanis Morissette y el final como Sean Connery.

A menudo, era más difícil decir si había logrado mi objetivo. Consideraba que había tenido éxito en los momentos en los que miraba de reojo a alguien tomar un trago de vino y luego perderse en sí mismo. El comensal perdía todo contacto visual. Su cara se volvía inexpresiva. Dejaba de conversar con quienes lo rodeaban, involucrado en un diálogo interno promovido por la nube de moléculas aromáticas que acababa de inhalar. Se veía distraído, como si de pronto estuviera en otro lugar. O ladearía la cabeza, haciendo una pausa para contestar alguna pregunta que acabara de surgir, o para atrapar una nueva pista.

No me importaba que a menudo no podía saber si había emparejado a los comensales con un vino de entrada. Lo que sucede entre ellos y la copa es un asunto íntimo. Es su propia aventura.

Un sorbo de vino no es como una canción o una pintura que les habla a muchos al mismo tiempo, con un mensaje fijo para la eternidad en un acorde o un brochazo. El vino cambia en la botella, evolucionando con lentitud hasta su inevitable final, y muda incluso más en el instante en que se saca el corcho. El líquido que conforma nuestro primer sorbo no es el mismo líquido que emana de la botella para conformar el último. Y el vino que bebes no es el mismo que bebo yo. Está alterado por la química de nuestros cuerpos, la arquitectura de nuestro ADN o el fondo de nuestros recuerdos. El vino existe sólo para ti, o para mí, y sólo existe en ese instante. Es una epifanía privada en el placer de la buena compañía. Así que no permitas que pase inadvertido. Paladéalo.

La cata más ciega

Debía hacer una última cata a ciegas. Era la más ciega de las catas ciegas que yo intentaría o que había escuchado. Tenía que cerrar los ojos, ponerme tapones en los oídos, colocar la cabeza en un marco de plástico y no moverla ni un centímetro. Después me introduciría en un espacio estrecho y oscuro del tamaño de un ataúd. Así que había énfasis en lo de cata y énfasis en lo de a ciegas. No podía oler el vino. Sólo mordería un tubo de plástico delgado y esperaría a que alguien inyectara en mi boca vino tinto, vino blanco o agua.

Durante unos veinte minutos, me recosté bocarriba mientras un hombre parado cerca de mis pies inyectaba el vino (o el agua) y gritaba órdenes.

"¡Sorbe!", escuché su voz opaca, mientras algo húmedo entraba a mi boca.

Luego: "¡Traga!".

"¡Sorbe!"

"¡Traga!"

Este montaje, por más extraño que parezca, quizá te suene familiar: lo tomaron prestado de dos experimentos pioneros —mencionados en el capítulo cuatro— que usaron los escaneos de resonancia magnética. Funciona para probar la naturaleza de la pericia con respecto a la cata de vinos. El primero de los estudios, publicado en 2005, fue dirigido por un equipo italiano, y el segundo, modelado a partir del original, fue realizado por investigadores franceses en 2014. Ambos estudios reclutaron sommeliers y bebedores aficionados para sorber, hacer buches y tragar vino mientras estaban dentro de un escáner de resonancia magnética, para que los científicos observaran las zonas del cerebro que se activaban con los sabores. No se les pidió a los sujetos que identificaran si lo que bebían era, por ejemplo, un Malbec argentino o un Merlot californiano. Pero para asegurarse de que los participantes pensaban de manera crítica sobre los sabores, el experimento planteaba tres preguntas: 1) ¿qué tanto te gustó el vino?; 2) ¿qué tipo de vino es: tinto o blanco?, y 3) ¿crees que has probado el mismo vino más de una vez? Los dos equipos de investigadores, cada uno por su lado, descubrieron que cuando los expertos prueban y analizan el vino, su cerebro se ilumina en un patrón distinto que no se parece en nada a la actividad en el cerebro de los novatos.

Yo llevaba más de un año de entrenamiento y exploración intensivos sobre el vino y sus sabores. Había demostrado que podía trabajar como sommelier en el comedor, en la Corte y en las catas. Mi percepción en las catas a ciegas era buena, incluso "excelente", de acuerdo con Andrew Bell, presidente de la Asociación Americana de Sommeliers, quien había sido mi antiguo instructor de cata a ciegas, y quien se había sorprendido de la velocidad de mi progreso. Si me dabas una copa de algo elaborado con un varietal clásico de uvas, de manera consistente podía decirte qué era lo que tomaba.

Sin embargo, también descubrí que la pericia en el mundo del vino es algo resbaladizo. He sido testigo de cómo las expectativas engañan la percepción y cómo una y otra vez la mente es la fuerza última que afina nuestros sentidos. Aunque al principio me preguntaba sobre las supernarices y las superlenguas, no tenía ya duda alguna: los sommeliers avanzados y fanáticos del sabor no poseen mejores cualidades físicas, como diez veces más papilas gustativas o miles de genes de receptores olfativos extra. Más bien su manera de pensar es única. Perciben e interpretan los sabores que encuentran de una forma más desarrollada, y ese filtro lo cambia todo.

El cerebro era la última frontera en mi búsqueda por la pericia. Los científicos ya habían trazado el mapa de las características distintivas del cerebro de un cork dork. Ahora sólo necesitaba saber cómo estaba organizado el mío.

Obtener imágenes de tu cerebro no es tan fácil como pensarías, y me sorprendí al saber que necesitaba permiso para ver dentro de mi propia cabeza. Después de pedirles a científicos desde Estocolmo hasta Chicago, finalmente conseguí un escáner de resonancia magnética gracias al auspicio de un estudio sobre el sabor que estaba ya en curso. Lo encabezaba el profesor Yong-An Chung en el Incheon St. Mary's Hospital, y de todos los lugares posibles, se ubicaba en Corea del Sur. Seung-Schik Yoo, profesor asistente de radiología en la Escuela de Medicina de Harvard y colaborador frecuente del equipo del St. Mary, había revisado con cuidado los protocolos de los experimentos previos con sommeliers. Él y Yong-An estuvieron de acuerdo en replicar el formato tan precisamente como fuera posible para ayudarme con esta cata a ciegas para terminar con todas las catas a ciegas. Volé a Corea del Sur para encontrarme con el alegre, curioso e infatigable Seung-Schik, cuyos estudios abarcaban desde la impresión en 3D de la piel hasta las conexiones entre cerebros de ratas y humanos para controlar al animal con nuestros propios pensamientos. Seung-Schik me dijo que había sentido pasión por la biomedicina desde que de niño vio un corazón artificial en la portada de *Time*. "Algo excitó mi sistema límbico", dijo. (Después me enteré de que ese sistema es una parte del cerebro relacionada con la emoción y la motivación.)

Su manera de invitarme a almorzar era diciendo: "Démosle algo de glucosa a nuestro cerebro". Así que él era la persona perfecta para ayudarme.

Seung-Schik me guio a través del estacionamiento del hospital St. Mary, donde los pacientes en pijama arrastraban sus sueros por entre los coches. Lo seguí hasta una habitación en el sótano y me recosté en una estrecha camilla para que me ingresara al escáner de resonancia magnética. Seguro se notaba que estaba nerviosa pues Seung-Schik me dijo que no me asustara por el rugido de los imanes de la máquina. Él conocía a estudiantes que habían hecho mezclas musicales con dichos sonidos.

Estaba nerviosa pero no tenía nada que ver con el estertor del escáner. Para empezar, me sentía preocupada por estar preocupada. Un grupo de hombres en bata estaban a punto de analizar mi cabeza y yo estaba preocupada por que pudieran notar mi ansiedad, que en un día cualquiera era alta. Pero más que eso, me aterrorizaba que, después de más de un año de esfuerzo, energía, entrenamiento y dedicación, mi cerebro me traicionara apareciendo como defectuoso, hueco o ignorante.

Cerré los ojos y traté de aclarar mi cabeza mientras apretaba los dientes alrededor de un tubo. Seung-Schik y sus colegas me escanearon mientras hacía buches y tragaba una serie de vinos, luego escanearon a alguien más para tener un referente, a manera de sujeto de control —una bebedora amateur de mi misma edad y género—, mientras ella también hacía buches y tragaba. Al igual que con los sujetos de los experimentos anteriores, las dos contestamos algunas preguntas sobre los vinos que acabábamos de probar. Y del mismo modo que los investigadores anteriores, los científicos del Incheon St. Mary's Hospital prometieron que procesarían nuestra información y luego compararían la actividad de mi cerebro con la del sujeto de control.

Unas semanas más tarde, Seung-Schik me mandó un correo electrónico para decirme que los resultados estaban listos. Manejé hasta su oficina en Boston para verlos a su lado. Tan pronto como llegué, me sentó junto a él y tecleó ansiosamente su computadora para abrir los archivos. Me convidó a la visión terrible de mi propia cabeza calva y decapitada, dando vueltas sobre un fondo gris: una pequeña pesadilla gratuita cortesía del escáner de resonancia magnética. *Lo que sea que haya encontrado, podría ser peor: al menos todavía tienes la cabeza sobre los hombros,* me dije.

Seung-Schik abrió una cuadrícula de escaneos en blanco y negro de más de noventa distintas vistas del cerebro. Muchos de esos escaneos individuales tenían en algunos lugares puntos anaranjados, amarillos y rojos, y Seung-Schik me explicó de inmediato lo que estaba viendo. Tal y como los otros investigadores habían hecho, él y sus colegas habían sustraído la actividad del cerebro del amateur de la actividad en mi cerebro, y las manchas de color indicaban regiones donde mi cerebro había estado más activo. Resaltó una pequeña área roja: parecía que había movido la lengua bastante más que el sujeto de control. No me gustó que alguien supiera tanta información sobre mí, y de pronto me sentí expuesta.

El estudio original de 2005 concluyó que tres regiones del cerebro muestran más actividad en sommeliers que en novatos al momento de probar vino. Se cree que dos de esas áreas —la corteza orbitofrontal izquierda y la ínsula izquierda— colaboran en el procesamiento de olores, gusto y más información sensorial, y luego la convierten en una impresión de sabor. Ambas regiones también se encargan de tareas complejas, como la toma de decisiones, el razonamiento deductivo y la asignación de valor y placer a los sabores. La ínsula sobresale de manera particular cuando se trata de esto último. Los científicos creen que esta área, la cual ha sido subestimada durante mucho tiempo, ayuda a distinguir a los humanos de los animales. Vincula la importancia cultural y emocional a las experiencias sensoriales: un mal olor se vuelve desagradable, una caricia enciende sentimientos de deseo para un amante, el sonido de un Do agudo da pie a maravillarse ante un aria para soprano, y ver a alguien que se corta un dedo genera empatía. El daño a la ínsula nos impide vincular la emoción expresada por un riff de jazz o el lamento de un violín. Es el lugar en donde convergen el cuerpo y la mente, y donde procesamos lo experimentado para transformarlo en pensamiento consciente. En pocas palabras, la ínsula es el pivote a partir del cual cobra sentido el mundo a nuestro alrededor.

¿Cómo se compara mi cerebro al de los expertos? Seung-Schik tecleó algo más. Ambas, la corteza izquierda orbitofrontal y la ínsula izquierda, estaban anaranjadas. Seung-Schik sonrió. No supe cómo reaccionar. Era una gran noticia, explicó: al igual que los siete sommeliers del estudio original, mi cerebro se había involucrado mucho más en esas áreas que en las del sujeto de control.

La tercera parte del cerebro que, según el estudio de 2005, muestra una actividad mayor en los sommerliers es la corteza prefrontal dorsolateral o CPFDL. Es una parte intrigante de nuestra anatomía y que continúa en desarrollo ya entrada la adultez. Entre otras funciones, ayuda al razonamiento abstracto, la memoria, la planeación, la atención y la integración de diferentes estímulos por parte de los distintos sentidos. Cuando los investigadores observaron su elevada activación en los expertos, pero no en los bebedores novatos, llegaron a esta fascinante conclusión: "El enfoque analítico de los sommeliers con respecto al sabor del vino parece reemplazar la experiencia total mucho más emocional de los sujetos menos versados". El entrenamiento no sólo hace que los sommeliers sean más sensibles a los olores y sabores, sino que también asegura que analicen esos estímulos en vez de sólo reaccionar emocionalmente. Miramos las imágenes en la pantalla de Seung-Schik. Las de mi actividad cerebral mostraban también esa área de un anaranjado intenso.

¿Diagnóstico final? Yo hablaba como sommelier, caminaba como tal y, como lo confirmaba el escáner de resonancia magnética, procesaba el mundo como una obsesiva del vino. Toda la práctica y el entrenamiento habían modificado mi cerebro.

En general los científicos son muy buenos para poner una cara impasible con sus descubrimientos, pero Seung-Schik rayaba en el embeleso.

"¡Esto es genial!", dijo, sonriendo. "Así que tal vez podrías ser La Elegida", bromeó. "Quizás he visto demasiadas películas de *Matrix*. ¡Eres La Elegida!"

Pero Seung-Schik no había terminado. Regresó su atención a la computadora y señaló una serie de puntos amarillos y anaranjados en el centro de mi cerebro: las áreas talámica y estriada. El estudio anterior no había subrayado estas regiones en sus conclusiones, pero se habían enfocado más en mi cabeza que en la del sujeto de control, y Seung-Schik pensó que esto era demasiado importante como para no señalarlo. Estaba emocionado de ver que mi "cerebro profundo" se había puesto en marcha mientras yo saboreaba. La hilera de puntos combinada y las otras tres áreas que acabábamos de discutir, sugerían la participación de mi circuito cortical-estriado-talámico-cortical, un camino del cerebro que puede iluminarse cuando realizamos funciones ejecutivas. ¿Y qué es lo que esto significaba con precisión? Seung-Schik comenzó a tachar cosas de la lista. Resolución de problemas complejos. "Tratar de adivinar si es Pinot Noir y lo que contiene implica resolver algo muy complejo. ¿No lo crees?", dijo Seung-Schik. Respuesta: "Ahh, eso me gusta". Detección de error. "Oh, *sí*." Detección de novedad. Rememorar recuerdos distantes. Procesar nuevas memorias. Dado que estas regiones controlan tantas funciones cerebrales avanzadas, Seung-Schik dijo que verlas iluminarse mientras bebía vino "crea una historia perfecta".

Ah, y había algo más. Seung-Schik no me había pedido que dedujera qué tipo de vino me había dado durante la prueba. Pero mi cerebro de cata a ciegas había despertado en automático. Después de salir del escáner de resonancia magnética le dije a Seung-Schik que pensaba que había bebido Chardonnay de Borgoña —quizás un 2013— y un Pinot Noir de California, de la misma cosecha. Seung-Schik me mostró las botellas. Las identifiqué correctamente.

Empecé mi camino decidida a descubrir si cualquiera de nosotros puede avivar sus sentidos para experimentar la vida de manera más intensa e informada. Las pruebas en Seúl y las realizadas con anterioridad indicaban que el entrenamiento nos cambia, incluso más rápida y profundamente de lo que nos damos cuenta. Sin embargo, estos resultados no sólo muestran que somos capaces de evolucionar sino, más importante, el porqué de la relevancia de esta transformación.

En respuesta a los mismos sabores y olores, los cerebros de los novatos se mantienen relativamente oscuros, mientras que quienes tenemos entrenamiento, convocamos las partes de nuestro cerebro más críticas, analíticas y de ordenamientos más elevados: demostramos lo que los investigadores llaman "procesamiento cognitivo elevado modulado por la pericia". En corto, nuestra relación con el sabor es mucho más razonada y avanzada. El planteamiento del experimento —que se basa en información de sabores, y excluye marcas, etiquetas o precios— asegura que no fue un efecto placebo generado por un carísimo Château Cheval Blanc o una exclusiva copa de Chateau Musar. En cambio, los resultados sugieren que pulir nuestros sentidos es prerrequisito para una experiencia más rica y profunda. Las sensaciones no pasan ya desapercibidas o sin registro. Son aprehendidas, exploradas y analizadas. Evocan curiosidad, crítica, asociaciones, apreciación y sentimientos de repulsión, éxtasis, tristeza o asombro. Iluminan e inspiran. Se convierten en un recuerdo que se almacena en una sección de nuestra biblioteca de experiencias con la cual entendemos el mundo. Aprender a cultivar el olfato y el gusto, que están lejos de ser sentidos primitivos o animales, nos permite relacionar, de una forma literal, esa parte de nosotros que eleva nuestras reacciones, dota de sentido nuestras vidas y nos hace humanos.

Las imágenes de Seung-Schik me permitieron ver cambios que hasta entonces sólo había percibido de manera abstracta. La transformación más obvia había sucedido en la mesa. El vino había pasado de ser un condimento —algún tipo de accesorio comestible que podía mejorar la comida— a ser el evento central. Un Viognier podía disparar una ristra de asociaciones, desde gente y lugares hasta filosofías y momentos de la historia. Un vino era, en palabras de Paul, "un maldito viaje de locura". También podía ser un viaje de comida rápida a las plataformas y los taninos líquidos que había visto en Sacramento. O podía ser un maldito viaje elegante a los imponentes castillos de Burdeos, a través de un recuerdo infantil de un paseo por los senderos por el desfiladero del río Columbia. Pero era siempre un viaje. Antes de darme cuenta de lo que pasaba, me escuché a mí misma hablando de vinos como si se tratara de lienzos que alguien debe ver, o libros que leer porque, tal como lo prometió Morgan, su vida cobraba un nuevo sentido al hacerlo. Nunca fui tan lejos como para decirle a alguien que la botella que estaba a punto de servirle "transformaría su humanidad", como lo habría hecho Morgan. Pero la idea cruzaba mi mente.

Estaba comiendo y saboreando distinto. A veces era evidente para quienes me rodeaban. No estoy segura de lo que Emily Post tiene que decir sobre olfatear cada bocado antes de comerlo, pero eso era lo que yo hacía. Descubrí que añadía una nota extra de placer a la comida. Me ayudaba a adivinar los ingredientes para repetir la receta en casa. Me convertí en una de *esas* personas que sorben vino y luego, en lugar de tragarlo como un ser humano respetable, hacía buches para pasarlo entre los dientes, lo inhalaba e, incluso en público, hacía húmedas y profundas gárgaras, como si me ahogara en tierra seca. Otras veces, mi conocimiento era menos un problema y más una ventaja. Una noche estaba en una cena con un amigo que me veía como si fuera yo una psíquica cuando mencioné que la versión Crianza de dos vinos idénticos quizá sería más áspera y un poco menos refinada que la de Reserva. "¿Cómo sabes eso?", se maravilló. Le expliqué que era porque había pasado más o menos *quinientas horas* de mi vida memorizando fichas de estudio.

Más a menudo sólo yo podía percibir las diferencias. Probaba un bocado de algo y sentía como si por fin entendiera un chiste que había escuchado por años: *La sal disminuye lo agrio, y la grasa compensa la acidez de la uva Sangiovese. Dios mío, ¡es una genialidad!* Me había sintonizado con el poder que tienen los nombres, los colores y los precios para condimentar nuestra comida, y empecé a cuestionarme mi compromiso con ciertas indulgencias, como una pequeña dosis de trufas de chocolate, mientras avivaba la llama de mi romance con los parias culinarios, como el queso amarillo. Lo sé, lo sé: está elaborado con químicos, y decir "queso" es un eufemismo. Pero la sensación en la boca es fantástica, es la perfecta pizca de sal para complementar los huevos y añade la cantidad justa de humedad a los bagels.

Sólo porque había encontrado un nuevo valor en lo cotidiano, no significaba que era inmune a los placeres de una comida cara o una botella de vino (para tu información, si estás planeando abrir algunos tesoros, puedes contactarme en bianca.bosker@me.com). Podemos reconocer el placer singular de beber una botella valiosa y aun así ser catadores refinados y considerados. Quizás otras personas no se emocionarían al abrir una botella como el Château Montrose 1893 que probé, y que es más antiguo que los aviones, el sufragio femenino, las dos guerras mundiales y la televisión. Yo sí lo hice. Me deleité con la noción de que, con cada sorbo, me conectaba de manera íntima con el pasado, consumiendo la historia de una forma física y —como nunca lo había hecho—, casi ilícitamente, apoderándome de esta invitación a destruir una reliquia. Ninguna botella cosecha 2015, sin importar qué tan buena sea, puede imitar eso. Podía apreciar que el encanto de un vino raro no sólo proviene de su sabor sino también de su reputación, su historia, su edad, su escasez y su precio. Pero eso no necesariamente significaba que las botellas de grandes nombres eran mejores. Tenían la carga adicional de hacer honor a su propia fama (o costo). Los mejores vinos, sin importar su pedigrí, vienen con una historia, y aunque era más difícil conformarme con vinos que no me encantaban, sus historias ahora se revelaban más rápido, y así me resultaba más fácil encontrar vinos que adoraba.

Aunque podría decir que me he convertido en una bebedora más consciente, mis amigos quizá lo enunciarían distinto. Dirían: "Odiosa". Cuando salíamos a comer a un restaurante, me enfrascaba en largas conversaciones con el sommelier. Gastaba más en botellas que antes —vaciaba mi cuenta bancaria debido a mi debilidad por la champaña— y desviaba a mis amigos de su camino para que me acompañaran a visitar bares de vino que ofrecían selecciones inusuales. Cuando tenía invitados a cenar a mi departamento, les daban ataques de pánico pensando qué vino traer. Algunos se presentaban con un paquete de Bud Light en son de protesta. "Ah, realmente no importa. Bebo lo que sea", les aseguraba, y recordaba lo estresante que había sido conseguir queso para Morgan y Dana. Beberé lo que sea —al menos un sorbo. Pero quizá no más que eso. La regla de oro de Paul de "un sorbo te lleva al siguiente" me funcionaba bien.

Mientras me preparaba para el examen de Sommelier Certificado, e incluso después de empezar a trabajar en el Terroir, mis amigos y familiares me hacían muchas bromas sobre lo difícil que debía ser tener que beber vino durante todo el día, y cómo *ellos* habían pensado en renunciar a sus trabajos para "investigar" sobre la bebida. Muchos de ellos después me acorralaban, se acercaban a mí y en tono de confesión me susurraban que no sabían nada sobre vino. Y preguntaban: "¿Por dónde empiezas para que tu cerebro se encienda como el de un sommelier?".

Les daba algunos consejos que a mí me han funcionado: empieza por llenar de datos tu memoria sensorial. Huele todo y ponle palabras a cada aroma. Husmea tu refrigerador, tu alacena, el botiquín, el especiero y luego examina cómo reaccionas a la pimienta, el cardamomo, la miel, la cátsup, los pepinillos y la crema de manos de lavanda. Repite. De nuevo. Continúa. Huele flores y lame rocas. Imita a Ann y preséntate a los olores al momento de notarlos, como lo harías cuando alguien entra en una habitación. También imita a Morgan y busca patrones conforme saboreas para que logres, como él, "organizar pequeñas unidades diferenciadas en sistemas". Domina los aspectos elementales de las estructuras —evalúa el nivel de acidez a partir de la cantidad de saliva; el nivel de alcohol por su calor; los taninos por su sequedad; el final por su duración; la dulzura por la consistencia de su suavidad; el cuerpo por su peso— y aplícalo a los vinos que degustes. De hecho, aplícalo a *todo* lo que degustes. Sé sistemático: pide sólo Chardonnay durante una semana y familiarízate con su personalidad. Luego haz lo mismo con el Pinot Noir, el Sauvignon Blanc, el Cabernet Franc (el sitio de internet Wine Folly ofrece unas notas prácticas para el perfil de sabor de cada clase de vino). Tómate un momento mientras bebes para reflexionar si te gusta o no, y piensa por qué. Como Paul Grieco, trata de saborear el vino por lo que es, no por lo que te imaginas que debería ser. Como los asiduos al Paulée, despilfarra el dinero ocasionalmente. Intercala las botellas que siempre tomas con otras que se supone que son mejores, y define si estás de acuerdo con ello. Como Annie, rompe las reglas, haz lo que creas correcto y no temas a la experimentación. Por lo regular termino esta charla con mis amigos con algunos consejos del gran enólogo y filósofo del sabor Émile Peynaud: "El catador también necesita tener una razón específica para degustar si quiere hacerlo de manera efectiva". Bebe por sed, pero degusta con un propósito.

Mi opinión es sesgada, pero, en el balance final, considero que mis tendencias esnobistas son una consecuencia menor y tolerable de lo que ha sido una evolución significativa y positiva.

Las catas a ciegas están al nivel del yoga aéreo y las matemáticas puras, como una de las cosas que casi siempre garantizan que te sentirás como un perfecto idiota. Enfrentarte a seis vinos anónimos es un ejercicio en soledad en el que sólo puedes contar contigo mismo. Debes confiar en sentidos en los que no estás acostumbrado a confiar, y ponerle nombre a cosas que no estás acostumbrado a nombrar. Y después de eso, debes afirmar algo, y estar preparado para que un grupo de diez o más personas te diga lo tarado que eres por pensar que hay algo de roble joven en este vino que evidentemente está añejado en tanques de acero inoxidable. Puedes equivocarte de manera espectacular, siempre frente a una audiencia.

Y, sin embargo, quizás en contra de la intuición, me he dado cuenta de que a partir del entrenamiento en las catas a ciegas tengo una confianza renovada en otras áreas de mi vida. Sintonizarme con mi sentido del gusto —sobre todo en situaciones de tanta incertidumbre— me ha dado una gran confianza en mi gusto por todas las cosas. He experimentado de primera mano lo que M. F. K. Fisher intuía: "La habilidad de elegir qué alimentos debes comer y hacerlo con conciencia, te permitirá ser capaz de elegir con valentía y sutileza otras cosas menos transitorias".

Con esa confianza llega una nueva conciencia. Me aferré a la idea zen de *mushin,* o "mente en blanco", no porque pensara que mi práctica de paladear me hubiera convertido en una especie de maestro híbrido de artes marciales y descorchador de la filosofía budista, sino porque era la analogía más cercana que encontraba para describir lo que estaba experimentando.

Mi temporada con Morgan y los demás sommeliers había iluminado el valor de luchar por ese estado de mente en blanco, en el cual vacías tu cabeza de los pensamientos y las distracciones para absorber de manera total y clara el momento presente. Buscaría alguna versión de ese estado mental durante las catas a ciegas. Al procurar deshacerme de mis preconcepciones y emociones en los minutos en los que me enfrentaba a la cata, fui capaz de comprender cómo estas preocupaciones y emociones también añadían un filtro a otras situaciones. Y busqué dejar a un lado ese filtro.

Al practicar con esta nueva perspectiva, me di cuenta de que muchas cosas cambiaron. La belleza se reveló en lugares imprevistos. Incluso la monotonía de los traslados por la ciudad de Nueva York adquirió una riqueza insospechada. Ya no olía "calle" o "ciudad". Buscaba Central Park cuando una olorosa y dulce acacia negra florecía, inundando el aire con su perfume de miel y fruta madura, o justo antes del atardecer, cuando la fragancia del rocío del césped del parque me empapaba como una ducha fría. Estaba el aroma reconfortante de la lavandería, empalagoso y denso, que me envolvía en los paseos de domingo por el Upper West Side. Esa esquina en Midtown que siempre olía a vainilla de forma inexplicable, y esa franja de la avenida West Side que brillaba con el penetrante olor a metal frío y salmuera. Esperaba con ansias los tranquilos fines de semana de julio, cuando Nueva York se vaciaba un poco de gente y autos, y el perfume de la rutina citadina se evidenciaba: cemento, mojado al amanecer y el atardecer por los porteros, y emanando petricor; la densa esencia de la grasa y el picor de las especias flotaban en una nube alrededor de los vendedores de las banquetas; el aroma del spray para pelo que fluía desde los salones de belleza; y, al meterse el sol por la tarde, la basura despedía su tufo a chicle y cadaverina —tal vez asqueroso para algunos. Pero yo no podía evitar deleitarme en esos olores, que revelaban el latir del lugar donde vivía.

Acostada en el escáner de resonancia magnética, con mi cabeza sostenida por una banda de plástico y los ojos cerrados, se me ocurrió algo: ésta era la forma más pura de la cata. Ni siquiera el protocolo diseñado por los críticos del vino o los Maestros Sommeliers vencía la ceguera de esa cata a ciegas. No existía ambiente más neutral para un examen.

También ésa era la peor forma de disfrutar un vino. No sólo era estéril, sino que le robaba al vino mucha de la información que yo había llegado a apreciar. El oro radiante de un blanco añejo. El almizcle de manta de caballo de un Burdeos. No había alma en el líquido que corría por la jeringa hacia el tubo de plástico y hasta mi lengua.

Esa alma provenía de la gente. El enorme escáner observaba mientras mi cerebro convertía la mezcla de aminoácidos y carotenoides en una historia, la cual podría tener el potencial de hacer que la gente pensara dos veces, y tal vez hacerla sentir pequeña, como un saco de agua y órganos.

Cada persona tiene la capacidad de encontrar y saborear el alma que habita en el vino, y en otras experiencias sensoriales, si sabe cómo buscarla. No necesitas un fideicomiso o un acceso gratuito al vino. No necesitas sentidos superdesarrollados. Ni siquiera necesitas renunciar al café ni beber cantidades poco razonables de alcohol a las diez de la mañana de un martes. Sentir algo por el vino y desatar tus sentidos inicia tan sólo con poner atención. Y aplicarte con deleite.

Agradecimientos

Agradezco a los muchos Maestros Sommeliers, asistentes de sommelier, perfumistas, distribuidores, coleccionistas, economistas, radiólogos, científicos sensoriales, sinestesiólogos, exploradores, subastadores y hedonistas que compartieron conmigo su conocimiento y pasión. Aunque no menciono a todos por su nombre, cada uno tuvo un papel para dar forma a este libro, y recuerdo cada conversación con gratitud. En algunos casos, la cronología de estas conversaciones y de ciertos eventos ha sido alterada en beneficio de la claridad de la exposición, pero no de una forma que mine la precisión de este texto o la fidelidad al describir mis experiencias a lo largo de un año y medio en el mundo del vino.

Expreso mi sincero agradecimiento a Joe Campanale y Lara Lowenhar por confiarme sus botellas y responder pacientemente a mis interminables preguntas (a menudo más de una vez); a Geoff Kruth, por nunca simplificar nada y por permitirme participar en aventuras con el Gremio de Sommeliers; a Annie Truhlar, por su camaradería y honestidad; a Victoria James, por su magnífica sabiduría e ingenio (y su excelente amaro); y a Paul Griego, por siempre rocanrolear y permitirme trabajar con él. David D'Alessandro fue sumamente generoso al admitir a una simple "catadora" en su clan de superestrellas. Thomas Hummel y sus colegas amablemente abrieron su laboratorio, y al hacerlo me abrieron los ojos a las maravillas de la nariz, la boca y el cerebro. Asimismo, estoy profundamente agradecida con Seung-Schik Yoo, Yong-An Chung y sus equipos del Incheon St. Mary's Hospital y la Harvard Medical School por su curiosidad, apoyo y confianza en que podrían convertirme en una pequeña neurocientífica. Morgan Harris: podría llevar otro capítulo con mis agradecimientos a él, quien con tanta gentileza compartió conmigo su mundo, su conocimiento, sus notas de cata, sus Chablis, su incansable apoyo y su pasión por el vino. Él fue el encantador de vinos que yo no sabía que necesitaba y me otorgó el invaluable regalo del buen gusto.

Ninguna de estas experiencias habría sido posible sin el apoyo de Lindsey Schwoeri, mi increíble editora y defensora, quien, junto con Emily Hartley y todo el equipo de Penguin, ha cuidado de este libro con la mayor paciencia, atención y entusiasmo. Todas las personas deberían tener la suerte de contar con un Richard Pine en sus vidas, y estoy eternamente agradecida por que él sea mi defensor, por saber guardar secretos y por lograr obtener el apoyo de Inkwell Management (en especial Eliza Rothstein) para la publicación de este libro. A Karen Brooks, Roger Cohen, Peter Goodman, Arianna Huffington, Susan Orlean, John McPhee y Clive Thompson: gracias por inspirarme y guiarme.

Este libro no fue algo que vivió separado de mí: se apoderó de mi vida. Y por eso, sinceramente aprecio a todos mis amigos y colegas que me apoyaron cuando sufría resacas, los invitaba a experimentos de degustación y les pedía su mirada aguda para analizar lo que les pusiera enfrente. En particular Kathryn Andersen, Christopher Berger, Dado Derviskadic, Anna Harman, Christine Miranda, Daphne Oz y Alexandra Sutherland-Brown. Estoy en deuda con Zung Nguyen y Cathy Germain por su apoyo moral y provisión de botanas, y con Tanya Supina por compartir con alegría su amor por los vinos y encender el mío. El más grande agradecimiento a mis padres, Lena Lenček y Gideon Bosker, por su fe, su ejemplo y su consejo. He leído todos sus correos electrónicos. Casi todos.

Y a Matt, mi editor, chef, lector, musa, investigador, explorador, voz de la razón, conservador de la salud mental, amor y aliado. Lo mejor de mí —y de este libro— es gracias a ti.

Bibliografía selecta

Ackerman, Diane, *A Natural History of the Senses*, Random House, Nueva York, 1990.

Amerine, Maynard A. y Edward B. Roessler, *Wines: Their Sensory Evaluation*, W. H. Freeman, San Francisco, 1976.

Arakawa, Takahiro, Kenta Iitani, Xin Wang, Takumi Kajiro, Koji Toma, Kazuyoshi Yano y Kohji Mitsubayashi, "A Sniffer-Camera for Imaging of Ethanol Vaporization from Wine: The Effect of Wine Glass Shape", en *Analyst*, vol. 140, núm. 8, 2015, pp. 2881-2886.

Bartoshuk, Linda M., Valerie B. Duffy y Inglis J. Miller, "PTC/PROP Tasting: Anatomy, Psychophysics, and Sex Effects", en *Physiology & Behavior*, vol. 56, núm. 6, diciembre 1994, pp. 1165-1171.

Bourdieu, Pierre, *Distinction: A Social Critique of the Judgement of Taste*, traducción de Richard Nice, Harvard University Press, Cambridge, Massachusetts, 1984.

Brillat-Savarin, Jean-Anthelme, *The Physiology of Taste,* traducción de Anne Drayton, Penguin Classics, Nueva York, 1994.

Bushdid, C., M. O. Magnasco, L. B. Vosshall y A. Keller, "Humans Can Discriminate More Than One Trillion Olfactory Stimuli", en *Science*, vol. 343, núm. 6177, 21 de marzo de 2014, pp. 1370-1372.

Castriota-Scanderbeg, Alessandro, Gisela E. Hagberg, Antonio Cerasa, Giorgia Committeri, Gaspare Galati, Fabiana Patria, Sabrina Pitzalis, Carlo Caltagirone y Richard Frackowiak, "The Appreciation of Wine by Sommeliers: A Functional Magnetic Resonance Study of Sensory Integration", en *NeuroImage*, vol. 25, núm. 2, abril de 2005, pp. 570-578.

Clarke, Oz y Margaret Rand, *Grapes & Wines: A Comprehensive Guide to Varieties and Flavours*, Sterling Epicure, Nueva York, 2010.

Collings, Virginia B., "Human Taste Response as a Function of Locus of Stimulation on the Tongue and Soft Palate", en *Perception & Psychophysics*, vol. 16, núm. 1, 1974, pp. 169-174.

Croy, Ilona, Selda Olgun, Laura Mueller, Anna Schmidt, Marcus Muench, Cornelia Hummel, Guenter Gisselmann, Hanns Hatt y Thomas Hummel, "Peripheral Adaptive Filtering in Human Olfaction? Three Studies on Prevalence and Effects of Olfactory Training in Specific Anosmia in More Than 1600 Participants", en *Cortex*, vol. 73, 2015, pp. 180-187.

Delwiche, J. F. y M. L. Pelchat, "Influence of Glass Shape on Wine Aroma", en *Journal of Sensory Studies*, vol. 17, 2002, pp. 19-28.

Gigante, Denise (ed.), *Gusto: Essential Writings in Nineteenth-Century Gastronomy*, Routledge, Nueva York, 2005.

Goode, Jamie, *The Science of Wine: From Vine to Glass*, University of California Press, Berkeley, 2006.

Harrington, Anne y Vernon Rosario, "Olfaction and the Primitive: Nineteenth-Century Medical Thinking on Olfaction", en *Science of Olfaction*, Michael J. Serby and Karen L. Chobor (eds.), Springer-Verlag, Nueva York, 1992, pp. 3-27.

Hayes, John E. y Gary J. Pickering, "Wine Expertise Predicts Taste Phenotype", en *American Journal of Enology and Viticulture*, vol. 63, núm. 1, marzo de 2012, pp. 80-84.

Hodgson, Robert T., "An Examination of Judge Reliability at a Major U.S. Wine Competition", en *Journal of Wine Economics*, vol. 3, núm. 2, 2008, pp. 105-113.

Hopfer, Helene, Jenny Nelson, Susan E. Ebeler y Hildegarde Heymann, "Correlating Wine Quality Indicators to Chemical and Sensory Measurements", en *Molecules*, vol. 20, núm. 5, 12 de mayo de 2015, pp. 8453-8483.

Hummel, Thomas, Karo Rissom, Jens Reden, Aantje Hähner, Mark Weidenbecher y Karl-Bernd Hüttenbrink, "Effects of Olfactory Training in Patients with Olfactory Loss", en *Laryngoscope*, vol. 119, núm. 3, marzo de 2009, pp. 496-499.

Jurafsky, Dan, *The Language of Food: A Linguist Reads the Menu*, W. W. Norton, Nueva York, 2014.

Kaufman, Cathy K., "Structuring the Meal: The Revolution of Service à la Russe", en *In the Meal: Proceedings of the Oxford Symposium on Food and Cookery*, 2001, Harlan Walker (ed.), Prospect Books, Devon, 2002, pp. 123-133.

Korsmeyer, Carolyn, *Making Sense of Taste: Food and Philosophy*, Cornell University Press, Ithaca, Nueva York, 1999.

Kramer, Matt, *True Taste: The Seven Essential Wine Words*, Cider Mill Press, Kennebunkport, Maine, 2015.

Krumme, Coco, "Graphite, Currant, Camphor: Wine Descriptors Tell Us More About a Bottle's Price Than Its Flavor", en *Slate*, 23 de febrero de 2011, consultado el 6 de septiembre de 2016: http://www.slate.com/articles/life/drink/2011/02/velvety_chocolate_with_a_silky_ruby_finish_pair_with_shellfish.html.

Laska, Matthias, "The Human Sense of Smell: Our Noses Are Much Better Than We Think", en *Senses and the City: An Interdisciplinary Approach to Urban Sensescapes*, Mădălina Diaconu, Eva Heuberger, Ruth Mateus-Berr, y Lukas Marcel Vosicky (eds.), LIT Verlag, Berlín, 2011, pp. 145-154.

Lehrer, Adrienne, *Wine & Conversation*, Oxford University Press, Nueva York, 2009.

Lukacs, Paul, *Inventing Wine: A New History of One of the World's Most Ancient Pleasures*, W. W. Norton, Nueva York, 2012.

Lundström, Johan N. y Marilyn Jones-Gotman, "Romantic Love Modula-
tes Women's Identification of Men's Body Odors", en *Hormones and
Behavior*, vol. 55, 2009, pp. 280-284.

Majid, A. y N. Burenhult, "Odors Are Expressible in Language, as Long
as You Speak the Right Language", en *Cognition*, vol. 130, núm. 2,
2014, pp. 266-270.

McQuaid, John, *Tasty: The Art and Science of What We Eat*, Scribner, Nueva York, 2015.

Mitro, Susanna, Amy R. Gordon, Mats J. Olsson y Johan N. Lundström,
"The Smell of Age: Perception and Discrimination of Body Odors of
Different Ages", en *PLoS ONE*, vol. 7, núm. 5, mayo de 2012.

Morrot, Gil, Frédéric Brochet y Denis Dubourdieu, "The Color of Odors",
en *Brain and Language*, vol. 79, núm. 2, noviembre de 2001, pp.
309-320.

Noble, A. C., R. A. Arnold, J. Buechsenstein, E. J. Leach, J. O. Schmidt y
P. M. Stern, "Modification of a Standardized System of Wine Aroma
Terminology", en *American Journal of Enology and Viticulture*, vol. 38,
enero de 1987, pp. 143-146.

Olsson, Mats J., Johan N. Lundström, Bruce A. Kimball, Amy R. Gordon, Bianka Karshikoff, Nishteman Hosseini, Kimmo Sorjonen, Ca-
roline Olgart Hoglund, Carmen Solares, Anne Soop, John Axelsson y
Mats Lekander, "The Scent of Disease: Human Body Odor Contains
an Early Chemosensory Cue of Sickness", en *Psychological Science*,
vol. 25, núm.. 3, 2014, pp. 817-823.

Parr, Rajat y Jordan Mackay, *Secrets of the Sommeliers: How to Think and
Drink Like the World's Top Wine Professionals*, Ten Speed Press, Berkeley, 2010.

Pazart, Lionel, Alexandre Comte, Eloi Magnin, Jean-Louis Millot y
Thierry Moulin, "An fMRI Study on the Influence of Sommeliers'
Expertise on the Integration of Flavor", en *Frontiers in Behavioral
Neuroscience*, vol. 8, 16 de octubre de 2014, p. 358.

Peynaud, Emile, *The Taste of Wine: The Art and Science of Wine Apprecia-tion,* traducido por Michael Schuster, Wine Appreciation Guild, San Francisco, 1987.

Plassmann, Hilke, John O'Doherty, Baba Shiv y Antonio Rangel, "Mar-keting Actions Can Modulate Neural Representations of Experien-ced Pleasantness", en *Proceedings of the National Academy of Sciences,* vol. 105, núm. 3, 22 de enero de 2008, pp. 1050-1054.

Porter, Jess, Brent Craven, Rehan M. Khan, Shao-Ju Chang, Irene Kang, Benjamin Judkewitz, Jason Volpe, Gary Settles y Noam Sobel, "Me-chanisms of Scent-Tracking in Humans", en *Nature Neuroscience,* vol. 10, núm. 1, 1 de enero de 2007, pp. 27-29.

Pozzi, Samuel, *Paul Broca: Biographie-Bibliographie,* G. Masson, París, 1880.

Quandt, Richard E., "On Wine Bullshit: Some New Software?", en *Jour-nal of Wine Economics,* vol. 2, núm. 2, invierno de 2007, pp. 129-135.

Ranhofer, Charles, *The Epicurean: A Complete Treatise of Analytical and Practical Studies on the Culinary Art,* R. Ranhofer, Nueva York, 1916.

Robinson, Jancis, *How to Taste: A Guide to Enjoying Wine,* Simon & Schus-ter, Nueva York, 2008.

——— (ed.), *The Oxford Companion to Wine,* tercera edición, Nueva York, Oxford University Press, 2006.

Rosenblum, Lawrence D., *See What I'm Saying: The Extraordinary Powers of Our Five Senses,* W. W. Norton, Nueva York, 2010.

Royet, Jean-Pierre, Jane Plailly, Anne-Lise Saive, Alexandra Veyrac y Chantal Delon-Martin, "The Impact of Expertise in Olfaction", en *Frontiers in Psychology,* vol. 4, núm. 928, 13 de diciembre de 2013, pp. 1-11.

Shepherd, Gordon M., *Neurogastronomy: How the Brain Creates Flavor and Why It Matters,* Columbia University Press, Nueva York, 2012.

———, "The Human Sense of Smell: Are We Better Than We Think?", en *PLoS Biology,* vol. 2, núm. 5, mayo de 2004, pp. 572-575.

Shesgreen, Sean, "Wet Dogs and Gushing Oranges: Winespeak for a New Millennium", en *The Chronicle of Higher Education*, 7 de marzo de 2003: http://chronicle.com/ article/Wet-DogsGushing-Oranges-/20985.

Smith, Barry C. (ed.), *Questions of Taste: The Philosophy of Wine*, Oxford University Press, Oxford, 2007.

Spang, Rebecca L., *The Invention of the Restaurant: Paris and Modern Gastronomic Culture*, Harvard University Press, Cambridge, Massachusetts, 2000.

Spence, Charles y Betina Piqueras-Fiszman, *The Perfect Meal: The Multisensory Science of Food and Dining*, Wiley-Blackwell, Oxford, 2014.

Stuckey, Barb, *Taste What You're Missing: The Passionate Eater's Guide to Why Good Food Tastes Good*, Free Press, Nueva York, 2012.

Suzuki, Daisetz T., *Zen and Japanese Culture*, Princeton University Press, Princeton, 2010.

Weil, Roman L., "Debunking Critics' Wine Words: Can Amateurs Distinguish the Smell of Asphalt from the Taste of Cherries?", en *Journal of Wine Economics*, vol. 2, núm. 2, 2007, pp. 136-144.

Índice analítico

Esta obra se imprimió y encuadernó
en el mes de mayo de 2018,
en los talleres de Impregráfica Digital, S.A. de C.V.,
Calle España 385, Col. San Nicolás Tolentino,
C.P. 09850, Iztapalapa, Ciudad de México.